우리교육 100문 100답

교육평론가 이범, 당신이 가진 모든 의문에 답하다

우리교육 100문 100답

이범 지음

다산
북스

　이 책은 제가 처음으로 펴내는 본격적인 실용서입니다. 제가 쓴 책들 중 공저를 제외한 단독저서로는 세 권 째인데, 앞의 두 권은 모두 우리나라 교육에 대한 비평 내지 분석을 중심으로 하는 책이었습니다. 반면 이 책은 학생과 학부모와 교사들에게 참고가 될 만한 실용적인 얘기들이 중심입니다.

　1장의 주제는 한국식 교육이 비효율적인 이유와 그 대안입니다. 각종 지표를 보면 우리나라 교육은 투입시간은 최고인데 효율은 매우 낮게 나옵니다. 그 이유를 공교육, 사교육, 공부법 등 세 가지 수준에서 분석하고 그 대안을 제안해보았습니다. 2장에는 진짜 중요한 교육정보들 가운데 많은 사람들이 놓치고 있는 것들을 정리해보았습니다. 우리나라에는 많은 교육정보가 유통되고 있지만, 사교육업계에서 유포하는 교육정보에는 이윤동기로 인해 왜곡되거나 과장된 것들이 많고, 정부에서 유포하는 교육정보에는 진짜 학부모들이 궁금해 하는 것들이 빠져 있는 경우가 많습니다. 3장에서는 진보와 보수, 좌파와 우파를 막론하고 보편적으로 합의할 수 있는 우리교육의 지표를 정리해보았고, 4장에서는 우리나라 교육의 문제점들을 총정리하며 대안을 모색하고 있습니다. 덧붙이는 5장은 저의 인터뷰 기록입니다.

　그렇다면 이 책의 앞쪽 절반(1, 2장)은 실용서, 뒤쪽 절반(3, 4장)은 비평서인 것처럼 보일 겁니다. 그럼에도 저는 이 책이 처음부터 끝까지 실용적 기능을 가진다고 봅니다. 왜냐하면 지금 우리나라 교육은 실용적 정보만 잘 챙긴다고 해서 갈피를 잡을 수 있는 상태가 아니기 때문입니다.

예를 들어 입학사정관제를 생각해봅시다. 입학사정관제가 앞으로 대세가 될 거라고 하니, 특히 강남처럼 교육열이 높은 곳은 학부모들이 난리 북새통입니다. 입학사정관제의 핵심을 이해하고, 이를 대비하는 방법과 전략을 만들어야만 한다는 강박관념을 가지는 학부모들이 많습니다. 이들은 무엇보다 실용적인 정보와 길잡이를 요구합니다.

하지만 2012년 들어 여야의 유력한 정치인 세 명(정두언, 정동영, 정몽준)이 연이어 '입학사정관제 폐지'를 주장했습니다. 왜 그럴까요? 정부는 입학사정관제가 매우 선진적이고 보편적인 제도인 것처럼 선전했지만, 사실 대학에서 학생을 선발할 때 비교과영역을 반영하는 나라는 미국과 영국 정도밖에 없습니다. 나머지 대부분의 선진국들은 비교과경력을 보지 않고 성적만으로 선발합니다. 그래도 선진국 노릇을 잘 하고 있습니다.

비교과영역을 반영할수록 부모의 영향력이 커질 우려가 있고, 이로 인해 경쟁이 불공정해질 수 있는 것입니다. 그리고 드디어 우리나라의 유력 정치인들도 이런 문제점을 인지하기 시작한 것입니다. 자, 그렇다면 대통령이 바뀌고 나서도 과연 입학사정관제가 '대세'일까요?

한쪽에는 입학사정관제가 대세라는 '실용적 정보'만 믿고 입학사정관제 준비에 총력을 기울인 학부모가 있고, 다른 한쪽에는 입학사정관제에 대한 '비평적 정보'까지 흡수하여 판단을 유보하고 관망하거나 결정을 내리더라도 잠정적인 수준으로만 내린 학부모가 있습니다. 과연 누가 진정으로 실용적인 분일까요?

입학사정관제만이 아닙니다. 이런 사안이 숱합니다. 또 하나의 예로 수능을 생각해봅시다. 수능이 도입된 지 근 20년이 되었습니다. 수능은 미국의 SAT를 모델로 삼은 것입니다. 문제 유형이 대동소이합니다. 그렇다면 우리의 대학입시는 미국식인 셈입니다. 그런데 수업과 학교생활은 전혀 미국적이지 않습니다. 왜 그럴까요? 단순히 문화 차이 때문일까요? 그렇지 않습니다. 제도적 이유들이 도사리고 있습니다. 시험은 미국식으로 바꿔놓았지만, 공교육시스템의 근간은 일본식 제도를 그대로 유지했거든요. 뭔가 서로 안 맞는 겁니다. 이걸 파고들다보면 우리나라 교사에게는 '자신이 원하는 방식으로 수업하고 자신이 원하는 시험문제를 낼 권리'가 없다는 게 드러납니다. 뜻밖에 시험제도와 교권문제가 연결됩니다.
그렇다면 한국식 방법으로 미국식 시험(수능)을 준비하면 어떤 문제가 생길까요? 가장 심각한 문제는 언어영역에서 벌어집니다. 한마디로 기본기에 '빵꾸'가 납니다. 빵꾸는 부분적으로는 외국어영역에서도 나타나고, 미세하지만 수리영역에서도 나타납니다. 이런 문제를 이해하지 못하고 무작정 수능 대비를 이렇게 해라, 저렇게 해라, 하는 것은 한마디로 무모한 얘기입니다. 실용적인 것처럼 보이지만 실은 그렇지 않습니다. 비평적 시각을 결여한 실용은 진정한 실용이 되기 어렵습니다.

　학부모와 교사들은 현재의 교육시스템에 자녀와 학생들을 적응시키는 것도 중요하지만, 이 시스템이 어떠한 한계와 결함을 가지고 있는지도 알아야 합니다. 특히 지금 우리나라에서 교육은 끊임없는 갈등이 벌어지는 장입니다. 정치권력의 향배에 따라 조만간 꽤 바뀔 가능성도 있습니다. 더구나 우리나라의 교육시스템은 별로 변화하지 않은 와중에, 우리나라의 경제와 사회는 큰 변화를 겪고 있습니다. 말하자면 한국사회의 진도는 많이 나갔는데, 한국교육의 진도는 얼마 못 나간 셈이지요. 그래서 '표준적인 교육을 통해 얻게 되는 것'과 '사회가 요구하는 것' 사이에 큰 간격이 있습니다. 따라서 학부모와 교사들이 비평적인 이야기에도 익숙해져야 합니다. 그래야 교육에 대한 거시적 안목과 자기성찰이 가능해집니다. 그리고 비로소 진정한 '실용적 태도'가 나올 수 있습니다.

　이 책을 쓴 목적이 또 하나 있습니다. 최근 들어 우리교육의 중핵은 건드리지 않고 주변부에 있는 뭔가를 건드려 교육을 개선해보자는 풍조가 만연해 있습니다. 정부는 창의적 교육을 위해 '창의적 체험활동' 시간을 만들고, 학원 수요를 흡수할 목적으로 방과후 강좌를 개설하고, 다양한 교육을 통해 학교만족도를 높인다며 자사고와 자공고를 지정하고, 비교과 활동경력을 반영하는 입학사정관제를 도입하고, 스마트교육이라는 이름으로 태블릿 PC를 수업시간에 쓰게 하려 합니다.

하지만 이런 방식으로 우리교육이 좋아질까요? 저에게는 이것들이 변죽만 울리는 걸로 보입니다. 교육의 '하드코어'는 학교에서 정규수업 시간에 벌어지는 일반 교과교육이거든요. 핵심은 "보통 학교에서 벌어지는 일반 교과의 수업과 평가를 어떻게, 어떤 방향으로 바꿀 것인가?"입니다. 이걸 고민하지 않은 채 특별한 시간, 특별한 학교, 특별한 전형, 특별한 도구를 통해 우리나라 교육을 개선하고자 하는 것은, 부분적으로 긍정적인 면도 있을 수 있지만, 그 한계가 너무나 뚜렷합니다. 우리교육을 개선하기 위한 핵심적인 열쇠는 비교과영역이 아니라 교과영역, 방과후가 아니라 정규수업, 특목고가 아니라 일반고, 첨단 IT 기술이 아니라 교사가 수업·평가와 관련하여 행사할 수 있는 권리에 있는 것입니다.

다른 한편으로는 진보 교육감들이 무상급식과 학생인권조례를 추진하고 이것이 사회적 논란이 되면서, 이런 주제가 마치 우리교육에서 가장 중요한 문제인 것처럼 보이는 착시 현상이 나타나고 있습니다. 저는 무상급식과 학생인권조례에 찬성하고 그 가치를 긍정합니다. 하지만 진보 교육감들이 무상급식과 학생인권조례를 추진한 것은, 애석하게도 교육감의 권한으로는 그것밖에 할 수 없었기 때문이라는 서글픈 진실이 숨겨져 있다는 점도 직시해야 합니다.

초중고 교육과 관련된 핵심적인 요소들 대부분이 중앙정부의 권한입니다. 교육감은 법률과 시행령은 물론이요 교육과학기술부 '규칙'이나 '지시'만 어겨도 검찰에 고발당할 수 있습니다. 그러다보니 교육과정에도, 평가제도에도, 대입제도에도, 특목고 전형에도 거의 손을 못 댑니다. 학급당 학생 수 같은 기본적인 지표조차 어찌할 수가 없습니다(교원 정원 정책은 중앙정부의 영역입니다). 서울의 교육감에게 27개나 되는 서울시내 자사고를 줄이거나 없앨 권한도 없습니다. 할 수 있었던 게 무상급식과 학생인권조례였습니다. 저는 이제 우리교육의 진정한 '하드코어'로 눈길을 돌릴 때라고 생각합니다. 마침 얼마 있으면 대통령도 바뀔 참이고, 새 정부가 구성될 테니 더더욱 그렇습니다.

여당 야당 모두 '복지'가 중요하다고 말합니다. 하지만 우리나라의 특수한 사정을 고려해야 합니다. 예를 들어 대학 등록금 낮추는 것은 중요합니다. 1인당 국민소득이 세계 30위인 나라에서 등록금이 3위입니다. 실로 엄청난 불균형이지요. 대학등록금은 시급히 해결해야 할 민생 현안입니다. 하지만 무조건 '비용 낮추기'에 초점을 맞추는 것은 위험합니다. 예를 들어 고교 등록금을 무상화하는 건 어떨까요? 저는 이 정책에 찬성합니다. 하지만 고교 등록금을 무상화하면, 가정에서는 그로 인해 남는 돈으로 대입 사교육 투자를 늘릴 가능성이 크다는 '불편한 진실'을 잊어서는 안 됩니다. 한국사회에서는 무엇보다도 사교육비를 줄여주는 것이 가장 중요한 복지인 것입니다.

그런데 사교육을 줄이기 위해 해볼 만한 정책은 이미 다 해봤다고 생각하는 사람들이 많습니다. 큰 착각입니다. 제가 보기엔 가장 중요한 정책들이 아직 링 위에 올라온 적이 없습니다. 학교 교사가 수업과 돌봄에만 열중하게 만드는 정책이 없었습니다. 내신이나 대학입시에서 상대평가를 완전히 포기하는 정책이 없었습니다. 교사별 평가를 제도화함으로써 수업과 평가 간의 밀착도를 높이는 정책이 없었습니다. 온라인·오프라인 양편에서 자유롭게 이용 가능한 영어교육 생태계를 구성하는 정책이 없었습니다. 누구나 원하는 만큼 외국어를 선택하여 배울 수 있는 공교육시스템을 만드는 대신 외고를 폐지하는 정책이 없었습니다. 대입 전형을 간소화·합리화하는 정책이 없었습니다. 대학 간 서열 격차를 줄이는 방향으로 대학시스템을 개혁하는 정책이 없었습니다. 학력·학벌에 따른 차별을 금지하는 정책이 없었습니다. 그밖에도 중요한데 해보지 않은 것들이 많습니다. 그런데도 사교육 감소 정책에 대해 지레 자포자기하는 사람들이 많습니다.

우리나라의 사교육비는 연간 20~40조 가량으로 추정됩니다. 사교육비 감소를 위해 매년 5~10조를 투입하여 사교육비를 절반쯤 줄일 수 있다면, 가계 가처분소득이 매년 10~20조나 늘어나게 됩니다. 그러면 무엇보다 경기를 살리는 데 도움이 됩니다. 한국은행 보고서에 따르면 사교육업은 전후 내수경기 유발 효과가 내수업종 평균치보다 20%나 낮으므로, 사교육업이 줄고 다른 업종이 늘어나야 내수 경기 진작에 도움이 됩니다. 또 부모 세대의 노후 대비 여력을 키워주고 궁극적으로 출산율을 높임으로써, 한국경제의 장기적 안정성에 큰 도움을 줍니다. 물론 학생들의 마음이 편해지는 것은 두말할 나위가 없겠고요. 그렇다면 과연 이를 능가할 복지 정책이 어디 있겠습니까?

　좌우 대립이 상당히 심합니다. 다들 끼리끼리만 얘기하는 듯합니다. 서로 마주보고 제대로 된 토론을 하는 경우가 거의 없습니다. 이 책은 여러 가지 논쟁적 주제를 내포하고 있습니다. 학부모나 학생들은 이 책의 앞부분만 읽고 공부법과 진학을 위한 길잡이로만 활용하려 할 수도 있습니다. 하지만 뒷부분까지 읽어봐야 진정한 실용적 판단력이 생깁니다. 저는 기왕이면 되도록 많은 분들이 이 책의 뒷부분까지 읽기를 바랍니다. 그리고 이를 계기로 진보와 보수, 좌파와 우파가 모여 정말 진지하고 치밀한 토론을 할 수 있기를 바랍니다.

2012년 6월

이 범

1장 / 효율 한국식 공부법, 효율을 높여라

2장 / 정보   왜곡된 교육정보, 당신은 제대로 알고 있는가?

3장 / **미래**   좌 · 우 합의로 우리교육의 지표를 바꾸자

4장 / **과제**   한국 교육의 핵심 문제와 대안은 이것이다

효율

한국식 공부법,
효율을 높여라

　국가별 비교 지표를 보면, 한국에서 '노동'과 '공부'는 비슷한 양상을 보입니다. 시간은 긴데, 효율은 낮지요. 노동시간과 공부시간 모두 OECD 국가 중 1등입니다. 가장 오랜 시간 일하고 가장 오랜 시간 공부하는데, 노동효율과 공부효율은 하위권이에요. 노동생산성은 OECD 34개국 중 27위, 학습효율화지수는 조사대상 31개국 중 24위를 했어요.

　우리나라 어른들은 아이들에게 '자신들이 일하는 방식으로' 공부를 시켜온 거죠. 시간 투입은 최고로 많이 하면서 효율은 낮게. 성인의 일과 청소년의 학습이 비슷한 방식으로 이뤄지는 겁니다. 왜 그런 걸까요? 이게 한국인의 심성의 문제, 혹은 민족성의 문제일까요? 그럴 리는 없는데 말이죠. 뭔가 제도적인, 구조적인 이유가 있는 것 아닐까요? 제가 보기에 한국식 공부법이 비효율적인 이유는 다음과 같습니다.

　첫째, '역량' 교육의 미비함. 대학입시는 미국식으로 '역량'의 측정에 무게중심을 두고 있는 반면, 교육과정은 일본식이어서 '역량'을 효율적으로 키우는 데 장애가 됩니다. 특히 언어적 역량을 높이기 위한 교육의 효율이 낮습니다. 둘째, 과잉 사교육. 이로 인해 자기주도학습 능력, 특히 성취도 관리에 필수적인 '자기 진단 능력'을 갖추지 못한 학생들이 너무나 많습니다. 셋째, 바닥 수준의 학업흥미도. 학업흥미도가 전 세계에서 최하위권입니다. 한마디로 한국식 공부는 너무나도 재미가 없는 거죠. 그 원인은 "수업 시간에 정신 똑바로 차리고 선생님만 바라봐! 노트 필기 열심히 해!"라는 식의 극심한 주입식 교육에 있어요. 주입식 교육이 심할수록 학업 흥미도와 학습 동기가 떨어지게 되어 있고, 덤으로 '역량'을 키우는 교육의 효율이 떨어집니다. 물고기를 잡아서 먹여주는 방식의 교육으로는 흥미도만 떨어뜨리고, 물고기를 잡는 방법을 익히게 하기가 어려운 거죠. 자, 그럼 이 세 가지에 대해 좀 더 자세히 알아보도록 하겠습니다.

한국식 공부법이
왜 비효율적이라는 건가요?

──→ 한국 학생들이 참 열심히, 오랫동안 공부하기는 합니다만, 한국식 공부 '방법'이 상당히 후진적이라는 걸 모르는 분들이 많아요. 가만히 들여다보면 학생들의 개인적인 공부 방법도 비효율적이고, 공교육도 그렇고, 사교육도 그렇거든요. 이게 제 주관적인 느낌이 아닙니다. 세계 각국 학생들의 '학업 효율'을 비교하는 지표들이 있는데요, 이걸 보면 한국 학생들의 학업 효율은 늘 하위권으로 나와요.

구체적인 예를 들어볼게요. OECD에서 각국의 고등학교 1학년을 대상으로 치르는 PISA라는 국제비교평가가 있습니다. 3년에 한 번씩 세 과목의 학력을 비교하게 되어 있는데, 2006년에는 핀란드가 1등을 했고 한국이 2등을 했습니다. 2009년에는 한국이 1등, 핀란드가 2등을 했고요. 일부 언론은 2009년에 상하이가 1등을 했다고 보도했지만,

OECD 비회원국의 경우 도시 단위의 참여를 허용해서 그런 거였고, 국가로서는 한국이 1등이었습니다. 그러니까 국가 단위의 학력 비교에서는 핀란드와 한국이 엎치락뒤치락하고 있는 겁니다.

그런데 다음 표를 보세요. 이건 고1 학생들이 일주일에 몇 시간을 공부하는지 보여주는 겁니다.

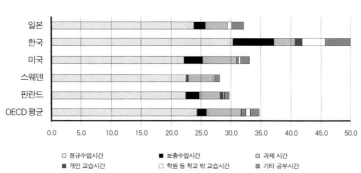

[1주일 당 평균 공부시간(고등학교 1학년)]

대번에 뭔가 눈에 띄지 않나요? 한국과 핀란드의 공부시간에 엄청난 차이가 나지요. 한국과 핀란드 학생들의 학력 수준은 엎치락뒤치락 비슷한 수준인데, 이 정도 학력을 기록하는 데 핀란드 학생들은 30시간 정도의 공부시간이면 되는데, 한국 학생들은 50시간이 필요하단 말입니다.

이만저만한 차이가 아니죠. 학력 수준은 동등한데, 핀란드 학생들의 공부시간은 거의 최고로 짧고, 한국 학생들의 공부시간은 최고로 길다는 말이죠. 그만큼 한국 학생들의 학업 효율이 상대적으로 낮다는 얘기고요. 한국은 2006년 PISA 평가에서 학습효율화지수가 31개국 중 24위였습니다. 세계에서 가장 장시간 공부하지만, 굉장히 비효율적인 공부를 하고 있다는 거죠.

학습효율이 낮다고 하면, 많은 사람들은 '집중력이 떨어져서 그런 게 아니냐'고 말하곤 합니다. 개인 수준에서는 그런 진단이 맞을 수도 있어요. 하지만 국가 수준에서는 그런 설명이 말이 안 되죠. 한국 학생들이 유전자에 문제가 있어 다른 나라 학생들보다 집중력이 떨어지기라도 하는 건 아니잖아요? 구조적인 이유가 있는 겁니다. 제가 보기에는 개인적인 공부방법에도 문제가 있고, 공교육에도 문제가 있으며, 사교육에도 문제가 있어요. 이제부터 그 이유를 찬찬히 살펴보기로 하겠습니다.

세 줄 요약

1. 한국 학생들의 공부시간이 세계 최고 수준이고, 학력도 세계 최고 수준이다.
2. 핀란드와 비교해보면 학력 수준은 동등한데 공부시간은 훨씬 길다.
3. 객관적 지표들을 통해 한국식 공부법이 비효율적이라는 것을 확인할 수 있다.

수능과 학력고사의
차이가 뭔가요?

───→ 저는 강남 대치동에서 스타강사가 되었고, 많은 강남 학생들 및 학부모들을 만나 상담을 해왔어요. 사는 곳도 강남 지역이고, 강남의 생활이나 문화에 익숙하고요. 아시다시피, 강남 지역엔 아이가 어렸을 때부터 굉장히 고강도로 공부를 시키는 부모들이 많아요. 학원이나 과외로 아이를, 일명 '뺑뺑 돌리는' 거죠.

학부모님들에게 '왜 그렇게 아이를 뺑뺑 돌리냐'고 물어보면, 처음에는 머뭇거리시다가도, 결국 치열한 경쟁을 뚫고 아이를 명문대 근처라도 보내야겠다는 속내를 털어놓으시곤 합니다. 그런데 그 속내의 옳고 그름을 따지기 전에, 순전히 논리적으로 한번 생각해보자는 겁니다. 아이를 명문대 근처에라도 보내려면, 뭐가 제일 중요할까요? 아이가 대입 문턱에 놓였을 때, 그러니까 고3이 되었을 때 뭘 요구받는지를 이해하는 게 제일 중요할 겁니다. 그런데 대부분의 학부모들은 정작 그 점에 대해서는 깜깜해요. 아이를 뺑뺑 돌리는 게, 그냥 옆집 아이도 그렇게 하니까 그러는 거예요. 옆집 아이는 또 그 옆집 아이를 보고 돌리고, 그 옆집 아이는 다시 그 집의 옆집 아이를 보고… 이런 식입니다.

흔히들 강남 학부모들은 정보력으로 중무장하고 있다고 생각하시죠? 그런데 강남 안에서 잘 관찰해보면, 진짜 정보력이 좋은 분들은 생각보다 적습니다. 가장 기초적인 정보조차, 가장 기본적인 게임의 규칙조차 모르는 분들이 사실은 더 많아요.

예를 들어보죠. 93년 이전에 고등학교를 졸업한 분들은 대입학력고사(약칭 학력고사)라는 걸 치렀죠. 94년 이후에 졸업한 분들은 대학수학능력시험(약칭 수능)을 치렀어요. 수능이 시작된 지 무려 18년이 넘은 거죠. 초등학교 학부모 중에는 수능 세대가 섞여 있는데, 중고등학교 학부모는 대부분 학력고사 세대지요.

수능과 학력고사의 가장 중요한 차이가 뭔지 아십니까? 학력고사에 비해서 수능은 확실히 '외우고 있어야 하는 지식의 양', 그러니까 암기 분량은 꽤 감소했어요. 그런 경향이 모든 과목에서 일률적으로 나타난 건 아닌데, 가장 두드러지게 나타난 과목이 수능 언어영역입니다. 학력고사 시절에는 '국어'라고 했지요(2014학년도 수능부터 이름이 도로 '국어'로 바뀝니다).

언어영역 시험지를 보면 긴 지문이 많이 나옵니다. 그런데 언어영역 지문 중에서, 학생들이 교과서 같은 데서 본 적이 있는 글이 몇 %나 될까요?

답은, 원칙적으로 0%라는 겁니다. 지문이 교과서에서는 하나도 안 나오는 거죠. 가끔 '얻어걸리는' 게 있긴 하지만, 문학이나 고전 파트에 한해서 간간이 '작년 문학 시간에 배운 작품이네?' 하는 정도죠. 그래서 현실적으로는 지문의 10% 정도가 본 적이 있는 글이고, 나머지 90%는 말 그대로 '난생 처음 보는 글'이지요.

학력고사 세대인 분들이라면, 한번 기억을 잘 더듬어보세요. 그때도 비(非)문학 파트에서는 교과서 밖에서 지문이 나왔지만, 고전과 문학은 교과서 안에서만 나왔어요. 학력고사 고전 파트 기억나시나요? 나랏말쏨이 어쩌고… 달달달 외우다가 문제에 나오면 기억과 대조해서 탁 맞추고, 그런 식의 문제들이 많았죠. 그런데 수능에서는 고전 파트에서조차 교과서 밖의 지문들이 나옵니다. 똑같이 '고전'이라는 이름을 달고 있기는 한데, 질문의 각도가 상당히 달라진 것입니다.

그러니까 아이를 뺑뺑 돌리기 전에, 아이가 요구받는 것이 뭔가에 대해 먼저 잘 이해해야 합니다. 공부를 하느냐, 안 하느냐가 중요한 것이 아니라 제대로 하고 있느냐가 중요한 거죠. 그리고 수능부터 제대로 이해해야 그 연장선상에서 논술도, 입학사정관제도 정확히 파악할 수 있는 겁니다.

세 줄 요약

1. 옆집 아이가 무엇을 하고 있는지를 보는 것보다, 고3이 되었을 때 우리아이가 무엇을 요구받는지를 이해하는 게 더 중요하다.
2. 수능과 학력고사의 차이가 가장 두드러지게 나타나는 과목은 언어영역(국어)이다.
3. 수능 언어영역 시험에 나오는 지문은 대부분 교과서 등에서 본 적이 없는 글이다.

Q. 003

'역량'을 평가한다는 말은
어떤 의미인가요?

──→ 서울대에서 몇 년 전에 공개한 논술 예시문제들 중 하나를 보여
드리겠습니다. 서울대 문제라서 보여드리는 건 아니고요, 최근 논술 문
제의 출제 경향을 잘 보여주는 표준적인 문제라서 보여드리는 겁니다.
수능 언어영역과 마찬가지로 논술에 나오는 지문도 대부분 낯선 글입
니다.

(가)

대지와 그것에 속하는 모든 것은 인간의 부양과 안락을 위해서 모든 인간에게 주어
진 것이다. 그리고 대지에서 자연적으로 산출되는 모든 과실과 거기서 자라는 짐승
들은 자연발생적인 작용에 의해서 생산되기 때문에 인류에게 공동으로 속한다. 따
라서 그러한 것들에 대해서는 그것들이 자연적인 상태에 남아 있는 한, 어느 누구
도 처음부터 다른 사람을 배제하는 사적인 지배권을 가지지 않았다. 하지만 사람들

에게 이용하도록 주어진 이상, 그것들을 특정한 사람이 일정한 용도에 맞게 사용하거나 그것으로부터 이득을 얻기 위해서는 이러저러한 방법으로 그것들을 수취할 수 있는 수단이 있어야 마땅하다. [중략]

비록 대지와 모든 열등한 피조물은 만인의 공유물이지만, 그러나 모든 사람은 자신의 인신(人身)에 대해서는 소유권을 가지고 있다. 이것에 관해서는 그 사람 자신을 제외한 어느 누구도 권리를 가지고 있지 않다. 그의 신체의 노동과 손의 작업은 당연히 그의 것이라고 말할 수 있다. 그렇다면 그가 자연이 제공하고 그 안에 놓아 둔 것을 그 상태에서 꺼내어 거기에 자신의 노동을 섞고 무언가 그 자신의 것을 보태면, 그럼으로써 그것은 그의 소유가 된다. 그것은 그에 의해서 자연이 놓아둔 공유의 상태에서 벗어나, 그의 노동이 부가한 무언가를 가지게 되며, 그 부가된 것으로 인해 그것에 대한 타인의 공통된 권리가 배제된다. [중략]

이러한 견해에 대해서는 아마도 다음과 같은 반론이 제기될 법하다. 만약 대지의 도토리나 다른 과실 등을 주워 모으는 것이 그것들에 대한 권리를 준다면, 누구든지 그가 원하는 만큼 많은 양을 독점하게 될 것이라는 반론이 그것이다. 이에 대해서 나는 그렇지 않다고 답변하겠다. 우리에게 이런 수단을 통해서 소유권을 부여하는 동일한 자연법이 또한 그 소유권을 제한하기 때문이다. "하나님은 우리에게 모든 것을 풍성히 주셔서 즐기게 해주시는 분이십니다("디모테오에게 보낸 첫째 편지", 6:17)"라는 구절은 영감에 의해 확인된 이성의 목소리이다. 그러나 하느님은 우리에게 얼마나 주셨는가? 즐길 수 있는 만큼. 어느 누구든지 그것이 썩기 전에 삶에 이득이 되도록 사용할 수 있는 만큼 주셨다. 곧 그가 자신의 노동에 의해 자신의 소유로 확정할 수 있는 만큼 주셨던 것이다. 그것보다 많은 것은 그의 몫을 넘어서며, 다른 사람의 몫에 속한다. 하느님은 그 어떤 것도 인간이 썩히거나 파괴해버리도록 만들지는 않았다. [중략]

이런 식으로 토지를 개량함으로써 그 일부를 수취하는 것은 그 밖의 다른 사람에게 아무런 피해가 되지 않는다. 왜냐하면 여전히 많은 토지가 남아 있고, 아직 토지를 가지지 못한 자가 사용할 수 있는 것보다 더 많은 토지가 남아 있기 때문이다. 그리하여 결과적으로 어떤 사람이 울타리를 치는 행위로 인해 다른 사람에게 토지가 적게 남아 있는 일이란 있을 수 없다. 왜냐하면 다른 사람이 사용할 수 있을 만큼 많이 남겨놓은 사람은 전혀 아무 것도 취하지 않은 것이나 마찬가지이기 때문이다. 어떤 사람도 다른 사람이 물을 잔뜩 퍼마셨다고 해서 피해를 입는다고 생각할 수 없다. 왜냐하면 그에게는 갈증을 충분히 만족시킬 수 있는 전과 다름없는 강물이 남아 있기 때문이다. 따라서 토지든 물이든 둘 다 충분히 남아 있는 경우라면 사정은 전적으로 동일하다. (존 로크, 『통치론』 6장)

(나)
정보의 특성에 대하여 다음과 같이 서술할 수 있다.
① 정보는 남에게 전하거나 판매를 해도 없어지거나 줄어들지 않고 그대로 남는다.
② 정보는 대량생산이 필요하지 않다. 하나의 정보로써 모든 수요를 충족시킬 수 있다. ③ 정보를 다른 정보와 합치거나 그 일부를 빼거나, 형태를 바꿈으로써 얼마든지 새로운 정보로 바꿀 수 있다. (고등학교 『도덕』)

(다)
'카피라이트(copyright)'는 지적 재산권이라는 뜻이다. 카피라이트 제도 하에서는 저작자, 작곡가, 기타 창작자의 동의 없이는 창작물을 복제하거나 방송할 수 없게 된다. 이 제도는 창작자의 경제적 이득을 보장해줌으로써 창조 의욕을 높이고, 그에 따라 생산되는 정보의 수준을 높이는 데 기여할 수 있다. 하지만 한편으로는 창작자에게 배타적 독점적 권리를 부여함으로써 부작용을 초래한다는 비판도 있다.
'카피레프트(copyleft)'란 '카피라이트'와는 정반대의 개념으로서, 저작물에 대한 권리를 모든 사람이 공유할 수 있도록 하자는 주장을 말한다. 1984년 미국 MIT 대학의 컴퓨터학자 리처드 스톨먼이 소프트웨어의 상업화에 반대해 프로그램을 자유롭게 사용하자는 운동을 펼치면서 시작되었다. 스톨먼은 인류의 지적 자산인 지식과 정보는 소수에게 독점되어서는 안 되며, 모두가 자유롭게 사용할 수 있어야 하기 때문에 저작권으로 설정된 정보의 독점을 거부하였다. 그러나 카피레프트 또한 창조의 욕 저하와 품질 하락 등의 문제를 발생시킨다는 비판도 있다.

자, 이 지문 (가)~(다) 가운데 수험생들이 읽어본 글이 있을까요? 불과 너댓 줄에 불과한 (나)를 제외하면, 나머지는 대부분의 수험생들에게 '난생 처음 본 글'이지요. (가)의 출전이 로크의 『통치론』인데, 그건 사회

시간에 배우지 않느냐고 생각하는 분들도 있겠지만, 전혀 그렇지 않습니다. 정치이론을 배울 때 나오는 로크의 '사회계약론'이 인간과 인간 사이의 관계에 대한 이론인 반면, (가)는 인간과 물건 사이의 관계에 대한 소유권 이론으로 고등학교 교육과정에 전혀 없는 내용이거든요. 그러니까 이 논술 문제는 의도적으로 낯선 내용의 제시문을 보여주는 거죠.

그럼 이런 지문을 보여주고 나서 어떤 질문을 하는 걸까요?

〈논제 1〉
(가)를 읽고, 자연 상태에서 소유권은 어떻게 성립하며, 소유의 한계는 무엇인지, 그리고 사유화에는 어떤 제한이 있는지에 관한 저자의 생각을 기술하시오.
〈논제 2〉
(나)에 언급된 정보의 특성들로 인해 (가)에 제시된 재산권 정당화 논의의 조건(들) 가운데 무의미해지는 조건(들)이 있다. 그 조건(들)을 들고 그 이유를 설명하시오.
〈논제 3〉
(가)와 (나)를 토대로, (다)의 카피라이트와 카피레프트에 대한 자신의 입장을 밝히고 그 입장을 정당화하시오.

자, 〈논제 1〉은 모범답안이 있을까요, 없을까요? 한번 생각해보세요. 중요한 것은 '당신의 생각을 기술하시오'가 아니라 '저자의 생각을 기술하시오'라는 겁니다. 당연히 모범답안이 있지요. 수능 언어영역에서 흔히 '독해' 문제라고 부르는 유형입니다. '네가 본 지문이 난생 처음 보는 낯선 내용이지만, 너에게 일정 수준 이상의 독해력이 있다면 네가 이 글의 요지를 정리할 수 있을 거다', 이런 전제 하에 출제된 문제인 것이죠. 모범답안이 정해져 있으니 약간만 변형하면 5지선다형 문제로도 바꿀 수 있습니다. 〈논제 2〉는 수능 언어영역에서 '추론' 문제라고 부르는 것으로, 이 역시 모범답안이 있고 5지선다형 문제로 바꿀 수 있지요.

〈논제 3〉을 봅시다. 이건 좀 느낌이 다르죠. 벌써 '자신의 입장'을 밝히도록 요구하고 있거든요. 모범답안이 딱히 정해져 있지 않은 거죠. 그리고 '그 입장을 정당화하시오'라고 요구했으니, 말하자면 '너는 왜 A가 옳다고 생각했는가?'에 대해서도 답해야 합니다. 논거를 들어서 입증하는 것, 즉 '논증'을 요구합니다. 실제로 채점하는 대학교수들은 '채점 기준'은 가지고 있지만, '모범 답안'은 가지고 있지 않습니다. 가끔은 채점하다가 무릎을 치게 되는 경우도 있다고 해요. 교수보다 잘 쓴 글, 창의적인 시각과 상당한 설득력을 겸비한 글들이 나오기도 한다는 거죠.

정리해보죠. 〈논제 1〉은 '독해력'을 측정하려는 질문이고 〈논제 2〉는 '추론능력'을 측정하려는 질문입니다. 둘 다 모범답안이 존재하고, 약간 변형하면 수능 언어영역 문제로 바뀔 수 있는 문제들이죠. 〈논제 3〉은 모범답안이 정해져 있지 않으니 선다형으로 바꾸는 것이 원천적으로 불가능하고, 창의적인 답안도 나올 수 있는 문제입니다.

그런데 이 세 문항들이 가진 공통점이 있어요. 이 문항들이 '지식의 소유 여부'를 측정하려는 거냐는 겁니다. '너 이거 머릿속에 넣어놓았니? 넣어놓았으면 맞는 거고, 아니면 틀리는 거야'라는 식의 질문, 즉 응시자의 지식의 분량이나 정확도를 측정하고자 하는 질문이냐는 거죠. 아무리 봐도 그렇지 않죠? 질문의 목적 자체가, '지식의 소유 여부'를 검증하려는 데 있는 것이 아니에요.

그럼 뭘 질문하려는 걸까요? 바로, 지식을 '구워먹고 삶아먹는' 능력, 즉 지식을 활용하는 '역량(competence)'을 측정하고자 하는 겁니다. 아까 〈논제 1〉이 측정하고자 했던 '독해력', 〈논제 2〉가 측정하고자 했던

'추론능력', 〈논제 3〉이 측정하고자 했던 '논증능력' 모두 '력(力)'으로 끝납니다. 두음법칙을 무시하면 '력량', 즉 그것을 해낼 수 있는 힘이 얼마나 되는가를 측정하기 위한 질문인 거죠. 독해력, 추론능력, 논증능력은 시험을 통해 검증할 수 있는 가장 전형적인 '력량'이라고 할 수 있습니다. 이런 면에서 위에서 본 논술 문항들은 아주 전형적인, 표준적인 문항들이에요. 실제 대학 논술문제들을 보면 여기서 파생된 다양한 변형들이 존재합니다만, 기본은 독해력·추론능력·논증능력 등에 있다고 보시면 됩니다.

세 줄 요약

1. 언어적 역량 가운데 시험으로 측정 가능한 대표적인 역량으로 '독해력', '추론능력', '논증능력' 등이 있다.
2. 독해력과 추론능력은 수능과 같은 선다형 시험을 통해서도 어느 정도 측정 가능하다.
3. 언어적 역량을 측정하고자 한다는 점에서 수능 언어영역과 논술고사는 일맥상통하는 면이 있다.

Q. **004**

언어적 역량이 모자라면
수능에서 어떤 문제가 생기나요?

⎯→ 언어적 역량을 측정하는 것이 수능 언어영역의 본질이죠. 그래
서인지 고등학생들을 관찰해보면, 수능 언어영역과 관련해서 기이한 일
이 벌어집니다. 공부한 대로 점수가 나오지 않는 거예요. 어떤 학생은 죽
어라고 언어영역 공부를 하는데 점수가 낮게 나오고, 어떤 학생은 언어
영역은 신경 쓰지 않는 것 같은데도 점수가 잘 나옵니다. 언어영역에서
고득점을 얻는 학생들에게 비결을 물어보면 놀랍게도 "저도 왜 이렇게
잘 나오는지 모르겠는데요"라고 대답해요. 문제집을 몇 권 푸는지를 물
어보면 "안 풀어도 잘 나오니까 계속 안 푸는데요"라고 답합니다, 약간
쫄아서 말이죠. 혹시 문제집 안 푼다고 선생님한테 혼날까봐.

이런 학생들의 공통점은 무엇일까요? 한 마디로, 난생 처음 보는 긴
글이라도 별 부담감을 느끼지 않는다는 겁니다. 그냥 쭉 읽다보면, 무슨

얘기를 하려는 건지 '감'이 오는 거죠. 여기서 '감'이라는 표현이 중요합니다. 우리가 모국어인 한글로 된 글을 읽을 때 어떤가요? '이 줄에 있는 어떤 표현이 다음 줄의 어떤 요소와 논리적으로 연관이 있으므로 결국 다음 문단에 나오는 결론이 어떻게 연결되고…' 이렇게 생각하면서 읽지는 않잖아요? 그건 학교 교사나 학원 강사가 왜 답이 몇 번이 되는지를 설명하려고 할 때 사용하는 방식이죠. 실제로 우리가 글을 읽을 때는 그냥 쭉 읽어 내려가는 겁니다. 읽다가 혹시 이해가 안 되거나 머릿속이 꼬이는 부분은 다시 읽기도 하지만, 어쨌든 그냥 쭉 읽다보면 글의 요지가 뭐고 어떤 목적으로 쓴 글인지에 대해 '감'이 잡히는 거지요. 제가 아까 '언어적 역량'이라고 표현한 것들은 흔히 우리가 '감'이라고 부르는 영역과 많이 겹칩니다.

지문을 읽고 나면 '윗글의 요지로 적합한 것은 무엇인가'라는 질문이 나와요. '독해력' 질문이지요. 보기를 보니 3번인 것 같아서 찍어요. 그런데 맞은 거예요. 선생님이 이 학생에게 물어봅니다. "이거 아이들이 굉장히 많이 틀린 문제인데 어떻게 이렇게 잘 맞췄니?"라고 말이죠. 그러면 "3번이 답인 거 같아서 찍었는데요"라고 답해요. 거의 허무개그 수준이죠.

정반대의 현상을 보이는 학생들도 있습니다. 난생 처음 읽는 긴 글을 접하면, 일단 '쫄기'부터 하는 거예요. 지문을 읽긴 읽는데, 절반쯤 읽다 보면 벌써 혈압이 올라가죠. 다 읽을 무렵에는 정신이 혼미해집니다. 지문을 다 읽고 나서 밑에 있는 질문을 읽어요. '윗글의 요지로 적합한 것은 무엇인가?' 보기 5번을 보니까 지문에 나온 문장하고 비슷하단 말이죠. 이건 완전 '유혹'이에요, '내가 답이야'라는. 그래서 5번으로 찍어요.

안타깝게도 틀린 답이죠. 희한하죠? 잘 맞춘 학생에게 '어떻게 잘 맞췄니?'라고 물어보면 '찍었는데 맞췄다'고 말하고, 틀린 학생에게 '어떻게 틀린 거니?'라고 물어보면 '찍었는데 틀렸다'고 말합니다.

학생들이 이런 현상을 처음 접하는 것은 주로 고등학교 1학년 때, 수능형 모의고사를 치르면서부터죠. '교과서에서 하나도 안 나온다 그러더니 정말이구나!' 느끼게 되죠. 그런데 어떤 학생들이 많은지 아시나요? 모의고사에 나오는 지문 수준의 글을 접해본 경험이라고는, 문제집 한두 권 들여다본 것밖에 없는 학생들이 엄청나게 많아요. 그건 강남 한복판에서 제주도까지 상당히 보편적으로 볼 수 있는 현상입니다. 기본기에 결함이 있는 것이지요.

많은 학생들이 기초적인 언어적 역량을 키울 기회를 갖지 못한 채, '문제집을 풀면 좋아지겠지'라는 막연한 생각으로 열심히 문제집을 풉니다. 그런데 기본기가 약한 상태에서 문제집만 풀어대니 효율이 떨어지는 거죠. 해설을 보면 뭐가 왜 정답인지 이해가 되는 것 같지만, 막상 '난생 처음 보는 글'로 도배가 되어 있는 문제지를 보면 눈앞이 핑핑 도는 겁니다. 실제로 제가 숱한 고3 학생들을 봐왔지만, 문제집을 풀어서 언어영역 점수를 올린 사례는 거의 본 적이 없어요. 문제집을 풀어서 좋아진다면야 한 권보다는 두 권, 세 권, 다섯 권, 열 권⋯ 이렇게 풀어낸 문제집 분량이 늘어날수록 점수도 올라가고 , 몇 십 권 풀어대면 거의 만점을 받겠죠. 그런데 그런 일은 벌어지지 않아요. '장수생'이라고 불리는 나이 많은 학생들이 "저는 언어영역은 공부를 거의 안 했는데도, 나이를 먹을수록 점수가 올라가요"라는 이야기를 하곤 하는데, 그건 나이를 먹을수록 부지불식간에 다양한 글의 의미를 파악하고 저자의 의도를 추정하는 경험을 축적해왔기 때문이지요.

그런데 학생들은 불안하니까, 그 불안을 달래려고 무작정 문제집을 더 열심히 풀어댑니다. 학원가에서는 그걸 이용하지요. 언어영역을 어떻게 준비해야 할지 어리둥절한 학생들에게 친근하게 제안합니다. "당황스럽지? 어떻게 준비해야 할지 모르겠지? 이리 와 봐. 우리 학원에서 문제집을 풀면 돼." 그런데 고3을 오랫동안 담당해온 현직 국어 교사들에게 물어보세요, 다들 이렇게 말씀하십니다. "나도 고3 수업에 들어가면 어쩔 수 없이 수능기출문제, EBS 문제 같은 거 풀어주지만, 언어영역은 사실 문제풀이로 도움 받을 수 있는 게 많지 않다"고 말입니다.

학원은 '영리조직'입니다. 음식점에 들어가면서 '이 집 음식 맛있나요?'라고 질문하면 어떤 답이 돌아오겠습니까? 뻔하죠. 학원도 마찬가지입니다. 문제풀이가 큰 도움이 안 된다는 걸 곧이곧대로 말할 이유가 없죠. 물론, 고2나 고3쯤 되어서 수능기출문제를 분석해보는 건 어느 정도 도움이 됩니다. 유형을 알면 일종의 요령이 생길 수는 있거든요. 하지만 기본기를 익혀야 할 시기에 열심히 문제집을 풀고 있다? 적어도 언어적인 과목에서는 상당히 비효율적인 공부방법인 겁니다.

세 줄 요약

1. 글을 접한 경험 자체가 태부족인 학생들은 언어적 역량의 기본기가 부족할 수밖에 없다.
2. 기본기의 부족은 흔히 '감'이 떨어진다는 식의 푸념으로 드러난다.
3. 언어적 역량의 기본기가 부족한 상태에서 문제집을 푸는 것은 비효율적인 방법이다.

Q.**005**

영어 시험에도
'언어적 역량'이 필요한가요?

⟶ 많은 사람들이, 강남 아이들은 워낙 어릴 때부터 영어 공부를 해서 거의 '영어 도사'이고, 당연히 수능 외국어영역은 1등급을 받거나 실수해도 2등급 정도는 나올 거라고 생각합니다. 하지만 실제 강남 안에 들어가서 보면 아주 다양한 등급이 나와요. 수능 외국어영역에서 1등급 비율이 다른 지역보다 높은 건 맞지만, 강남 지역 부모들이 영어에 엄청난 돈을 쏟아붓는다는 걸 고려해보면 투자 대비 성과가 상당히 안 좋은 겁니다.

 이유가 뭘까요? 강남에 있는 한 유명 어학원에서 몇 년간 실험을 한 적이 있습니다. 매년 수능을 보고나면 문제별로 정답률이 공개되니까 어떤 문항에서 학생들이 많이 틀렸는지 다 알 수 있거든요. 이 어학원에서는 외국어영역 문항들 가운데 정답률이 낮은 문항만 골라내서, 그 중에서 문법·어법 문제 같은 건 빼고 지문이 있는 문항들을 모두 번역을 한 거예요. 지문도 번역하고 보기도 번역하면, 영어가 한 마디도 없는, 100% 한글로 된 문제가 되는 거죠. 그러고 나서 학원생들에게 "영어 문제는 아니지만 중요한 거니까 잘 풀어봐라" 하고 나눠주고 시험을 본 겁니다. 어떤 결과가 나왔을까요?… 생각보다 상당히 안 좋게 나와요. 왜 그럴까요?

수능 외국어영역 가운데 절반 가까이는 번역해보면 언어영역 문항과 다름이 없습니다. 즉, 독해력, 추론능력을 묻는 문제란 말이죠. 그러니까 본질은 똑같은데, 한글의 탈을 쓰고 있느냐 영문의 탈을 쓰고 있느냐가 차이일 뿐이에요. 학생들은 영어 실력이 모자라서 틀린 게 아니라 '언어적 역량'의 기본기에 문제가 있어서 틀린 겁니다. 그런 학생들은 당연히 수능 언어영역 점수도 좋지 않아요.

물론 영어 실력 때문에 틀릴 수도 있어요. 어휘력이 모자라서 모르는 영어 어휘가 많으면 지문 전체를 이해할 수가 없지요. 또 문법 실력이 너무 엉망이어도 문장구조가 이해되지 않아서 틀릴 수도 있고요. 하지만 학생들을 상담해보면 문법이나 어휘력은 분명히 일정 수준 이상이 되는데도, 점수가 기어다니는 학생들이 꽤 있어요. 심지어 거의 난독증을 보이는 학생들이 있습니다. "첫 문장을 한번 번역해볼래?" 하면 번역을 해요. "두 번째 문장은?" 해도 번역을 하고요. 이런 식으로 쭉 가다가 "마지막 문장은 무슨 뜻이니?"라고 하면 또 번역을 해내요. 그런데 "그럼 이 글의 요지가 뭐니?"라거나 "글을 쓴 의도가 무엇인 것 같니?"라고 물어보면 이렇게 대답합니다. "모르겠는데요."

자, 이런 학생들이 단어와 문법을 더 열심히 연습한다고 해서 상태가 호전될까요? 더구나 토익이나 토플쯤 되면 지문의 수준이 더 높아지고, 텝스(TEPS)는 우리가 흔히 볼 수 있는 영어시험 가운데 지문의 난이도가 가장 높거든요. 이쯤 되면 번역해놓아도 꽤 골치 아픈 경우가 많아요. 즉, '언어적 역량'의 기본기가 부족하면, 영어 실력 또한 한계에 부딪힐 수밖에 없는 겁니다.

세 줄 요약

1. 수능 외국어영역의 문항 가운데 번역하면 언어영역 문항이 되는 것들이 많다.
2. 문법이나 어휘력 등에 큰 결함이 없는데 수능 외국어영역 성적이 안 좋은 경우는 언어적 역량의 기본기에 문제가 있기 때문이다.
3. 수능보다 수준 높은 시험에서는 이 문제가 더욱 심각해진다.

언어적 역량을 키우려면
어떻게 해야 하나요?

⟶　학생들의 언어적 역량을 키우기 위해서는 뭘 해야 할까요? 이 비밀의 열쇠를 풀기 위해 미국의 수능시험인 SAT를 들여다보겠습니다. 왜 미국 대학입시 얘기를 하냐고요? 우리나라 수능이 바로 SAT를 수입해서 만든 것이거든요. 특히 언어영역은 문제 유형이 거의 똑같습니다. SAT의 언어영역(필수과목인 비문학과 선택과목인 문학)을 보면, 난생 처음 보는 지문을 보여준 뒤 학생들의 독해력이나 추론능력 등을 평가하기 위해 이런저런 질문을 던지는 문항들이 많습니다. 한국 수능과 마찬가지로 모두 5지선다형이고요.

　평가문항이 같다는 건 의미심장한 얘기입니다. 미국이나 한국이나, 동일한 목표를 제시한다는 거죠. '언어적 역량을 키워라!'는 것입니다. 그리고 시험을 통해 그 역량의 일부를 테스트해보겠다는 겁니다. 자, 그러면 미국 학생들은 언어적 역량을 키우기 위해 뭘 할까요?

[한국과 미국 학생들의 1주일당 공부시간(고등학교 1학년)]

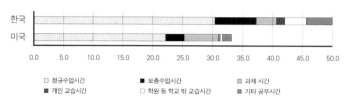

이 그래프는 앞에서 우리가 봤던 전 세계 고등학교 1학년생의 공부시간을 분석한 그래프 중 미국과 한국의 경우만 대조해놓은 겁니다. 한국의 전체 공부시간이 미국보다 훨씬 길지요. 분야별로 좀 자세히 들여다보면, 정규수업시간도 훨씬 더 길고, 보충수업도 길고, 학원에서 보내는 시간도 훨씬 길어요. 그런데 한국이 미국보다 짧은 게 있죠. 바로 숙제하는 데 걸리는 시간입니다. 미국이 거의 우리의 두 배쯤 되죠? 미국에서 고등학교 다니는 지인이 있으면 한번 물어보세요. 미국의 고등학교쯤 되면 숙제의 수준과 분량이 만만치 않습니다. 그런데 그 숙제가 대부분 뭐냐면, 읽기와 쓰기입니다. 무엇을 읽어 와라, 그리고 무엇에 대해 에세이를 써와라, 이런 식이죠(영어권에서는 어지간한 글은 거의 에세이라고 부릅니다).

우리나라에서 임진왜란에 대한 수업을 하는 경우를 생각해보죠. 학생들은 그냥 교과서만 달달 외우면 된다고 생각합니다. 시험문제는 거기서 나오니까요. 그런데 미국에서는 안 그렇습니다. 예를 들면 『난중

일기』를 읽어 와라, 또는 『난중일기』를 읽고 에세이를 써 와라, 이런 숙제를 냅니다. 그리고 수업시간에는 읽어 오거나 써 온 것을 바탕으로 토론을 하거나 발표를 하는 등의 방식, 즉 '주입식 수업'의 반대인 '참여형 수업'이 이뤄지지요. 주입식 수업이 전혀 없는 것은 아니지만, 그 비율은 우리가 생각하는 것보다 훨씬 낮습니다.

미국에서는 그런 참여형 수업을 위한 읽기와 쓰기 숙제를 많이 냅니다. 국어 시간뿐만이 아니라 다른 과목들도 정도의 차이는 있지만 마찬가지고요. 그러니까 한국과 미국의 학교 교육이 가진 핵심적인 차이는 숙제 분량에 있는 게 아니라 수업의 방식에 있는 것이죠.

반면 우리나라에선 교육과정이란 '교과서 진도 나가는 것'이라고 생각해요. 그런데 교과서 분량이라는 게 얼마나 알량합니까? 그거 읽어서 대체 언어적 역량의 기본기를 익힐 수 있을까요? 절대로 불가능하거든요. 그런데도 학교에서는 그저 교과서 진도만 나갈 뿐이죠. 교사가 학생들에게 책을 읽고 토론을 해보자고 하면, 학생들이 어떤 반응을 보일까요? "선생님, 진도나 나가요" 이런단 말이죠. 교과서 이외의 내용은 진도가 아닌 거예요. 거기서는 시험문제가 안 나오니까요.

왜 이럴까요? 우리나라의 교육과정에 대한 관료적 통제가 매우 심하기 때문입니다. 교사는 자신이 원하는 방식으로 수업을 할 수 없고, 자신이 원하는 시험문제를 낼 수도 없어요. 왜 그러냐고요? 첫째, 일단 교육과정의 내용을 정부에서 매우 꼼꼼하게 통제합니다. 그래서 교과서 내용이 다 비슷비슷하죠. 교사가 개인적인 권한으로 교재를 선정하거나 집필·편집하는 것은 상상도 못하죠(이런 얘기하면 우리나라에서는 '이상한 놈', 심하면 '불온한 놈' 취급 받지요). 둘째, 학교별로 '학업성적관리위원회'

라는 걸 만들어놓고, 시험문제를 사전에 심의 받도록 해놓았습니다. 그러다보니 한 교사가 좀 남다른 평가를 하려고 해도, '윗분'들께서 허용을 안 하십니다. 셋째, 교사별 평가가 금지되어 있고 학년별 평가만 가능해요. 자기가 좀 남다른 수업과 평가를 하고 싶어도, 같은 학년 같은 과목을 담당하는 동료 교사들이 반대하면 절대로 시행할 수가 없어요.

한마디로 요약해보죠. 우리나라 대학입시는 미국식으로 만들어놓았는데 교육과정은 일본식입니다. 교사에게 '3중 족쇄'를 채워놓은 거죠. 대학입시와 교육과정이 서로 잘 안 맞는 겁니다. SAT 언어영역은 '언어적 역량'을 키우라는 목표를 제시하고, 이를 위해 미국 교육과정에선 다양한 과목에 걸쳐 다양한 글을 접하게 하면서 의미를 따져보고 토론하고 글도 써보는 훈련을 시켜요. 꼭 미국만 그런 게 아니라, 서구 선진국의 학교에서는 일상적으로 그런 방식의 교육이 이뤄집니다. 그런데 한국에선 그 알량한 교과서 진도를 나간 뒤에, 문제집을 푼단 말이죠.

이게 바로 '물고기를 먹여주는 교육'과 '물고기 잡는 방법을 익히도록 하는 교육'의 차이이기도 합니다. 미국의 명문 고교를 졸업하고 명문대학·대학원에서 역사학을 전공한 한 미국인 교사는 한국의 여러 외국어고등학교에서 역사를 가르친 경험을 이렇게 회고합니다. "저는 미국 역사 전문가예요. 미국 역사는 간단해서 차분하게 토론식 수업으로 진행해도 쉽게 이해할 수 있어요. 그런데 모두가 SAT 시험에 집중하지 않는다고 야단이었어요. 결국 성적으로 제 방식이 옳다는 것을 입증했지만 매번 힘든 경험을 겪을 수밖에 없었어요(「동아일보」 2011년 4월 27일자)." 미국 교육 전문가가 미국 대학입시(SAT)를 준비하는 미국식 방법을 제대로 진행하려고 한 건데, 한국 학부모들은 왜 내용을 외우고 문제집 풀어주는 수업을 하지 않느냐고 따진 거죠. 참으로 대단한 신념(!)이에요.

물론 문제집을 푼다고 해서 언어적 역량이 전혀 안 커지는 건 아닙니다. 하지만 우리는 지금 '효율' 이야기를 하고 있잖아요? 한국식 공부법으로는, 언어적 역량을 키우는 과정의 효율이 떨어진다는 겁니다. 그리고 역설적이게도, 바로 그런 이유 때문에 독서 및 독서와 연관된 다양한 활동들이 우리나라에선 더욱 중요합니다. 학교의 일반적인 교육과정에서 언어적 역량을 키워주는 교육이 제대로 이뤄지지 못하고 있으니까요. 그러니 별도로 독서라도 많이 해서 기본기를 닦은 학생들이 상급 학년으로 올라갈수록 점차 유리해지는 겁니다.

세 줄 요약

1. 우리나라의 대학입시는 미국식인데 교육과정은 일본식이어서 특히 언어적 역량을 키우는 데 불리하다.

2. 서구 선진국은 다양한 과목에 걸쳐 다양한 글을 읽고 분석하고 토론하고 글을 쓰도록 함으로써 언어적 역량을 키운다.

3. 우리나라 학교에서 언어적 역량을 키워주기 어려운 이유는, '교과서 진도를 나가는' 획일적 수업만 하도록 교사들에게 '3중 족쇄'를 채워놓았기 때문이다.

Q.007

독서는
어떻게 지도하는 게 좋을까요?

——→ 우리나라 교육 현실에서 언어적 역량을 키워나가려면 독서교육이 매우 중요해질 수밖에 없다고 앞서 Q006에서 말씀드렸습니다. 덧붙이자면, 독서가 꼭 책이어야만 할 필요는 없고, 신문이나 잡지 등 다양한 읽을거리를 포괄적으로 얘기하는 것입니다.

독서가 가진 무궁무진한 가능성에 대해서는 지금까지 많은 분들이 이야기해왔습니다. 하지만 저는 독서전문가로서가 아니라, 대입전문가로서 우리나라 학생들의 경험을 분석하다보니 뜻밖에 독서의 중요성을 더 부각하게 된 것이지요.

제가 만든 독서교육 10계명을 소개하겠습니다. 제가 실제로 아이를 키우면서 실생활에 적용하려고 노력하고 있는 것이기도 합니다.

1. 꾸준히 읽어줘라.

평균적으로 초등학교 졸업할 때까지는 읽기능력보다 듣기능력이 더 좋고, 부모가 읽어주는 모습이 아이에게 자극도 되고, 책을 친숙하게 만드는 좋은 계기가 됩니다. 하루에 단 10분이라도 좋습니다. 저는 자기 전에 누워서 읽어주곤 했는데, 최근에 침대를 들여놓으면서 그 자세가 불가능해져서 요새는 어떻게 읽어줄까를 고민하고 있습니다.

2. 책이 많은 환경을 만들라.

도서관을 이용하는 것도 좋은 방법입니다. 도서관이 멀면 집의 거실을 서가 위주로 꾸미는 것도 좋습니다. 돈이 많이 들 것 같다고요? 친척이나 지인의 집에 있는 묵은 책들을 물려받거나, 인터넷에서 중고전집 구입하는 등의 방법으로 비용을 절약할 수 있겠죠. 저희 집에 있는 책의 절반 정도는 1990년대 책입니다. 그때 좋은 책이었던 게 2010년대에는 안 좋은 책으로 변할 리는 없잖아요? 참고로 맞춤법 규정도 1988년에 바뀐 이후로 거의 변화가 없으니, 그 이후에 출간된 책이면 맞춤법 때문에 문제가 될 일도 없습니다. 한 가지 덧붙여 말씀드리자면, 책을 가지고 어지르는 아이에게 절대 나무라거나 불편한 기색을 보이지 마십시오. 책이 가깝고 친숙한 물건이 되는 게 중요하니까요.

3. 줄거리 확인이나 요약을 요구하여 부담을 주지 마라.

자녀에게 '다 읽었으면 글의 요지를 요약해서 말해보라'는 식으로 요구하는 부모님이 계시는데, 그럴 필요 없습니다. 아이가 다 읽었다면 이해한 거라고 보십시오. 어른도 소설을 읽다가 등장인물이나 사건들이 헷갈리고 갈피가 안 잡히면 안 읽게 되잖아요? 아이들도 마찬가지예요. 이해하지 못하면 읽지도 않겠죠. 끝까지 다 읽었다는 것은 그중에서 2/3 이상은 이해했다는 뜻입니다. 다만 그걸 말로 표현해보라고 하면 잘 안 되는 경우가 많지요. 대체로 읽기능력보다 표현능력이 떨어지기 마련이니까요. 엄마의 질문에 아이가 답변을 못 하고 버벅대기 시작하면 엄마는 표정관리가 안 되기 시작하고… 그러면 결국 독서에 대한 부정적 경험이 쌓이게 됩니다. 그러니 읽은 걸 얘기해보라고 부담을 주는 것은 오히려 독서교육에 좋지 않습니다. 표현을 편하게 조잘조잘 잘 하는 아이도 있지만, 그걸 싫어하거나 힘들어하는 아이도 있으니까요.

4. 강도 높게 칭찬하라.

읽는 모습을 충분히 칭찬해 주십시오. 뭔가 읽고 있을 때에는 방해하지 마시고요.

5. 스토리가 없는 읽을거리도 중요하다.

책뿐만이 아니라 도감, 지도, 잡지, 신문 등도 다양하게 접하고 읽는 것이 좋습니다.

6. 관심 있는 영역에서는 또래 수준을 뛰어넘는 것도 접하게 하라.

연령별 권장도서 목록 등에 집착하면 오히려 지적 수준을 업그레이드할 기회를 놓칠 수도 있어요. 제가 예전에 분당에서 강연을 했는데, 강연장에 있던 학부모 한 분이 나중에 전화를 하셨어요. "우리아이는 읽으라는 동화책은 안 읽고 전자제품 사용설명서를 읽어요"라면서. 그래서 저

는 "전자제품 사용설명서를 더 많이 가져다주세요"라고 했습니다. 우리
나라 부모들은 아이의 지적 능력이 고르게 1층 쌓이고 그 위에 고르게
2층 쌓이고… 이런 식으로 쌓아 올려지기를 바라는 것 같아요. 하지만
한 영역에서라도 높이 쌓아 올려보면, 좀 위태로워 보일지 몰라도 위에
서 내려다보이는 시야라는 게 있는 것이거든요. 연예·엔터테인먼트에
관심 많은 학생이라면 〈텐아시아〉(인터넷저널)나 『씨네21』(주간지)을 본
다든지 하는 식으로, 자신이 관심 있는 영역에서는 수준 높은 글을 접해
보는 것도 중요합니다.

7. 학습만화를 두려워하지 마라.

독서교육 전문가 중에서는 만화를 백안시하는 분들이 있습니다만, 저
는 학습만화는 경계할 필요가 별로 없다고 봅니다. 우리나라 학생들은
학업 흥미도가 전 세계에서 바닥 수준이거든요(이와 관련해서는 뒤에 나올
Q018에서 더 자세히 소개하겠습니다). 이런 환경에서 학습만화는 생각보다
큰 효용을 가집니다. 학교와 학원에서 재미없는 주입식 교육이 고강도
로 이뤄지는 한국에서, 학습만화는 '지식이 재미있는 것일 수도 있다'는
걸 느끼게 해주는 산소호흡기 같은 구실을 할 수 있는 거죠. 우리나라
학습만화의 품질과 다양성은 세계 최고 수준인데(일본이 워낙 만화대국이
지만 학습만화에 국한해 보면 우리나라가 최고라 할 수 있습니다), 그 이면에는
학업 흥미도 최하위라는 슬픈 진실이 숨겨져 있는 겁니다.

8. 아이의 스타일을 존중하라.

아이에 따라 정독파, 반복파, 다독파 등 다양한 유형이 관찰되는데, 정

답은 없습니다. 어떤 스타일이든 다 장점이 있으니까요. 예를 들어, 한 권의 책을 수십 번씩 읽는 경우(반복파)에는 맞춤법까지 자기도 모르는 새 입력되는 거죠.

9. 흥미를 분산시키는 것들을 통제하라.

컴퓨터나 TV, 게임기 등 책보다 더 흥미를 자극하는 것들은 가능한 한 집에 두지 않거나, 적어도 확실히 통제하는 것이 좋겠지요. 이와 관련해서는 Q032에서 별도로 더 말씀드리겠습니다.

10. 부모가 뭔가를 읽는 모습을 되도록 많이 보여줘라.

부모 입장에서는 독서교육 10계명 중에서 제일 괴로운 일이죠. 신문이나 잡지라도 보시기 바랍니다.

※ 어린이 · 청소년의 독서와 관련하여 가장 권하고 싶은 책은 『하루 15분, 책 읽어주기의 힘』(짐 트렐리즈 지음)과 『책으로 크는 아이들』(백화현 지음)입니다. '읽기'의 무한한 잠재력에 대하여 생각해보는 기회가 되기를 바랍니다.

세 줄 요약

1. 책이 많은 환경에서 다양한 읽을거리를 부담 없이 자유롭게 접하도록 하는 것이 좋다.
2. 뭔가를 읽는 것을 지속적으로 칭찬하고, 컴퓨터 · 게임기 · TV는 되도록 통제한다.
3. 부모가 본보기를 보이고 책을 읽어주는 모습을 보여주는 것이 좋다.

수학적 역량을 키우려면
어떻게 해야 하나요?

$\longrightarrow$ 수십 문항의 수학 문제를 내놓고, 빨리 풀수록 우수한 학생이라고 불러주는 것, 저는 그런 게 싫습니다. 저도 나름 과학고 다녔고 대학에서 자연과학을 전공한 사람이지만, 도대체 왜 이런 식으로 수학교육을 시키는지 잘 모르겠습니다.

빠른 속도로 수학문제를 풀어내는 사람들은 수학적 역량이 우수할 가능성이 높습니다. 그건 사실이에요. 하지만 수학적 역량이 우수하다고 해서 수학문제를 다 빠르게 풀어낼 수 있는 건 아닙니다. 그리고 수학문제를 빠르게 풀어내도록 훈련시키는 것이 수학적 역량을 키우는 데 꼭 유리한 것도 아닙니다. 특히 지금과 같은 객관식 평가에서는, 다각적이고 깊이 있는 접근을 유도하기가 상당히 어렵습니다. 저는 아예 유럽처럼 수학 대학입시를 100% 논술형으로 출제하는 게 좋다고 봐요.

저의 개인적인 견해는 일단 접어두고, 수능 수리영역에 집중해서 얘기해보죠. 일단 수능 수학시험을 파악하려면, 수능 과목의 전체적인 스펙트럼을 이해하셔야 합니다. 아래 그림을 보시죠.

지식	사회탐구 – 과학탐구 – 수리 – 외국어 – 언어	역량

← 고3 때 점수변동 가능성 큼   고3 때 점수변동 가능성 작음 →

이 스펙트럼이 이해되시나요? 왼쪽으로 갈수록 '지식의 소유 여부'가 중요하고, 오른쪽으로 갈수록 '역량의 수준'이 중요하다는 뜻입니다. 독해력·추론능력 등 기초적인 언어적 역량이 모자라면 단기적으로 극복하기가 어렵죠. 그래서 오른쪽에 있는 과목일수록 고2, 고3 때 점수 변동의 가능성이 적습니다. 하지만 왼쪽에 있는 과목은 머릿속에 잘 정돈된 이론과 정보를 체계화해놓고 있으면 크게 도움을 받는 과목입니다. 그렇다고 단순암기를 뜻하는 건 아니고, 나름의 이론적 체계와 흐름을 꿰고 있어야 하죠. 어쨌든 이런 과목일수록 고2, 고3 때 점수 변동 가능성이 커요. 모자라는 지식은 속된 말로 '빡세게' 공부하면 단기적으로 만회할 수 있거든요. 그래서 실제로 사회탐구·과학탐구 과목의 경우 고3 때 성적이 놀랄 정도로 상승하는 사례도 드물지 않습니다.

제가 학원가에서 은퇴한 지 한참 되었습니다만, 아직도 학원가에서 깨지지 않은 기록을 가지고 있습니다. 대치동에서 학원 수업을 시작한 지 1년 반 만에 '1타 강사'를 했거든요. 1타 강사라는 건 학원가 은어인데, 어떤 과목에서 가장 많은 수강생을 가르치는 강사를 뜻합니다. 학원간, 강사 간 경쟁이 가장 격심한 대치동에서 진입 1년 반 만에 1타를 했으니 여간해선 깨지기 힘든 기록이죠. 그런데 그게 가능했던 배경이 있었습니다. 제가 가르친 과목이 수능 과학탐구였거든요. 수능 과학탐구는 고3때 성적 변동이 큰 과목이고, 그래서 '누가 누구에게 배우더니 점수가 오르더라'는 입소문이 나면 삽시간에 광풍(?)이 붑니다. 제가 국어나 영어를 가르쳤으면 불가능했던 일이지요. 수능 시대에 국어나 영어 과목의 스타강사들은 대개 그 자리에 오르는 데 시간이 많이 걸린 사람들입니다. 벼락스타가 된 강사들은 거의 다 과학탐구나 사회탐구에서 나오죠.

이제 수리를 살펴볼까요? 위 스펙트럼에서 딱 중간에 있어요. 양면성이 있는 거죠. 수능 수리영역 문항들을 분석해보면, 달달 연습하는 걸로 해결되는 문항들이 많이 있지요. 유형별로 분류해 연습하다보면, 거의 암기하듯 술술 문제가 풀리는 거죠. 저는 이걸 드라마 〈공부의 신(공신)〉에 나오는 '공신식 수학'이라고 부르는데, 쉽게 얘기하면 '철저한 유형별 문항 분류에 근거한 빨리 풀기 훈련'입니다. 기성세대에게도 익숙할 거예요. 『수학의 정석』이 그런 식으로 되어 있죠. 『수학의 정석』을 보면, 일단 맨 위에 기본문제가 나와 있고, 그에 대한 가장 표준적이고 효율적인 풀이 방법이 소개된 다음, 유사한 문제가 한두 개씩 나오죠. 그러니까 공신식 수학이란 게 꽤 오랜 역사를 가진, 상당히 친숙한 겁니다.

문제는 그것만 하면 수능 수리영역에서 높은 성적을 거둘 수 있을 것 같지만, 그렇지 않다는 겁니다. 오히려 수능 수리영역에서 난이도가 높은 문항들은, 공신식 수학에 지나치게 길들여진 학생들에게는 불리하게 작용하기도 해요. 왜 그런지 살펴보죠. 수학문제의 풀이과정을 보면 대체로 이렇게 되어 있습니다.

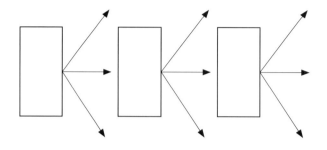

[수학 문항의 풀이 과정]
단계별 조건에 따라 가지를 쳐나가는 구조입니다.

일단 문제풀이의 출발점에서 보면, 주어진 조건에 따라 어느 쪽으로 가야 할지를 선택해야 합니다. 주어진 조건을 고려해보니 이쪽으로 가는 게 맞겠다, 라고 판단하고 다음 단계로 넘어가보면, 거기서 또 갈림길이 나와요. 이 단계에서 조건을 분석해 또 어느 쪽으로 갈지를 판단하고, 이런 식으로 몇 단계를 거듭해야 답이 나오게 되어 있는 거죠. 이처럼 수학 문항의 풀이과정은 엄밀히 볼 때 직선적인 과정이 아니라, 가지를 쳐나가는 구조입니다. 주어진 요구와 단계별 조건을 분석해서 올바른 가지를 찾아가야 하는 것이죠.

그런데 공신식 수학에 지나치게 길들여지면 그런 풀이과정을 따라가는 데 문제가 생길 수 있어요. 공신식 수학은 빨리 푸는 걸 지상 과제로 삼거든요. 그래서 미리 가지치기를 해서 문제를 '직선화'시키는 겁니다. 그러고 나서 가장 빠른 속도로 푸는 요령을 학생들에게 주입하는 거죠. "야, 이거 뻔한 거잖아. 이건 이렇게 풀란 말이야"라고. 그렇게 유형별로 문제풀이법을 가르쳐야 시간이 최대한 절약되니까요. 수능 수리영역에서 난이도가 중간 또는 중간 이하의 문항들은 '전형적' 문항들이기 때문에 그런 방식으로 푸는 게 가능합니다. 경험에 의존해서 풀 수 있는 거죠. 그런데 난이도가 높은 문항들은 전형성에서 벗어난 문항들이기 때문에 현장에서의 추론능력이 굉장히 중요합니다.

오답률이 높은 문항에 학생들이 접근하는 과정을 관찰해보면, 의외로 많은 학생들이 초반부터 길을 잘못 잡는 것을 알 수 있습니다. 공신식 수학에 길들여진 나머지, 문항의 전체적인 인상을 통해 이른바 '간을 본' 다음, 기억 속에 남아 있는 문제 유형에 끼워 맞춘 뒤 직선으로 내달리는 것이죠. 그러면 결국 오답이 나와요. 알고 보니 이 문항은 요구사항이나 조건에서 전형적인 문항과 차이가 있었던 거죠. 처음부터 다른 가지로 진행했어야 하는 문항이거나, 아니면 중간부터 다른 가지로 가야 하는 문항이었던 것이지요.

그렇다면, '공신식 수학을 하라는 거냐 말라는 거냐?' 싶으시겠지요. 하긴 하되, 나중에 하라는 겁니다. 수학적 기본 역량(특히 추론능력)을 키워가는 것이 우선돼야 합니다. 나중에 공신식 수학을 덧붙이는 건 비교적 쉽지만, 어려서부터 죽도록 공신식 수학에 길들여진 아이가 갑자기 상당한 추론능력을 발휘해야 하는 상황에 적응하기는 어렵습니다.

그러니까 초등학생 아이들에게 연산이 틀렸다고 꾸짖지 마세요. 어차피 복잡한 숫자는 고등 수학이 되면 다 엑스(x)나 에이(a)나 알파(α)로 바뀝니다. 수능 문제 풀다가 세 자릿수 곱셈을 할 상황이 발생하지는 않는다는 거죠. 어린 시절에는 어떤 훈련을 해야 하냐면, 첫째로 하나의 수학적 요소를 다양한 각도에서 접근하고 경험하도록 해야 합니다. 이건 공교육에서 해줘야 하는 겁니다. 둘째로 처음부터 끝까지 자기 힘으로 설명하는 훈련을 해야 합니다. 이건 개인이나 가정 차원에서도 시도해 볼 수 있는 것이죠. 예를 들어, 부모님이 자녀에게 수학을 가르쳐달라고 이야기하면서 설명해보도록 하는 것도 방법입니다. 아니면, 수학을 가르치는 봉사활동이나 협동학습을 하며 옆의 친구에게 뭔가를 가르쳐주는 경험을 하는 것도 좋습니다. 모르는 사람에게 설명하려다 보면 중간에 구렁이 담 넘어가듯 얼버무릴 수가 없으니 필요한 논리적 단계를 모두 거치는 훈련이 될 수 있어요. 남에게도 도움을 주고 자신에게도 도움이 되는 거죠.

우리아이가 설명을 잘할 것 같다고요? 예를 들어 왜 사칙연산을 특정한 방식으로 하는지 그 원리를 한번 설명하라고 해보세요. 단원별로 대표적인 문항들을 처음부터 끝까지 자신의 머리와 종이와 펜만 가지고 설명해보라고 해보세요. 원의 면적이 왜 πr^2 인지, 왜 $(a-b)^2 = a^2 - 2ab + b^2$ 가 되는지 한번 설명해보라고 해보세요. 문제를 풀라고 하면 풀긴 푸는데, 왜 그렇게 되는지를 설명하라고 하면 설명하지 못하는 학생들이 의외로 많습니다. 그런 학생들은 비전형적 문제에 대한 적응능력이 떨어질 수밖에 없지요.

세 줄 요약

1. 수능 과목 가운데 사회·과학탐구는 상대적으로 지식에 대한 의존도가 높고, 언어·외국어 영역은 역량에 대한 의존도가 높다.
2. 전형적 문항을 빨리 풀어내는 '공신식 수학' 훈련은 필요하지만, 비전형적 문항에 대한 대응능력을 키우는 데에는 그다지 도움이 되지 않는다는 한계를 가진다.
3. 수학적 추론능력을 높이려면 어릴 적부터 논리적 설명을 연습해보는 경험이 중요하다.

앞으로 대학입시가
바뀔 수도 있지 않나요?

———→ "우리아이는 지금 초등학생인데… 대학 가려면 10년쯤 남았는데, 그새 입시제도가 바뀌어버리면 지금 이야기한 게 다 소용없는 것 아닌가요?" 이런 분들 계실 겁니다. 그렇죠. 가뜩이나 우리나라는 입시제도가 자주 바뀌어왔으니까요. 하지만 전 세계 대입제도를 들여다보면 일정한 추세를 발견할 수 있고, 바뀐다 하더라도 어떤 방향으로 바뀔지 뻔히 정해져 있는 셈입니다.

수능과 학력고사의 차이를 다시 짚어보는 데에서 출발해보지요. 학력고사가 '지식의 소유 여부'를 검증하는 데 초점을 맞춘 시험이었다면, 수능은 언어영역을 중심으로 '역량의 수준'을 검증하는 쪽으로 무게중심이 이동한 시험입니다. 이 추세가 역전되어 학력고사와 비슷한 시험이 출현할 가능성은 '없다'고 보시면 됩니다. 왜냐? 요새 '지식'이 모자라면 누구에게 물어보십니까?… 인터넷으로 검색해보시죠? 인터넷 검색을 해보면 몇 초면 알 수 있는 지식을, 머릿속에 왕창 쌓아놓았다고 해서 그게 대단한 가치를 가지고 있다고 볼 수 있을까요? 아니잖아요. 그러니까 단순히 지식을 소유하고 있는지의 여부보다는, 그 지식을 '구워먹고 삶아먹는 역량'이 더 중요해지는 겁니다. 그건 세계사적인 추세이기 때문에, 역행해서 학력고사 같은 시험으로 돌아갈 가능성은 없어요.

그럼, 앞으로의 대학입시는 어떻게 바뀔까요? 일단 현재의 수능 또는 이와 유사한 객관식 시험이 계속 유지될 수도 있습니다. 그런데 만일 바뀐다면, 분명히 논술형 시험 또는 입학사정관제로 갈 겁니다. 둘 다일 수도 있고요. 왜 그러냐고요? 일단 그림을 한번 보세요.

[시험으로 검증 가능한 역량과 그렇지 않은 역량]

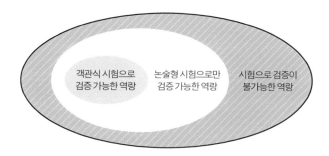

부분집합 관계가 이해가 되시나요? 한 사람이 가진 전체 역량 가운데, 수능과 같은 객관식 시험을 통해 검증할 수 있는 역량이 바로 가운데에 음영 처리된 부분입니다. 그런데 Q003에서 우리가 분석해본 서울대 논술 문제를 보면, 〈논제 1〉과 〈논제 2〉는 선다형 문항으로 바꿀 수 있지만, 〈논제 3〉은 '네 생각을 써봐라'는 거니까 선다형으로 변형이 불가능한 것이거든요. 즉 논술형 문항으로만 검증 가능한 부분이 존재한다는 겁니다. 그게 그림에서 흰 색 부분에 해당하고요. 그러니까 객관식 시험으로 측정 가능한 역량은 논술형 시험으로 측정 가능한 역량의 부분집합이 되는 겁니다. 논술형 대학입시는 미국을 제외한 선진국에서 많이 채택하고 있습니다. 프랑스는 국가고시 형태로, 독일은 주정부에서 주관하는 공인 시험으로, 핀란드는 대학별 고사 형태로 논술형 시험을 채택하고 있지요. 그런데 우리나라의 논술고사와는 다릅니다. 우리나라의 대학별 논술고사와 달리, 과목별 시험이에요. 그러니까 국어도 논술형, 수학도 논술형, 물리나 역사도 논술형으로 시험을 보는 거죠. 수십 문제를 빨리 풀게 하는 게 아니라, 몇 문제 안 되지만 시험시간은 우리보다 깁니다. 면밀히 분석하며 자신의 논지를 구성해야 하기 때문이지요.

미국은 앞에서 얘기했듯이 대학입시가 논술형이 아니라 선다형(SAT)입니다. 그런데 학교에서 이뤄지는 평가가 모두 논술형 또는 수행평가예요. 고등학교쯤 되면 100% 그렇게 됩니다. 미국의 고등학교에서 교사가 정규수업 시간에 객관식 문제집을 풀어주고 있다? 그 교사는 쫓겨납니다. '게으른 교사'로 낙인찍혀서 말이지요. 그러니까 미국에서는 내신이 논술고사의 기능을 담당하고 있는 셈입니다.

그런데 사람이 가진 역량 중에는, 아예 '시험'이라는 것을 통해서는 검증 자체가 불가능한 부분이 있어요. 그림에서 빗금 친 부분입니다. 예를 들어 어떤 학생이 리더십이 뛰어나다고 해봅시다. 그게 시험으로 잘 드러날까요? 아니잖아요. 그러니 여러 가지 자료나 면접 등을 통하여 이런 부분까지 한번 들여다보자는 제도가 바로 입학사정관제인 거죠.

입학사정관제란 바로 '시험으로 검증 불가능한 역량'까지 들여다봄으로써, 가장 포괄적으로 지원자의 됨됨이를 보고 선발하자는 겁니다. 그러니까 '선다형⊂논술형⊂입학사정관제' 이런 식으로 측정 가능한 역량의 부분집합 관계가 있는 것이고, 그래서 우리는 수능과 논술과 입학사정관제를 '역량'이라는 일관된 키워드로 이해할 수 있는 것입니다.

그런데 저는 입학사정관제를 긍정적으로 보는 건 아닙니다. 위 그림 가운데 가장 바깥쪽 부분(빗금 친 부분)은 교과영역 밖의 각종 활동, 이른바 '비(非)교과 영역'이지요. 그런데 교과영역(성적)과 비교과영역 중에서, 어느 쪽이 더 부모의 영향력이 크겠습니까?… 바로 비교과영역이겠지요. 이건 교육학적으로 당연한 이야기이고, 많은 학부모와 교사들이 동의하고 있는 부분입니다. 또 그렇기 때문에 서구 선진국 가운데 대입에서 비교과영역을 적극적으로 반영하는 나라는 미국과 영국밖에 없는 겁니다. 독일, 프랑스, 스웨덴, 캐나다 등등은 대학에서 학생 선발할 때 성적만 봐요. 적어도 '교육'의 영역에서는, 성적만 보고 뽑는 게 더 합리적일 수 있는 겁니다. 교육의 공공성이라든가, '기회균등'의 원칙 등을 고려하면 말이죠. 입학사정관제의 문제점에 대해서는 Q060과 Q061에서 별도로 자세히 설명 드리지요.

세 줄 요약

1. 학력고사처럼 '지식의 소유 여부'를 측정하는 대학입시로 역행할 가능성은 없다.

2. 객관식평가⊂논술형평가⊂입학사정관제 방향으로 갈수록 평가하는 '역량'의 범위가 넓어진다.

3. 앞으로 한국 대입제도가 변화한다면 논술형 평가 또는 입학사정관제 (또는 양쪽 모두의) 방향으로 갈 수밖에 없으나, 입학사정관제는 심각한 결함을 안고 있다.

요새 학생들의 공부기술이
어떤 면에서 취약한 거죠?

—→ 지금부터는 한국 학생들 개개인의 공부방법 이야기를 해보죠.
기성세대가 청소년이었을 때와 지금 청소년기 학생들을 비교해보면, 어
느 쪽이 공부에 대한 기술, 요령, 또는 노하우 등이 더 좋을 것 같습니
까?… 한번 생각해보세요.

과거에는 교육환경이 무척 열악했어요. 학부모들 중에는 심지어 한
학급에 70명 넘는 콩나물시루 교실을 경험한 분들도 꽤 있을 거예요. 하
지만 공부를 해야겠다고 일단 마음을 먹으면, 스스로 단어장도 만들어
보고, 노트정리도 해보고, 문제를 놓고 골똘히 고민도 해보고, 계획표를
작성하는 등등의 경험을 했을 겁니다. 자연히 '나는 이렇게 공부하면 되
는구나' 또는 '이런 방식으로 공부하면 효율이 떨어지네' 등등 자신에게
맞는 노하우를 축적할 수 있었지요.

그런데 지금 청소년기 아이들은 이런 과정을 거의 겪지 않아요. 틀림없이 공부하는 시간은 더 길어졌을 텐데, 남이 하라는 대로만 해왔거든요. 그러니 공부에 대한 노하우는 더 떨어지는 거죠. '학원의존학습'이 한국 사회의 지배적인 공부 방식이 되어버린 거죠.

'남이 하라는 대로만 하는' 공부를 지속한 결과, 이상한 증세가 발견됩니다. 특히 '진도'하고 '성취도'를 분간하지 못하는 학생들이 많아요. 심지어 '진도가 곧 성취도'라고 생각하기도 하죠.

물론 '진도'와 '성취도'는 전혀 다른 거죠. 예를 들어보겠습니다. 중1에서 고3까지 6년간, 학생들이 '기본영어' 급의 영어 학습참고서를 몇 권 보는지 아세요? 고3이나 재수생을 대상으로 상담하면서 살펴보면, 우리나라 대도시 지역의 학생들은 중·고등학교 6년 동안 평균 네 권가량을 보는 것 같습니다. 물론 예전처럼 『성문기본영어』를 보는 경우는 거의 없지만, 그 정도 수준의 영어 학습서가 시중에 수백 가지 나와 있거든요. 이런 책들을 학원 교재로 배우기도 하고, 보충수업(요새는 방과후 수업이라고 부르지요) 시간에 교재로 배우기도 하고, 고등학교 시절에는 심지어 정규수업시간에 배우기도 해요. 그래서 평균 네 권정도 배우는 거죠. 심하면 예닐곱 권을 보기도 해요.

그런데 대부분의 학생들이, 그 중에서 한 권도 자기 걸로 못 만듭니다. 상당히 황당한 일이죠. 사실 딱 한 권만 자기 것으로 소화하면 수능 수준의 영문법은 끝나거든요. 수능이 무슨 최고급 영문법을 요구하는 것도 아니고, 기본영어 수준 한 권이면 되는 겁니다(앞으로 수능 대신 국가영어능력시험이 도입된다고 하지만, 어차피 요구하는 문법적 수준은 수능과 동일합니다). 그리고 나면 적절한 수준의 복습만 하면 되지요. 그런데 서너

권을 봐놓고도, 한 권도 자기 것으로 소화를 못 하는 학생들이 많아요.

그래서 "너는 왜 이것도, 저것도, 그것도 봤는데 이 모양이냐?"라고 물어보면, 결국 돌아오는 답변은 "그냥 진도 나갔는데요"입니다. 그 내용을 얼마나 자기 것으로 만들었는지를 생각하지 않는 거죠. 성취도에 대한 감각이 전혀 없는 겁니다. 그냥 진도 나가는 게 공부인 줄 알아요. 남이 하라는 대로, 학원이 시키는 대로.

제가 고등학교 2학년 후반쯤의 학생과 상담을 할 때면 꼭 시키는 게 있습니다. 수능이 1년쯤 남은 시점이니까, 여태까지 공부한 수능 범위 중에서 가장 취약한 과목과 단원부터 순위를 매겨보자고 해요. 그러면 아이들이 머리를 싸매고 순위를 매깁니다. 예를 들어 "저는 수학의 극한 단원이 가장 취약하고요, 두 번째로 영어에서 가정법만 나오면 헷갈리고요, 세 번째로 한국지리의 기후 단원을 잘 모르겠고…" 이런 식으로 말이죠. 심지어 십 몇 번까지 번호를 매기는 학생도 있습니다.

이 순위는 제가 일방적으로 매겨준 것이 아닙니다. 학생이 스스로 매긴 거예요. 저는 조력자 역할을 한 것뿐입니다. 순위를 매기고 나면, 제가 약속을 제안합니다. "앞으로 고3 여름방학이 끝날 때까지 9개월 남았는데, 고3 여름방학이 지나고 나면 뭔가 보완한다는 게 거의 불가능해진다. 왜냐하면 수능은 코앞인데 수시 원서도 내야 하고 수시 전형에 응시도 해야 하고… 고3 2학기는 너무 정신이 없기 때문에 뭔가를 보완하기 어렵다. 이제 선생님하고 약속을 하고 앞으로 1순위에 우선적으로 시간을 투자하고 2순위에 그다음으로 많은 시간을 투자하고… 이런 식으로, 차등적으로 시간을 배분하여 고3 여름방학 이전에 최대한 취약과목·취약단원을 보완하자"고 제안을 해요. 학생은 기꺼이 동의하죠. 자기가 보기에도 이 순위에 따라 시간과 노력을 차등 배분하는 것이 너무나도 합리적이거든요.

그런데 이렇게 약속을 한 아이들을 고3 여름방학 끝날 즈음에 다시 만나는 경우가 종종 있어요. 그러면 제가 물어봅니다. "야, 반갑다. 너 선생님하고 8개월 전에 한 약속 있었지? 어떻게 했니?"

그러면 진짜 소수의 학생들만 그 약속을 지켰다고 해요. 나머지는 배시시 웃으면서, 절반은 "안 했다"고 하고, 절반은 "못 했다"고 합니다. 그래서 "왜 안 했니? 혹은 왜 못 했니?" 하고 질문하면, 어떤 대답이 나오는지 아십니까?

"학원 다니느라 바빠서요."

무슨 말씀인지 아시겠죠? 옆에서 보고 있으면 '미치고 팔짝 뛸' 일입니다. 이게 전 세계에서 가장 오랜 시간 공부하는 우리나라 아이들이 12년간 공부하고 나서 보이는 모습이에요. 공부를 '무작정' 하는 거지요. '성취도'를 관리해야 한다는 관념 자체가 없는 겁니다.

학원 다니면 성취도가 관리되는 거 아니냐고요? 그건 어릴 적에는 좀 통할 수 있는 말입니다. 하지만 학년이 올라갈수록, 결코 학원 다닌다고 자동으로 성취도가 관리되지 않는다는 걸, 학생들 스스로가 느낍니다. 그러면 성취도 관리는 누가 해야 하는 걸까요? 성취도 관리는 자기가 해야 해요. 그러기 위해서는 일단 자신에 대한 진단을 해야 하죠. 그런데 워낙 진단 자체를 해본 적이 없으니까, 제가 진단을 하도록 도움을 주었단 말이죠. 그래서 분명히 학습의 우선순위를 매기는 과정까지 밟았단 말이에요. 그러면 집에 돌아가서 이 순위에 맞춰 자기의 시간과 생활을 다시 조직해야 하잖아요? 그런데 그냥 관성적으로 계속 다니던 학원 다닌 거예요. 늘 그랬듯이.

물론 학원을 다닐 수도 있지요. 자신이 진단한 취약점을 보완할 목적으로, 선별적으로 학원을 다닌다면 제가 뭐라 하지 않을 겁니다. 그런데 무계획적으로, 관성적으로 학원을 다니니, 효율이 떨어질 수밖에 없는 겁니다. 학원을 다니는 것 이외의 방식으로 공부해본 적이 거의 없는 학생들이 많거든요. 그리고 학부모 중에도 학원 보내는 것 이외의 방식으로 공부시켜볼 생각을 해본 적이 없는 분들이 많거든요.

세 줄 요약

1. 지금 청소년기 학생들은 예전 세대보다 공부기술이 취약해졌다.
2. 학원이 제시한 진도를 허겁지겁 따라가는 데 급급한 공부에 익숙해지다보니, '성취도'를 의식하고 관리하는 능력이 실종되었다.
3. 성취도 관리 능력이 취약하면 넓은 범위에 걸친 시험(특히 대학입시) 준비의 효율이 떨어진다.

왜 자기주도학습이
학원의존학습보다 효율이 높나요?

——→ '자기주도학습'이라는 말 들어보셨을 겁니다. 참 환상적인 말이
죠. 아이가 스스로 알아서 공부를 척척 한다니! 이렇게만 된다면 얼마나
좋겠습니까? 정부에서도 자기주도학습이 중요하다는 걸 강조하고 있고,
2010년부터는 '자기주도학습 전형'을 만들어서 특목고 학생선발에 도
입하기도 했습니다. 요새는 심지어 학원에서도 자기주도학습을 시킨다
고 광고하기도 하지요. 하지만 우리나라 학생들의 주된 학습방법은 자
기주도학습이 아니라 '학원주도학습' 또는 '부모주도학습'이죠. 아니, 부
모와 학원이 혼연일체인 경우가 많으니까 '부모-학원주도학습'이라고
부를 수도 있겠습니다. 제가 2006년에 『이범, 공부에 반(反)하다』라는
책을 낸 적이 있는데, 이때 반(反)하는 대상이 된 공부가 바로 대한민국
학생들의 평균적인 공부, 즉 부모-학원주도학습을 뜻합니다.

연구 결과를 보면 항상 자기주도학습이 학원의존학습보다 효율적이라고 나와요. 최근의 사례로 2011년 3월 한국개발연구원(KDI)의 김희삼 연구위원이 「왜 사교육보다 자기주도학습이 중요한가」라는 연구보고서를 냈는데, 수십만 명의 학생을 조사한 결과 사교육 받은 시간과 수능점수 상승도 사이에는 연관이 약하거나 거의 없는 반면, 자기주도학습 시간과 수능점수 상승도 사이에는 뚜렷한 연관이 있다는 결과가 나왔어요. 또 자기주도학습 시간은 사교육 받은 시간에 비해 수능 성적, 대학에서의 성적, 심지어 취업 후 받는 임금과도 더 높은 연관관계를 가진다는 겁니다. 신문과 뉴스로 많이 보도되었으니, 기억나실 지도 모르겠어요. 이는 분명한 사실이고, 거기에는 뚜렷한 이유가 있어요.

대략 중학생 정도의 연령대가 되면, 자기진단이 가능해지기 시작합니다. 거창하게 표현해서 '자기진단'이지, 실상 별거 아니고요, 말하자면 "내가 이걸 제대로 이해하고 있나?", "이거 다시 복습해야 할 부분이 아닐까?", "내가 뭘 모르고 뭘 알고 있나?" 등의 질문에 답할 수 있는 능력이지요. 물론 자기진단이라는 것이 하루아침에 갑자기 가능해지지는 않습니다. 실제로 자신의 학습과정에 '자기진단'을 녹여내는 데에는 특정한 기술이 필요합니다. 이 '기술'에 대해서는 Q012에서 말씀 드릴게요. 하지만 어쨌든 자기진단 능력이 일정 수준에 도달하게 되면, 학습의 효율성이 훨씬 높아지게 되어 있습니다. 왜냐하면 자신이 뭐에 더 집중하고 시간을 할애해야 하는지를 선별할 수 있게 되거든요. 자기가 어느 부분에서 이론적 이해가 취약하고, 어떤 유형의 질문에 오답률이 높고, 어느 단원에서 자신이 없는지에 대한 진단이 정확하게 이뤄진다면 당연히 그 부분에 선별적으로 시간과 노력을 더 투자하는 게 가능해지거든요.

학원의존학습보다 자기주도학습의 '효율'이 높은 이유가 바로 여기에 있습니다. 진단을 남이 대신 해주는 것과 자신이 스스로 하는 것, 어느 쪽의 정확도가 더 높을까요? 학원에서 지레짐작으로 '너는 이게 필요할 거야'라고 들이미는 경우와, 자신에게 필요한지의 여부를 스스로 판단하는 경우. 어느 쪽 진단이 더 정확할까요?… 자기진단 능력이 일정 궤도에 도달하면, 당연히 스스로 진단하는 경우가 더 정확하거든요. 중학교 시절에 자기진단을 연습하고 이를 통해 성취도를 관리하는 능력을 키운 다음에 고등학교에 진학하는 게 정상입니다. 그런데 중학교 시절에 집중적으로 학원을 다니면서 자기진단 능력을 키울 기회 자체를 상실하는 학생들이 너무 많아요. 무장을 장착하고 고등학교에 올라가는 게 아니라, 오히려 무장을 해제한 채로 고등학교에 올라가는 거죠. 그러다보니 고등학교에서는 더 학원을 많이 다녀야겠다고 생각하게 되는 거죠. 그럼에도 학부모나 학생들이 선뜻 자기주도학습의 효과를 믿지 않는 건, 부분적으로 너무 조급해하고 불안해하기 때문이기도 하고, 동시에 자기주도학습에 대하여 제대로 이해하지 못하고 있기 때문이기도 합니다. 이제 자기주도학습이 왜 효율이 높을 수밖에 없는지 이해하셨죠?

세 줄 요약

1. 자기주도학습을 위한 가장 핵심적인 능력은 '자기진단' 능력이다.
2. 학원의존학습은 자기주도학습에 비해 본인에 대한 진단의 정확도가 낮기 때문에 효율이 떨어질 수밖에 없다.
3. 중학교 시절에 '자기진단을 통한 선별' 능력을 키우는 것을 가로막는 주범은 학원이다.

성취도 관리는
어떻게 해야 하나요?

⟶　Q010에서 '성취도' 위주의 공부를 하지 않고 '진도' 빼는데 급급한 공부를 하는 학생들이 많다고 말씀드렸죠. 그럼 '성취도' 위주의 공부를 하려면 어떻게 해야 하는지 한번 구체적으로 살펴봅시다.

　성취도 위주의 공부를 하려면 가장 필수적인 것이 무엇일까요? 바로 '복습'입니다. 너무나 당연한 건데, 의외로 그게 잘 안 되죠. 제가 생각하는 '천재'의 기준이 뭔지 아십니까? 바로, 복습이 필요 없는 인간이 천재입니다. 다른 말로 표현해볼까요? '한 번만 보면 되는 인간'. 놀랍죠. 그런 인간이 있어요. 하지만 극히 소수죠. 제가 고등학교부터 대학원까지 우리나라에서 꽤 머리 좋다는 사람들이 많이 있는 집단에 오랫동안 있어봤는데, 이런 의미의 천재를 두 명 정도밖에 못 본 것 같아요. 즉, 우리는 대부분 복습이 필요한 인간이라는 거죠. 유명한 에빙하우스

(Ebbinghaus)의 '망각곡선'이라는 게 있잖아요? 우리의 기억은 대체로 열흘 지나면 1/10 정도밖에 안 남는다는….

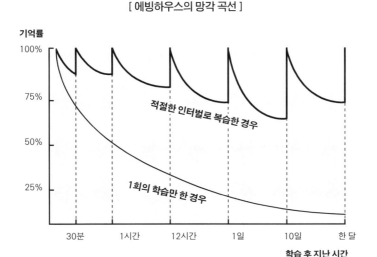

[에빙하우스의 망각 곡선]

기억률

100%

75%

적절한 인터벌로 복습한 경우

50%

25%

1회의 학습만 한 경우

30분   1시간   12시간   1일   10일   한 달

학습 후 지난 시간

▶ 우리의 기억은 대부분 단기기억이고, 단기기억은 열흘이 지나면 10% 정도밖에 안 남습니다. 단기기억을 장기기억으로 전환시키는 가장 효과적인 방법은 적절한 인터벌로 반복하는 것입니다.

그런데 자기가 천재인 줄 아는(!) 아이들이 너무 많아요. 저는 상담을 할 때 아이들이 어떻게 살아왔는지, 최근에 어떻게 공부해왔는지를 살펴봅니다. 이과 고등학생인 경우에는 제 전문분야인 과학탐구 과목을 어떻게 공부하는지를 좀 더 자세히 들여다보기도 해요. 그러다가 상당히 체계적이고 잘 만들어진 교재를 보게 될 때가 있어요. 그런데 유난히 교재가 깨끗한 거예요. 그러면 학생에게 묻죠. "이거 어떻게 배우게 된 거니?" "엄마가요, 작년 겨울에 무슨 학원의 아무개 선생님이 유명하다고 해서 방학 동안 다니면서 배웠어요." "그럼 이 교재 한 페이지라도 복습해봤니?" "아뇨."

아무렇지도 않게 "아뇨"라고 말하는, 숱한 학생들. 정말 '돈을 학원에 들이부어 버렸다'는 느낌밖에 들지 않습니다. 서울에서 제주도까지, 수도 없이 볼 수 있는 사례죠.

문제는 '복습을 하라'고 강요한다고 해서 복습이 잘 되는 건 아니라는 거예요. 예를 들어 어저께 1페이지에서 10페이지까지 공부한 학생이 오늘 11페이지부터 진도를 나가려고 하는데, 엄마가 "복습 안하면 죽어", 이런 식으로 협박(?)한다고 가정해보죠. 아이는 어제 본 1페이지부터 10페이지까지 하염없이 복습을 할 겁니다. 그런데 이런 식으로 복습하다 보면 뭔가가 부족하지요. 뭐가 부족할까요?

'시간'이 부족합니다. 아이도 답답해서 미쳐요. 이런 식으로는 오래 못 갑니다. 물론, 초등학생 정도라면 교과 분량이 그리 많지 않으니까 이런 방식의 '포괄적 복습'도 가능할 수 있어요. 하지만 중학교 정도만 되어도, 이런 식으로 복습하려면 시간이 너무 오래 걸리고, 결국 며칠 못 가서 포기하게 됩니다. 고등학생이 되면 학습량이 더 늘어나니까 더더욱 어려워지겠고요.

학생이 복습을 '안 하는' 게 아니라, '못 하는' 것임을 이해하는 게 중요합니다. 즉, 많은 학습 분량을 복습하려면 생각보다 기술이나 요령이 중요한 거예요. 성취도 관리가 되려면 복습을 해야 하는데, 복습을 하려면 복습할 내용을 선별해야 하거든요. 중간·기말고사 같은 비교적 좁은 범위의 시험을 준비할 때에는 이게 크게 문제되지 않을 수 있어요. 심지어 '벼락치기'를 했을 때 성적이 더 높게 나오는 경우도 종종 있지요. 하지만 수능 같은 넓은 범위의 시험을 대비할 때, 그리고 취약 과목을 공부할 때에는 '선별적 복습'의 중요성이 결정적이에요.

저는 처음으로 넓은 범위의 시험을 준비해본 게 중3 때였어요. 그때 경기과학고 입시에 도전하기로 했거든요. 당시에는 과학고에 직접 가서 시험을 봐야 했는데, 1980년대에는 초중고생의 학원수강과 과외교습이 금지되어 있었기 때문에 시험 준비는 오로지 혼자서 할 수밖에 없었어요. 제가 중3이었을 때가 1984년인데, 전두환이 1980년에 집권해서 학원과 개인과외를 금지했고, 이게 10년 정도 유지되었거든요.

넓은 범위의 시험을 준비하기 시작하면서 바로 절실하게 느낀 문제가, 바로 제 머리가 '밑 빠진 독'이라는 것이었어요. 뭔가를 공부하면, 얼마 못 가서 많이 잊어버리는 거죠. 제가 기억력이 그리 나쁜 편도 아니었던 것 같은데 말이죠.

이 문제를 절실히 깨달은 이후, 제가 시작한 게 있어요. 공부를 하면서, '복습을 해야겠다'고 생각되는 부분은 해당 내용이나 문제 앞부분에 체크표시를 해두는 거예요. 이론을 정리해놓은 부분에도, 외우던 단어나 구문에도, 풀어놓은 문제에도, 그때그때 복습할 필요가 있다고 판단되는 부분에는 체크표시를 한 겁니다. 예를 들어 문제집을 풀다가도 틀렸다고 해서 꼭 복습이 필요한 것도 아니고, 맞았다고 해서 복습이 불필요한 것도 아니에요. 어떤 문제는 비록 틀렸을지라도 해설의 풀이과정을 보고 다시 풀어보면 '복습할 필요가 없겠다'고 판단되기도 하고, 어떤 문제는 맞기는 했더라도 '어쩌다 맞은 것'일 뿐, 분명히 복습이 필요하겠다고 판단되기도 해요. 그러니까 철저하게 '다음에 다시 볼 필요가 있을까?'를 기준으로 체크표시를 한 거죠. 숙달되면 학습 도중에 체크할지 여부를 판단하는 데 3초도 안 걸립니다.

그리고는 복습을 할 때, 체크된 것만 복습하는 거죠. 언제? 저는 항상 다음날 했어요. 한 달쯤 뒤에 복습하면 무슨 문제가 생길까요?… 경험해보신 적 있죠? 책 한 권의 진도를 모두 나간 다음에 복습을 한답시고 첫 페이지부터 다시 펴면… 마치 새 책을 보는 듯하잖아요? 이런 방식으로는 절대로 효과적으로 복습할 수 없지요. 저는 항상 다음날 복습하는 걸 철칙으로 삼았습니다.

▶ 공부를 하면서 '복습이 필요하다'고 판단되는 부분은 그때그때 미리 체크를 해놓습니다. 학습과 선별을 병행하는 것입니다.

다음날 복습을 하다가 어떤 건 체크 표시를 두개로 늘리기도 하고, 심지어 더 늘려서 체크를 세 개 하기도 했습니다. 체크가 두 개 된 것은 사흘이나 나흘 뒤에 2차 복습까지 하고, 체크가 세 개 된 것은 일주일 뒤에 3차 복습까지 하는 거죠. 물론 체크의 개수는 필요에 따라 유연하게 늘릴 수도 있고 줄일 수도 있어요. 결국 이렇게 하면 매일매일 공부시간이 다음 그림처럼 배분되는 거죠.

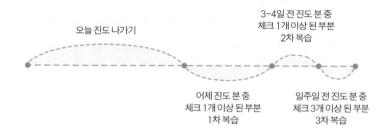

[한 과목의 공부에 어떤 식으로 시간을 배분하는지 보여주는 도표]

이렇게 되면 물론 시간이 오래 걸리죠. 그냥 진도 쭉쭉 뺄 때에 비해 시간이 적어도 1.5배, 꼼꼼히 하면 2배가 넘게 걸리기도 합니다. 하지만 결정적인 장점이 있죠.

그게 뭐냐면… 안 까먹는다는 겁니다. 어느덧 장기기억으로 전환되는 거죠. 나중에 학습이론을 들여다보다가 알게 된 건데, 단기기억을 장기기억으로 전환시키는 가장 효율적인 방법이 '짧은 인터벌로 반복하는 것'입니다. 저는 단기기억을 장기기억으로 전환하는 가장 효율적인 방법을, 중학교 3학년 때 이런저런 방법을 시도해보다가 깨달은 겁니다. 물론 공부가 기억이나 암기로만 되는 것은 아니지만, 적어도 공부에서 '기억'이라는 측면만을 고려한다면 공부란 곧 단기기억을 장기기억으로 전환시키는 것이거든요.

그런데 제가 소개하는 방법은 단순히 '짧은 인터벌의 반복'만 강조하는 게 아닙니다. 무엇보다 복습할 내용이 사전에 선별되어 있어야 하며, 선별 과정은 학습과 동시에 이뤄져야 한다는 겁니다. 선별 없이 포괄적으로 복습하려면 너무 시간이 오래 걸려 복습을 포기하게 되고, 또 학습을 마친 다음에 선별을 하려 하면 선별하는 데 시간이 오래 걸리거든요. 하지만 학습과 동시에 복습이 필요하다고 판단되는 내용을 선별하고, 이렇게 사전 선별된 내용만 복습을 하게 되면, 복습의 효율이 높아지고 성취도 관리가 용이해집니다.

특히 선별 과정이 중요한 것은, 선별작업 자체가 자신의 취약 부분을 파악하는 일종의 자기진단 훈련이기 때문입니다. 최상위권 학생들을 상담해보면, 공부방법이나 시간관리 패턴 등은 상당히 다양하게 나타나요. 체질과 상황에 따라 자신에게 맞는 공부방법이 상당히 달라지는 거죠. 그런데 최상위권 학생들에게 일관적인 공통점이 하나 있는데, 그것은 바로 '자신이 뭘 모르는지를 안다'는 것입니다. 자기진단 능력이 높은 것이죠. '학습과 동시에 선별'하는 방법은 자기진단 능력을 체득해가는 과정이라고 할 수 있겠습니다.

위에서 설명한 방법이 가지는 또 하나의 장점은, 나중에 빠른 속도로 넓은 범위를 복습할 수 있다는 겁니다. 예를 들어 특정 과목이나 특정 단원에 자신감이 떨어지고 뭔가 보완이 필요하다고 느껴지는 경우를 가

정해보죠. 이때 과거에 공부했던 교재를 집어 들고 '이 교재에서 체크가 두 개 이상 된 부분만 점검해보자'고 작정하고 복습하면, 비교적 짧은 시간 안에 해당 과목이나 단원의 전체적인 얼개가 다시 파악되면서 과거 본인이 취약함을 보였던 부분이 짧은 시간 안에 다시 확인됩니다.

정리해보죠. 성취도를 관리하려면 복습이 필수적입니다. 그런데 복습을 효율적으로 하려면 일종의 기술이 필요합니다. 현실적으로 복습은 '선별'이 되어야 가능하지요. 자기진단을 통한 선별이 이루어져야, 비로소 제대로 복습하는 것이 가능해지고, 그래야 성취도 관리가 가능합니다. 그리고 선별에 필요한 시간을 결정적으로 절약하는 방법은 '학습과 동시에 선별하기', 즉 진도를 나가는 과정과 선별 과정을 병행하는 겁니다. 이것은 특히 학습 범위가 넓을 때(즉 대학입시 등을 준비할 때), 그리고 취약 과목을 공부할 때 엄청난 효과를 발휘합니다. '복습 기술'의 핵심은 '자기진단 → 선별 → 복습 → 성취도 관리'의 관계를 논리적으로 이해하고 이를 실천에 옮기는 것입니다.

세 줄 요약

1. 성취도 위주 학습의 핵심은 '자기진단을 통한 선별'과 '짧은 인터벌의 반복'이다. (자기진단 → 선별 → 복습 → 성취도 관리)
2. 학습과 동시에 복습할 내용을 미리 선별해놓으면, 선별 과정에 필요한 시간을 크게 절약할 수 있다.
3. 학원을 다니더라도 복습을 생략하고 진도 빼는 데 급급한 학습이 습관이 되지 않도록, 학원에 할애하는 시간과 의존도를 제한해야 한다.

초등학생은
자기주도학습이 왜 어려운 거죠?

———→ 자기주도학습이라는 개념을 이해할 때 주의해야 할 점은, 초등학생은 자기주도학습이 어렵다는 거예요. 요새 자기주도학습 개념이 유행하면서 심지어 초등학교에도 자기주도학습 연수가 진행되는 걸 종종 보는데, 사실 자기주도학습의 개념은 성인 교육에서 유래한 거예요. 본래 정의는 '학습에 있어 ① 목표의 설정 ② 수단의 선택 ③ 실행 ④ 평가 등의 전 과정을 학습자 본인이 주도하는 것'이거든요. 그런데 초등학생이 이 ①~④를 모두 자기가 주도할 수 있을까요?⋯ 아무래도 어렵죠.

특히 목표를 설정하기 위해선 Q012에서 언급한 '자기진단'이 필수적인데, 초등학생은 자기진단이 어려워요. '내가 이걸 제대로 이해하고 있나?', '이걸 다음에 다시 복습할 필요가 있나?' 등을 초등학생이 스스로 되물어서 정확하게 판단할 수 있을까요? 물론 남다른 학생들은 어디에

나 있기 마련이고, 초등학교 고학년 정도면 이것이 가능해지는 경우도 있기는 합니다. 하지만 보편적으로는 쉽지 않은 거죠.

초등학생은 혼자서 공부한다 할지라도 대체로 그냥 상식적인 수준에서 '스스로 공부하는 연습'을 하는 정도인 것이지, 엄밀한 의미에서 자기주도학습을 한다고 생각해선 곤란합니다. 본격적으로 기술을 습득하는 건 중학교 무렵부터 시작할 수 있다고 봐야 합니다. 물론 우리나라 학생들은 워낙 처음부터 부모-학원주도학습에 길들여지는 바람에, 자기주도학습을 시도할 기회조차 갖지 못하는 경우가 많습니다만.

그렇다면 초등학생의 '진단'과 '선별'은 어떻게 이뤄져야 할까요? 첫 번째, 사교육의 도움을 받는 방법이 있습니다. 학원, 과외, 학습지 등을 이용하는 건데, 문제는 이런 사교육이 대체로 '진단'에만 도움을 주는 게 아니라 학습의 전 과정을 주도하며 많은 과제를 부여하기 때문에 학생들이 학업에 질리게 하고 장기적으로 자기주도학습 능력을 오히려 저해하는 경우가 많다는 겁니다. 가능한 방법이지만, 매우 주의해야 한다는 거죠.

두 번째 방법은 부모나 교사가 지근거리에서 학생을 일상적으로 진단하는 겁니다. 특히 교사가 이 일을 담당하는 게 이상적입니다. 그런데 현실적으로 그렇게 안 되다보니, 많은 부모들이 문제집을 풀게 한 뒤 많이 틀리는 부분을 다시 공부하게 하는 방법을 사용하죠. 나쁜 방법은 아닙니다. 하지만 Q030에서 다시 강조하겠지만, 지나친 문제풀이 위주의 공부가 효율을 떨어뜨릴 수도 있다는 점에 유의해야 합니다.

세 번째 방법은 학교 시험을 통해 진단하는 건데, 우리나라 초등학교는 대개 중간·기말고사 식으로 한 학기에 두 번 지필고사를 보기 때문에, 시험을 통해 취약한 부분이 드러나면 벌써 학업부진이 누적되어 있는 경우가 많아요. 서울시 교육청에서 2011년부터 초등학교의 경우 중간·기말고사를 지양하고 '수시단원평가'로 전환하도록 한 이유가 여기에 있습니다(그밖에도 몇 가지 이유가 더 있습니다만). 평가 주기가 짧아지면 학업부진이 누적되기 전에 바로 발견되어 조치할 수 있게 되거든요. 일제고사를 보지 않는 핀란드나 독일에서도 쪽지시험 같은 건 수시로 봐요. 그리고 문제가 드러나는 학생들은 즉시 방과후 나머지공부를 시키죠.

어떤 분들은 시험을 자주 보면 더 부담스럽다고 하는데, 그건 시험을 무조건 100점 맞도록 준비해야 한다는 강박관념이 있기 때문입니다. 그런 강박관념에서 벗어난다면, 초등학생의 경우 짧은 주기로 적은 분량씩 평가하는 게 훨씬 부담도 적고 부족한 부분을 바로바로 보완하기도 용이하죠. 학업부진의 가능성이 엿보이는 학생들에겐 지체 없이 보완교육이 이뤄져야 마땅하고요(물론 보완교육을 학교에서 해주는 게 가장 이상적이겠지요). 평가는 '교육의 목적'이 아니라, '교육의 수단'이거든요. 특히 어린 시절에는 시험점수에 연연하지 말고, 시험 결과 취약한 부분이 드러나면 왜 취약한지 살펴보고 이를 어떻게 보완할지에 관심을 집중해야 합니다.

세 줄 요약

1. 자기주도학습이란 성인교육에서 도래한 개념으로, 초등학생은 '진단'을 스스로 하기 어렵기 때문에 엄밀한 의미의 자기주도학습이 어렵다.

2. 자기진단이 어려운 초등학생들에게 가장 통상적으로 쓰이는 방법은 기계적 진단, 즉 문제를 풀어봐서 틀린 부분을 다시 공부하도록 하는 것이다.

3. 학업부진이 누적되지 않고 공교육에 의해 바로 진단되도록 하려면 학교에서 쪽지시험 수준의 상시적인 점검이 이뤄지는 게 필요하다.

시간 관리는
어떻게 하는 게 좋은가요?

→ 공부의 3박자는 '동기+기술+노력'입니다. 이중 두 번째가 '기술'인데, 자기주도학습을 통해 성취도를 관리하려면 가장 중요한 것은 '복습기술'(자기진단 → 선별 → 복습 → 성취도 관리)이고, 그다음이 바로 '시간기술'이에요. 시간기술의 핵심은 '주간계획'을 세우는 것입니다. 중학생 이상이라면 이번 주 주말에 당장 시작해볼 수 있어요. 예를 들어 '매주 일요일 밤 8시에서 9시까지는 다음주 1주일간의 계획을 세운다'는 식으로 규칙을 정하고, 이를 실천하는 거죠. 주간 계획을 세우고 나서 실제로 월요일, 화요일, 수요일… 어떻게 실행되었는지를 다른 색깔의 펜으로 적어보고, 일주일이 지나면 전체적인 실천도를 점검해보고 새로운 주간계획을 세우는 데 참조하는 거죠.

학생들에게 주간계획을 세워보라고 하면 참 다양한 결과가 나와요. 어떤 학생은 지독하게 꼼꼼하게 시간표를 만들면서 여러 가지 색깔의 형광펜으로 형형색색 치장을 하는 반면, 어떤 학생은 시간표를 다 채우지도 않고 핵심적인 내용만 간략하게 적어요. 어느 쪽이든 상관없어요. 학생의 체질과 상황과 여건에 따라, 계획을 세우는 구체적인 방식은 얼마든지 달라질 수 있어요. 시행착오를 겪어보면서 이렇게 해보다가 안 되면 저렇게 해보고, 저렇게 해보다가 또 잘 안되면 그렇게도 해보고….

제가 학생들을 관찰한 경험으로 미루어보면, 중학생 또는 고등학생은 두 달 정도 꾸준히 주간계획을 세우고 고치기를 거듭해보면, 어느 정도 주간계획을 세우고 관리하는 것이 가능해져요. 물론 완벽하게는 안 되지만. 계획과 실제를 완벽하게 일치시키는 건 어른에게도 어려운 일이니까요. 하지만 일정 궤도에 오르는 것은 두 달 정도 노력하면 가능해져요. 또 이러한 과정을 통해 자신의 체질과 특성에 대해서도 어느 정도 정리가 돼요. 예를 들면 '매일매일 시간을 쪼개서 놀아야' 하는 체질이 있는가 하면, 며칠간 꾹 참고 공부하다가 하루에 몰아서 장시간 놀아야 하는 체질이 있는데, 양쪽 중에서 자기가 어느 쪽에 해당하는가는 직접 계획을 세워보고 관리해보는 경험이 없으면 찾아내기 힘들어요.

주간계획이 어느 정도 궤도에 오르면, '월간'이나 '학기 중', '방학 중' 계획 등의 장기계획을 세우는 것이 가능해져요. 물론 이러한 장기계획은 날짜별로 세울 수는 없지요. 월간 또는 그 이상의 장기계획은 '이 과목은 이 교재를 이용해서 이 정도 속도로 나가보자'는 식으로 대충 세우는 거죠. 날짜별로 계획을 세울 수 있는 한도는 '주간'입니다. 월간 이상의 단위는 날짜별 계획을 세우고 관리하기에는 지나치게 길지요. 한 달 계획을 날짜별로 세우게 되면, 예를 들어서 월간계획을 사흘 만에 어길 수도 있잖아요? 그러면 27일분 계획을 고쳐야 한단 말이에요. 이건 인간적으로 할 짓이 아닌 거죠. 하지만 주간 단위로 관리하면, 중간에 계획이 틀어져도 남은 날짜가 며칠 안 되니까 쓱싹 고칠 수 있단 말입니다. 그리고 사실 우리가 월간으로 살지는 않아요. 월간으로 사는 건… 월급 받고 카드 값 나가는 것 정도? 우리의 생활리듬을 지배하는 것은 '주간'이지요.

정리해보면, 성취도 관리를 위해선 '복습기술'과 '시간기술'이 꼭 필요한데, 그중 '복습기술'의 핵심은 '복습할 필요가 있는지를 스스로 판단하여 체크한 부분을 비교적 짧은 인터벌로 복습하는 것'이고, '시간기술'의 핵심은 '주간계획을 날짜별로 세우고 이것이 안정화되면 월간 이상의 장기계획을 세우는 것'입니다. 물론 개인의 특성과 상황에 따라 세세한 조정이 돼야 할 것이고, 그런 과정에서 시행착오를 겪기 마련이죠. 그리고 Q016에서 자세히 설명하겠지만 이러한 기술의 습득을 방해하는 가장 결정적인 장애물은 '종합반 학원' 또는 '스스로 종합반'입니다. 종합반에 등록하거나 '스스로 종합반'을 구성하는 순간, 국 · 영 · 수 · 사 · 과 주요 과목들에 대하여 학생 스스로 공부 계획을 세우고 관리하는 것이 사실상 금지되지요. 이래서야 공부에 관한 기술이 좋아질 수 있을까요?

세 줄 요약

1. 성취도 관리를 위한 가장 핵심적인 기술은 '복습기술'과 더불어 '시간기술'이다
2. '시간기술'의 핵심은 주간 단위로 날짜별 계획을 세워 관리하는 것이다.
3. 주간 단위로 계획을 관리하는 것이 일정 궤도에 오르면 월간 또는 그 이상의 장기 계획을 시도할 수 있다.

Q.015

초등학교 시절 선행학습이
어떤 면에서 해롭다는 거죠?

⟶   모든 학원이 항상 나쁜 건 아니지요. 하지만 '주류' 사교육 중에
는 심각한 부작용을 일으키는 게 많아요. 우리나라의 모든 사교육 중에
서 가장 심각한 해악을 끼치는 사교육이 두 가지 있는데, 하나는 초등학
교 시절 선행학습을 하는 것이고, 또 하나는 중학교 시절 종합반 학원에
다니는 거예요.

우리나라의 입시 현실에서 고등학교 과정의 선행학습이 부분적으로
도움이 되는 경우가 있어요. 이에 대해서는 Q029에서 설명 드리겠습니
다. 하지만 초등학교 시절부터 습관적으로 이뤄지는 선행학습은 심각한
문제를 낳아요. 왜냐하면, 이게 대개 '선행학습 한 번'으로 끝나는 것이
아니라, 네 번이나 되풀이되는 수동적 반복 학습의 관문 역할을 하는 경
우가 많기 때문이에요.

방학 때 초등학생인 아이를 학원에 보내면, 다음 학기 중에 배울 내용을 미리 한번 배우죠. 그러고 나서 학기가 시작되면, 학교에서 배우는 게 두 번째예요. 그런데 학기 중에도 학원을 계속 다니니까, 학기 중에 학원에서 세 번째로 배우게 되지요. 그걸로 끝나질 않아요. 중간고사나 기말고사 기간이 되면 총복습 정리한다고 보강수업도 잡고 달달달 한 번 더 가르치지요.

그러니까 아이는 부모가 시키는 대로 학교와 학원을 왕복하다보면, 같은 내용을 네 번씩 반복해서 배우는 겁니다. 물론 공부에 '반복'이 나쁜 건 아니죠. Q012에서 설명했듯이 '자기진단에 근거한 선별적 반복', 요컨대 '능동적 반복'은 성취도 위주의 공부를 하는 데 있어 핵심적인 요소예요. 그런데 이건 그게 아니라 철저한 '수동적 반복'이거든요. 수동적 반복이 한두 달도 아니고 체질화되면… 무슨 문제가 생길까요? '집중력'이 떨어지겠지요!

오늘부터 집에서 재미있는 드라마를 매회 네 번씩 보세요. 본방을 사수하고 나서 재방을 꼭 보고, 케이블 TV로 3방을 보고, 인터넷 다시보기로 네 번을 채우고… 그러면 어떤 증세가 생길까요? 집중력이 떨어진단 말입니다.

철저히 아이의 입장에서 생각해보세요. 방학 때 엄마가 학원에 가래서 갔어요. 선생님이 뭘 막 가르쳐줘요. 그런데 아이는 경험상 이미 알고 있어요. 뭘 알고 있느냐? '저 내용이 앞으로 적어도 세 번 반복된다'는 걸 경험상 알고 있는 거죠. 이런 상황에서 아이는 '정신 차리고 똑바로 공부해봐야지'라고 생각하게 될까요, 아니면 자기도 모르게 점점 늘어질까요?

우리나라 학생들이 학원에 의존하여 하고 있는 반복은 대체로 철저한 '수동적 반복'입니다. 마치 한강유람선을 타고 같은 자리를 네 번씩 왔다 갔다 하는 것과 비슷한 것이죠. 어떤 분은 이런 공부를 '관광식 공부'라고 부릅니다. 정말 아이들이 관광을 하고 있어요. '수동적 반복에 의한 관광식 공부'가 체질화됨에 따라, '오늘 정신 똑바로 차리고 저 내용이 뭔가 한번 잘 알아볼까?'라는 식의 생각은 점점 희박해집니다. 전국의 초등학생들이 '집중력 저하 훈련'을 집중적으로 받고 있는 셈이지요.

선행학습은 또 하나의 중요한 문제를 일으켜요. 학교에 가서 수업을 들을 때 '이미 나는 다 알고 있다'는 착각을 하게 만들고, 그래서 수업에 집중하지 못하게 만든다는 겁니다. 아이에게만 부작용이 생기는 게 아니에요. 교사들에게도 부작용이 생기는데, 이런 아이들이 늘어날수록 '선행학습을 해온 아이들'의 눈높이에 맞춰 가르치는 경향이 생길 수 있거든요. 부지불식간에 말입니다. 심지어 '너희들 학원에서 다 배웠지?' 하고 넘어가는 교사도 있습니다. 그렇게 되면 선행학습을 안 해온 학생들이 피해를 입어요.

물론 이런 교사는 소수입니다. 하지만 학생들은 커가면서 상당히 많은 교사들을 만나게 되기 때문에, 이런 교사를 한두 번 경험하는 학생은 무시 못 할 비율입니다. 그리고 소수의 이러한 교사들이, 공교육의 전체적인 신뢰도를 많이 깎아먹습니다. '나도 선행학습 해야겠다'는 유혹에 빠지게 만드니까요. 이런 악순환의 고리를 누군가 끊어줘야 하는데, 저는 학교(교사) 쪽에서 끊어줘야 한다고 봐요. 행정기관에서 지시나 명령을 하기보다는, 교원 단체들에서 자발적으로 자정운동을 하는 게 좋지 않을까 생각합니다. 그리고 학생과 학부모들도 이런 교사가 눈에 띄면 가만히 있지 말고 학교 측에 명확하게 민원을 제기하는 태도가 필요합니다.

세 줄 요약

1. 초등학교 시절의 선행학습은 대체로 여러 번씩 이뤄지는 '수동적 반복 학습'으로 이끄는 관문이다.

2. Q012에서 설명한 능동적 반복(자기진단에 근거한 선별적 반복)과 달리, 수동적 반복에 길들이는 것은 일종의 '집중력 저하 훈련'이나 다름 없다.

3. 선행학습을 한 학생들은 자신이 잘 알고 있다는 착각에 빠져 학교 수업을 등한히 하는 부작용이 나타나곤 한다.

왜 종합반 학원을
피하라는 거죠?

───→ 앞에서처럼 초등학교 때 '집중력 저하 훈련'을 집중적으로 마친 아이들이, 중학교에 올라가서는 어떤 사교육을 받을까요? 여기서, 우리나라의 모든 사교육 중에서 가장 심각한 폐해를 일으키는 두 번째 사례가 나타나요. 우리나라 중학교 사교육의 주류는 종합반 학원이지요. '연합반'이라고 부르기도 하는데요, 일단 이 학원에 등록을 하면 일주일에 3일 정도 나오게 해서 국·영·수·사·과 등 주요 과목을 다 챙겨줍니다. 그런데 혹시 주변에 사교육이 발달되어 있고 집안에 돈이 좀 있는 경우, 종합반보다는 과목별 전문학원이나 과외를 생각하게 되지요. 종합반은 왠지 전문성이 떨어지는 듯도 하고… 그래서 이 과목은 이 학원, 저 과목은 저 학원, 그 과목은 과외… 이런 식으로 '스스로 종합반'을 만들기도 하죠.

아이 입장에서 생각해보세요. 종합반 학원, 또는 '스스로 종합반'을 시작한 아이는 아주 황당한 상황에 빠집니다. 뭐냐고요? 공부에 대하여 어떤 계획도 세울 필요가 없다는 겁니다. 아니, 계획을 세울 필요가 없는 정도가 아닙니다. 계획을 세워선 안 되는 거죠. 계획을 세우는 게 금지되는 겁니다. "네가 뭔데 계획을 세워? 학원에서 하자는 대로 따라 해!" 이런 상황이 되는 거지요.

종합반 혹은 '스스로 종합반'은 공부기술을 형성하는 데 치명적일 수 있습니다. 중학 시절이 바로 공부에 대한 기술들, 즉 Q012와 Q014에서 설명한 '복습기술'과 '시간기술'을 습득할 수 있는 결정적인 시기이거든요. 특히 초등학교 시절과 달리 '자기진단'이 어느 정도 가능해지기 시작하고요. 그런데 공부기술을 익히는 것을 가장 철저하게 방해하는 것이 바로 종합반 학원, 혹은 '스스로 종합반'이란 말입니다. 공부에 관하여 어떠한 계획도 세우는 게 금지되는데, 공부에 대한 요령, 노하우, 기술… 이런 것들이 발전하기란 어려운 일이지요.

물론 학원을 다닐 수 있어요. 하지만 학교에서 배운 건 복습 안 합니까? 제가 학생들을 상담하면서 가장 황당하게 느끼는 게, 학교에서 배운 걸 복습하지 않으면서 학원 숙제 하느라 쩔쩔매는 학생들이 많다는 겁니다. 물론 학교에서 배운 모든 과목을 철저히 복습하는 건 불가능하기도 하고, 어찌 보면 바람직하지도 않아요. 하지만 적어도 취약 과목이나 전략적으로 챙겨야겠다고 판단하는 과목은 복습을 해야 하거든요.

예를 들어 취약과목이 수학이다, 그렇다면 수학 학원에 등록하기 이전에 학교에서 배운 걸 복습하도록 만드는 게 우선입니다. 예를 들어 수학 수업이 편성되어 있는 날에는 꼭 집에 와서 학교에서 배운 걸 1시간

동안 복습하기로 해보세요. 이런 시도도 해보지 않은 채로 바로 학원으로 직행하니까, 결국 학생들은 자기주도학습 능력을 키우지 못하고, 계속 학원에 더 의존하게 되는 악순환에 빠지게 되는 겁니다.

여기에 더하여 A라는 과목을 학원 다닌다고 해보죠. 그러면 거기에 상응하는 복습을 해야겠죠. 거기에 추가로 B라는 과목을 학원 다닌다고 해보죠. 그렇다면 거기에 상응하는 복습이 필요할 거거든요. 그렇다면 학원을 많이 다니는 게 거의 불가능한 겁니다. 그런데 어쩌자고 학생들은 그토록 많은 학원들을 다니는 걸까요?… 학원을 많이 다니는 학생들은 딱 둘 중 하나예요. 비정상적인 공부, 즉 복습해가며 성취도를 관리하는 공부가 아닌 '진도 나가는 데 급급한' 공부를 하고 있거나, 아니면 학습 능력이 극히 우수해 많은 양을 배워도 이를 능히 소화해낼 수 있거나.

자, 자녀 학원을 많이 보내는 부모님들, 한번 판단해보세요. 우리아이가 어느 쪽에 속하는지. 학생들도 판단해보세요. 자기가 어느 쪽에 속하는지. 학부모나 학생 입장에서는 여러 과목을 두루 챙겨주는 학원에 다니는 게 안심이 될지 모르지만, 장기적으로는 이것이 자기주도학습 능력을 미비하게 만들고, 효율을 떨어뜨리는 겁니다. 그래서 Q010에서 말씀드린 사례들, 특히 자기진단이 불가능하니 공부의 우선순위를 스스로 결정할 줄도 모르고, 설령 우선순위를 설정하도록 도움을 줘도 관성적으로 다니던 학원에 계속 다니면서 저효율 공부를 지속하는 어이없는 학생들이 대량으로 생기는 것이죠.

구체적으로 한 가지 제안하겠습니다. 지금 고교평준화 지역의 중학생 또는 그 학부모는, 돌아오는 방학부터 혹은 돌아오는 신학기부터 영어와 수학 중에 한 과목을 학원에 의존하지 않고 공부하기로 부모-자녀 합동으로 결의해보십시오. 대개 영어와 수학 모두 학원을 다니고 있을 텐데, 둘 중에서 어떤 과목의 학원을 그만둘지를 심사숙고 해보시고, 구체적으로 어떻게 공부할지를 계획해보세요. 요즘 같은 세상에 공부할 수단이 없어서 못 한다는 건 말이 안 됩니다. 만일 꼭 강의를 듣고 싶으면, 인터넷 강의를 들으세요. 평균적으로 지역구 강사보다 인터넷 스타 강사가 강의도 더 잘 해요. 인터넷 강의의 이용 요령은 Q031을 참조하시고요. 인터넷 강의 이외에도 무수한 방법이 존재합니다. 공부법을 가르쳐주는 카페나 블로그도 수두룩합니다.

이런 과정을 통해 주요 과목을 스스로 계획하고 관리하고 성취도에 대한 감각을 익히는 훈련을 해나갈 수 있어야 합니다. 고등학교에 올라가면 내신 성적이 대학 진학에 영향을 주기 때문에 마음 편하게 자기 공부법을 만들어가는 과정을 밟기 어려워요. 가능하긴 한데, 심리적 압박이 심하죠. 중학교 시절이 가장 적당한 찬스입니다.

※ 학원 다니는 게 습관이 되어버린 학생들이 반드시 읽어볼 만한 책이 『공부 잘하고 싶으면 학원부터 그만둬라』(이병훈 지음)와 『학원 끊고 성적이 올랐어요』(정영미 지음)입니다. 학원 의존도를 낮추면서 효율적으로 공부할 수 있는 방법을 자세히 제시하고 있습니다.

세 줄 요약

1. 종합반 또는 '스스로 종합반'은 스스로 학습 계획을 세우는 것을 금지함으로써 자기주도 학습능력의 향상을 방해한다.
2. 특히 중학 시절은 자기주도학습에 필요한 기술 습득이 가능해지기 시작하는 시기이므로, 종합반 또는 스스로 종합반의 해악이 크다.
3. 학원에 다닌다 할지라도 복습을 통해 성취도 관리가 가능한 한도 내에서 다녀야 한다.

자기주도학습 능력이
왜 평생의 자산이라는 거죠?

——→ 자기주도학습은 한편으로는 공부하는 과정에서 효율을 높이는 방법이고, 또 한편으로는 사교육비를 절약할 수 있는 방법이에요. 하지만 단순히 대학에 진학할 때까지 효율을 높이고 비용을 절약하자, 그런 차원만 있는 건 아니에요. 또 하나의 중요한 의미를 가지고 있는 거죠.

이 책을 읽는 학부모님들은, 자녀가 나중에 성인이 되었을 때 직업을 몇 번이나 바꿀 거라고 생각하시나요? 이미 평생직장이라는 것은 없어진 지 오래고, '직장'을 바꾸는 일은 물론이요 '직업'을 바꿔야 하는 경우가 많아지고 있지요. 앞으로는 더 늘어날 지도 모릅니다. 저도 40대 중반인데, 지금 가진 직업이 벌써 세 번째거든요. 대학원 박사과정에 있을 때 우연히 아르바이트로 일주일에 이틀씩 시작한 학원 강의가 소위 '대박'을 내면서 학원 강사가 첫 번째 직업이 되어버렸고, 학원가에서 은퇴한 다음에는(EBS나 강남구청 인터넷 강의 같은 건 한동안 지속했습니다만) 교육평론가라는 이름으로 책과 글을 쓰고 강연을 하는 일을 했습니다. 그리고 재작년부터는 서울시 교육청에 소속된 계약직 공무원이거든요. 물론 세 가지 다 교육과 연관된 일이라는 일관성이 있기는 합니다만, 새로운 직업을 시작할 때마다 상당히 많은 걸 새로 배워야 했습니다.

그런데 직업을 바꿀 때마다 학원을 다녀야 할까요? 아니면 과외를 받아야 할까요? 그건 아니겠지요. 물론, 우리나라가 앞으로 복지가 고도화되어 평생교육시스템이 정착되고 무상 내지 저렴한 비용으로 여러 가지 분야의 재교육을 받을 수 있다면, 직업을 바꾸게 되어도 지금보다는 덜 막막할 거예요. 하지만 설령 그런 평생교육시스템이 도래한다 해도, 자기주도학습이 가진 핵심적인 가치, 즉 자기진단에 기반해 자신의 학습을 조직해냄으로써 학습의 효율을 높인다는 측면은 그대로 유효할 겁니다. 평생교육시스템이 정착되기 전에는 더 말할 나위 없이 중요한 능력이고요.

혹시 이런 분들이 계실지 모르겠어요. "우리아이는 직업을 바꿀 필요가 없도록 변호사나 의사를 만들어야지!" 하지만 그건 하나만 알고 둘은 모르는 말씀이지요. 요새 변호사나 의사가 공부할 일이 얼마나 많은지 아십니까? 새로운 걸 배우는 일을 게을리했다간 제아무리 전문직이라 해도 배겨나기 어려운 게 요즘 세태입니다.

요새 20대가 무기력증을 앓고 있다고 얘기합니다. 그리고 20대가 겪는 무기력증의 원인으로 '취업난'을 지목하지요. 쉽게 말해서 취업하기 힘드니까 심리적으로 '쫄아서' 안정적인 자리만 찾고, 취업 관문을 뚫기 위한 스펙 챙기기에만 열을 올린다는 거죠.

그런데 저는 그렇게만 생각하지 않아요. 20대의 무기력함은 상당 부분 어린 시절부터 학습된 것이라고 봐요. 우리나라 청소년기에 가장 중시하는 게 뭔가요? 공부죠. 아이들도 그걸 알아요. 인생 중 청소년기에 사회가 가장 강력하게 요구하는 건 공부라고. 그런데 인생의 그 시기에 가장 중시하는 것과 관련해서, 자기주도성을 제대로 발휘해본 적이 거의 없는 아이들이 많단 말이에요. 그런 아이들이 대학생이 되어서 갑자기 주도력을 발휘해 원하는 걸 찾아가는 게 가능해질까요?

그런 아이들이 대학생이 되어서 어떤 모습을 보이는지 아십니까? 요즘 대학교수들이 다들 이런 얘기를 해요. "요새 대학생들이 수강 신청할 때 엄마들과 함께 하는 경우가 엄청나게 많다", "학기말이 되어 성적이 통보되면 엄마들이 찾아오고 엄마들이 전화한다"고 말입니다. 제가 아는 대기업 인사 담당자는 이런 얘기를 하더군요. 인사철이 되면 인사과에 촌지 들고 오는 엄마들이 있다고. "서울중앙지법의 한 부장판사는 최근 법원으로 찾아온 배석판사의 부모를 만났다. 배석판사 부모는 학교 선생님에게 하는 것처럼 '우리아이 잘 부탁한다'고 말했다고 한다. 이 부장판사는 '걱정하지 마시라. 굳이 찾아오지 않으셔도 된다'고 말하고 돌려보내면서도 내심 씁쓸했다고 한다."(「조선일보」 2011년 4월 11일자)

요새 제가 학부모님들에게 꼭 보여드리는 자료가 있습니다. 다음 페이지의 도표를 한번 보시죠.

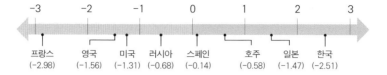

[부모소득과 자녀 접촉빈도 사이의 상관관계]

※ 양(+)의 값을 가질수록 상관관계 큼, 60세 이상 노인 대상 설문조사

-3	-2	-1	0	1	2	3

프랑스 (-2.98)　영국 (-1.56)　미국 (-1.31)　러시아 (-0.68)　스페인 (-0.14)　호주 (-0.58)　일본 (-1.47)　한국 (-2.51)

「한국 가족 · 친족간 접촉빈도와 사회적 지원 양상: 국제간 비교」, 장재기 교수(숭실대 정보사회학과), 2007

이 도표는 2007년에 27개국을 비교 조사한 「부모 소득과 자녀 접촉 빈도 사이의 상관관계」라는 연구논문에서 발췌한 것입니다. 이 좌표에서 왼쪽에 위치할수록, 부모가 소득이 적을수록 자녀가 부모를 자주 찾아가는 경향이 강한 나라입니다. 부모님이 형편이 어려우니, 자녀가 부모를 자주 찾아가 살핀다는 뜻이겠지요. 부모가 돈이 많으면 자녀가 부모를 잘 안 찾아가고요. '부모님이 돈이 많으니 알아서 잘 사시겠지', 뭐 이렇게 생각하는 겁니다. 반대로 이 좌표에서 오른쪽에 위치할수록, 부모의 형편이 어려우면 자녀가 부모를 잘 안 찾아뵙습니다. 소득이 많을수록 자녀가 부모를 자주 찾아가고요.

이 자료에 따르면, 가장 바람직한 방식으로 효(孝)를 실천하는 나라는 어디입니까? 가장 왼쪽에 있는, 프랑스나 영국 같은 나라겠지요. 그런데 반대쪽 끝에 어느 나라가 있나요? 어디서 많이 본 나라가 있지요?… 바로 한국입니다. 한국은 전 세계에서 가장 '부모가 소득이 높아야 자녀가 부모를 자주 찾아가고, 부모가 소득이 낮으면 자녀가 부모를 외면하는' 경향이 심한 나라인 겁니다. 그러니까 우리나라는 더 이상 동방예의지국도 아니고, 효를 숭상하는 나라도 아닌 셈이죠.

이 논문에 수록된 다른 데이터들을 보면, 더욱 참담한 느낌이 들어요. 고민이 생겼을 때 부모와 먼저 상의하는 비율이 조사 대상 27개국 중에서 꼴찌이고요, 돈이 필요할 때 부모에게 먼저 찾아가는 비율은 1등이에요.

왜 이렇게 되었을까요? 저는 우리나라 학생들이 청소년기에 '부모가 부모가 아니게 되는 경험'을 하게 된다고 봐요. 한마디로 심리적으로 부모를 잃어버리는 셈이죠. 아버지는 뭐냐? '물주'입니다. 자녀를 명문대에 보내기 위한 3대 조건이 '할아버지의 재력, 엄마의 정보력, 아빠의 무관심'이라는, 농담 아닌 농담도 있잖아요? 그러니까 아빠가 괜히 아이의 교육이나 장래에 신경 쓰고 관여하면 안 되고, '돈이나 벌어 와' 하는 존재, 즉 물주라는 거죠. 그럼 어머니는 뭐냐? '매니저'입니다. 마치 연예인 매니저가 스케줄을 빡빡하게 세워서 연예인을 뺑뺑 돌리는 것과 같은 거죠. 짧으면 중학교 시절부터 5~6년, 길면 초등학교 시절부터 10년 넘게 매니저를 하는 거죠.

저소득층 학생들 중에 부모와의 관계가 소원해진 경우를 들여다보면 경제적 곤란함과 부모의 보살핌 부족이 원인인 경우가 많습니다. 하지만 중산층 이상에서는 물주가 되어버린 아빠, 매니저가 되어버린 엄마 아래에서 심리적으로 부모를 잃어버리는 경우가 많아요. 부모의 첫 번째 의미가 대학 진학을 위한 기능적 조합이라는 걸 아이도 느낍니다. 못 알아차릴 리가 없잖아요? 같이 사는 사이인데. 그림의 좌표축에서 우리나라가 가장 오른쪽에 찍히는 건, 어찌 보면 당연한 거예요.

저는 우리나라 학부모들에게 이런 얘기를 정면으로 드리고 싶어요. 여러분은 10년 뒤에, 자녀들이 어떠한 태도로 세상을 맞이하도록 키울 생각인가요? 여러분은 20년 뒤에, 자녀들과 어떠한 감정적 관계로 대면하고 싶은가요?…

이것이 지금 자녀가 어떤 방식으로 공부하고 있느냐와 연관이 있는 겁니다. 부메랑이 분명히 돌아옵니다. 자기주도학습을 단순히 '학습'의 측면에서만 바라볼 것이 아니라, 인성적 측면, 부모-자식 간 인간관계의 측면에서도 그 가치를 생각해봐야 하는 이유가 바로 여기에 있습니다.

세 줄 요약

1. 자기주도학습 능력은 성인이 되어서도 새로운 것을 배워야 할 때 긴요하게 써먹을 수 있는 평생의 자산이다.

2. 청소년기에 자기주도학습을 하지 않은 학생이 대학생이 되었다고 해서 갑자기 자기주도적인 삶을 살기란 어려운 일이다.

3. 중산층 이상의 청소년들은 '물주가 된 아빠, 매니저가 된 엄마' 아래에서 심리적으로 부모를 잃어버리는 경우가 많다.

공부에 의욕이 없는 것은
왜 그런 걸까요?

⟶　한국식 공부법의 효율이 낮은 세 번째 이유로 말씀드렸던 게 바로 재미가 없기 때문이라는 거였습니다. 한국 학생들은 세계에서 가장 재미없는 공부를, 세계에서 가장 오래 해요. 이건 제 주관적인 느낌이 아니라, 객관적인 통계로 입증되는 사실입니다. Q001에서 제가 PISA 국제비교평가 이야기를 한 걸 기억하실 겁니다. 그런데 PISA 평가는 고1 대상 평가이고, TIMSS라는 국제비교평가가 있는데 이건 중2 대상입니다. PISA는 3년마다 3과목씩 보는데, TIMSS는 4년마다 2과목(수학과 과학)을 봐요. 가장 최근 조사는 2007년에 있었어요(2011년에도 조사를 했을 텐데, 제가 이 글을 쓰는 현재 아직 결과 보고서가 나오지 않았습니다. 대개 이런 조사의 결과 보고서는 조사 이듬해에 나옵니다).

　2007년 TIMSS 평가에 참여한 중2 학생들의 학업성취도를 보면, 참가

한 49개국 중에서 한국은 수학이 2등, 과학이 4등이었어요. Q001에서 말씀드린 대로 한국 학생들의 학력(학업성취도)은 세계 최고 수준입니다. 그런데 TIMSS에서 '학업 흥미도' 조사도 같이 했거든요. 수학과 과학에 학생들이 얼마나 흥미를 느끼느냐를 조사한 것이지요. 그랬더니 수학의 학업 흥미도는 49개국 가운데 꼴찌에서 7등, 과학의 학업 흥미도는 꼴찌에서 1등을 했어요.

Q001에서 한국 학생들의 공부시간이 세계에서 가장 길다는 통계를 보여드렸죠. 그러니까 종합해보면 우리나라 아이들이 '전 세계에서 가장 재미없는 공부를, 전 세계에서 가장 오래 하고 있다'고 표현해도 과장이 아닌 겁니다. 그러니 학업 효율이 떨어질 수밖에 없지요.

여러분이 우리나라 사람이 아니라 제3자, 즉 외국인이라고 가정해 보세요. 전 세계 여러 나라를 둘러보다보니, 이런 나라가 있어요. 전 세계에서 공부시간 제일 길어, 학력 무지 높아, 그런데 학업 흥미도 최하위… 그럼 이 나라 아이들이 왜 공부를 한다고 생각하시겠어요?

아마도 여러분이 내릴 결론은, '혼날까봐'일 겁니다. 전 세계에서 가장 재미없는 공부를, 전 세계에서 가장 오랜 시간동안, '혼날까봐' 하는 아이들. 그러다보니 인성에 문제가 생기는 겁니다. 기묘한 양면성이 나타나요. 한편으로는 무기력증이 늘어나고, 다른 한편으로는 공격성이 커집니다. 요새 학교폭력 문제가 큰 사회적 이슈가 되고 있는데, 사실 '전 세계에서 가장 재미없는 공부를 전 세계에서 가장 오래' 하는 상황에서 아이들이 수업시간에는 흐느적대며 잠에 빠지고 쉬는 시간에는 스트레스를 공격성으로 표출하는 게 당연한 일인지도 모릅니다.

무기력증은 대개 초등학교 5, 6학년 즈음에 나타나기 시작해서, 중학교 때 심각한 수준으로 치닫는 경우가 많습니다. 성적이 낮은 아이만 그런 증세를 보이는 게 아니에요. 성적이 높은 아이도 그런 현상에 빠지는 경우가 종종 있어요. 물론 그러면서 성적이 떨어지지요.

저는 상담을 통해 많은 중고생들을 만나왔는데요, 상담하다가 예를 들어 '무기력증 3년차쯤 되었구나' 하고 생각되면, 상담을 중단해요. 대개 저와 상담할 때에는 학생과 어머니가 같이 오는데, 아이 어머니에게 이렇게 말합니다. "지금은 저 같은 학습 전문가를 만나볼 때가 아니고, 빨리 소아정신과 의사나 심리상담 전문가에게 찾아가야 합니다"라고요. 이때, 꼭 엄마가 아이를 데리고 가야 한다고 말해요. 왜냐하면 엄마가 주범이거나 적어도 공범인 경우가 적지 않거든요. 그러니까 전문가가 아이만 봐서는 안 되고, 엄마를 함께 볼 필요가 있어요.

우리나라 아이들이 겪고 있는 가장 심각한 위기는 '동기'(motivation)의 위기예요. 전 세계에서 가장 재미없는 공부를, 전 세계에서 가장 오래 하라고 하니, 당연히 '왜 내가 이 짓을 하고 있어야 하지?'라는 물음에 직면하는 겁니다. 성적이 낮고 열등감에 사로잡힌 아이들만 '동기'의 위기를 겪고 있는 게 아니에요. 아이들과 상담하다보면, 성적이 높은 아이들도 대부분 '동기'의 문제를 안고 있어요.

동기를 높일 수 있는 방법에는 어떤 게 있을까요? 첫째로, 학업 자체를 흥미롭게 만드는 방법이 있습니다. 이렇게 되면 학업 효율도 올라갑니다. 물론 학업 효율과 학업 흥미도가 꼭 비례하라는 법은 없을 것입니다. 하지만 한국 학생들의 학업 흥미도는 그냥 '좀 낮은' 정도가 아니라 전 세계 최하위권이라는 걸 고려해야 해요. 똑같은 걸 배운다 해도 좀 재미있는 방식으로 체험과 탐구를 통해 능동적으로 배우는 경우와, 꼿

꼿한 자세로 앉아서 수동적으로 배우는 경우, 당연히 학업 효율에 차이가 있을 수밖에 없잖아요?

동기를 높일 수 있는 두 번째 방식은 자신의 진로에 대한 꿈을 가지는 것입니다. 물론 이것도 우리나라에서는 참 어려운 일이지요. 우리나라 부모들은 자녀에게 "진로는 무슨… 일단 점수부터 올리고 나서 생각해!"라고 수십 년 동안 얘기해왔거든요. 결국 학업 흥미도는 바닥이고, 장래 꿈도 없는 아이들이, 어떻게 공부에 대하여 '동기부여'가 될 수 있겠어요? 우리나라 어른들은 아이들에게 늘 '공부 열심히 해라'고 말합니다. 하지만 공부가 노력만으로 되나요? 천만의 말씀. 세상에 노력만으로 되는 게 어디 있나요? 공부는 '동기', '기술', '노력'의 3박자가 맞아야 해요. 이중에서 논리적으로 가장 첫 번째 와야 할 것은 '동기'란 말입니다.

그런데 이미 어린 나이에 공부에 엄청나게 지쳐버려서, '동기'를 완전히 잃어버린 아이들이 많단 말이에요. 앞에서 제가 '자기주도학습'의 요령에 대해서 설명 드렸는데, 한 가지 덧붙일게요. 자기주도학습이라는 게 무슨 기술과 요령만 익히면 되는 줄 아는 분들이 있어요. 물론 기술도 중요하지만, 실은 아무리 자기주도학습을 위한 기술을 전수하려고 해도 불가능한 아이들이 많아요. 이미 공부에 대한 동기를 완전히 잃어버린, 공부에 너무나도 지쳐버린 아이들, 그런 아이들에게 제아무리 좋은 기술을 익히게 하려고 해봐야 별 소용이 없어요.

작년에 대전의 한 학부모에게 이런 전화를 받았습니다. 자기 아들이 수학에 상당한 관심과 재능이 있대요. 과학고를 가고 싶어 했대요. 그래서 과학고 전문으로 유명한 학원에 가서 문의했더니 올림피아드 경시대회를, 그것도 수학에다가 물리를 더해서 두 종목을 동시에 준비하자고 하더래요. 그래서 학원을 1년 넘게 매일 밤늦게까지 다녔다는 겁니다. 그랬더니 그렇게 수학에 흥미와 재능이 넘치던 아이가, 나자빠졌다는 거예요. 절대로 학원에 안 가겠다고 선언하면서 "나는 수학이 이렇게 재미없는 건지 처음 알았다"는 얘기를 하더래요.

너무 가슴 아픈 이야기지요. 이 분은 너무나 순진했던 나머지, 학원에서 하자는 대로 따라 하는 것이 부모 된 도리인 줄 알았던 거예요. 그런데 올림피아드 경시대회에서 대상을 타도 과학고 가는 데에는 소용이 없어요. 2010년 중3이 치른 과학고 선발부터 그렇게 바뀌었어요. 물론 학원에서는 딴소리를 하겠지만, 다 근거 없는 얘기예요. 게다가, 과거의 과학고 선발제도를 기준으로 봐도, 올림피아드 경시대회 두 종목을 동시에 대비한다는 건 거의 자살행위거든요. 한 종목만 준비해도 얼마나 어려운 건데… 그 아이는 원래 수학성적이 뛰어나고 수학에 대한 탐구심이 넘쳤던 아이인데, 1년여 동안의 혹독한 고생 끝에 수학 공부의 '동기'를 상실한 거예요. 이제 그 아이에게 '수학'이란 예전과는 다른 의미일 거예요. 예전처럼 지적 호기심을 자극하고 흥미진진한 탐구의 세계가 펼쳐지는 영역이, 더 이상 아닌 거죠.

세 줄 요약

1. 한국 학생들은 전 세계에서 가장 재미없는 공부를 전 세계에서 가장 오래 한다.
2. 집단적 무기력증을 극복하고 '동기'를 높이려면, 학업 흥미도를 높이는 한편 진로와 관련된 꿈을 가질 수 있도록 해야 한다.
3. 학원 주도의 고강도 공부노동은 학업 흥미도를 낮추고 동기를 상실시킬 위험이 있다.

학업 흥미도를 높이려면
어떻게 해야 하나요?

─→ 한국 학생들의 학업 흥미도가 바닥 수준이라는 것, 이게 우리교육의 효율을 낮추는 데 크게 작용하는 요인입니다. 재미가 없어도 이만저만이지, 전 세계에서 가장 재미없게 가르치는데 당연히 효율이 낮을 수밖에 없지요. 주입식 교육에서 벗어나 참여형 교육으로, 즉 체험·탐구·의사소통 중심 교육으로 탈바꿈해야 하는 핵심적인 이유가 바로 이것입니다. 물론, 주입식 교육에서 참여형 교육으로의 전환은 단순히 학업 흥미도를 높이는 효과만 가지는 게 아닙니다. Q003에서 언급한 '역량'을 높이는 데에도 당연히 주입식 교육보다 효과적이지요. 하지만 지금은 일단 '학업 흥미도'에 집중해보도록 할게요.

개인 단위, 또는 가정 단위의 노력으로 학업 흥미도를 높이는 데에는 뚜렷한 한계가 있어요. 학업 흥미도를 높이려면 무엇보다 공교육이 바뀌어야 합니다. "수업 시간에 정신 똑바로 차리고 가만히 앉아있어! 노트 필기 열심히 해!" 이런 식으로 학업 흥미도를 높일 수 있을까요?… 오히려 더 낮아지겠지요. 그렇다고 말초적 자극을 통해 흥미를 높이자는 얘기가 아닙니다. 수업시간에 뭔가 더 능동적으로 참여할 수 있는 교육, 즉 체험 · 탐구 · 의사소통 중심의 교육으로 전환해야 하는 겁니다. 이것을 '참여형 교육'이라고 할 수 있지요. 이게 진정한 선진형 교육이에요.

저는 경기도 · 서울 일대의 혁신학교를 많이 방문해봤습니다. 그중에서 가장 인상적이었던 학교가 경기도 고양시에 있는 덕양중학교였어요. 이 학교는 서울과 일산 · 화정지구 신도시 사이에 있는, 소득 수준이 비교적 낮은 반(半) 농촌 지역에 자리 잡고 있습니다.

제가 이 학교를 가서 수업시간을 몰래 들여다보니, 이상한 점이 있었어요. 아무도 안 자는 거예요. 엎드려 있는 학생이 아예 없어요. 물론, '당연히 아무도 안 자야 하는 거 아냐?'라고 생각하는 분들이 계실 겁니다. 하지만 그런 생각을 하시는 분들은 요새 물정에 어두운 분들이고요… 초등학교도 아닌 중학교이고, 교육열 높기로 소문난 지역도 아니에요. 그런데 수업시간에 잠자는 학생이 없다니!

알고 보니 이 학교는 남다른 교육철학을 가진 교장이 부임한 것을 계기로 진작 학교개혁을 시작했고, 그리고 나서 김상곤 경기도 교육감이 취임하면서 혁신학교로 지정되었다는 겁니다. 그러니까 이미 학교 혁신의 이력이 몇 년간 쌓인 거죠. 그 과정에서 교사들은 최선을 다해서 수업혁신을 진행했는데, 교사들의 말인즉 수업시간에 학생들의 '참여'를 늘리는 방향으로 수업안을 3년 내리 바꿨다는 거예요. 그랬더니 3년째 되자 아무도 안 자더라는 거죠. 이건 정말 대단한 일입니다. 교사가 수업안을 바꾸기는 어렵거든요. 그런데 3년간 계속 수업에 토론과 발표와 팀별 과업수행 등 다양한 방식으로 '참여'를 늘리는 혁신을 진행하자, 3년째 되면서부터 잠자는 아이가 사라지더라는 겁니다.

참 놀라운 일이죠. 한국에서 '교육개혁'이라는 용어를 사용한 지 20년 됐거든요. 그런데 저는 20년간 이뤄진 한국 교육개혁 역사에서 가장 위대한 성취는 바로 이 학교에 있다고 봅니다. 수업시간에 아무도 안 잔다니… 정말 대단한 혁신이죠. 그리고 누군가 '혁신학교가 뭐냐'고 물으면 '참여와 협동을 통해 학업 흥미도를 높이는 학교'라고 간단히 설명합니다. 물론 혁신학교가 학업 흥미도만 높일 목적으로 만든 것도 아니고, 실제로 학업 흥미도 이외에 여러 지표에 긍정적인 변화가 나타납니다. 하지만 저는 우리 교육현실에서 학업 흥미도가 바닥으로 떨어져 있다는 점이 학생들에게 얼마나 힘겨운 상황을 만들어내는지 상담을 통해 절실히 느껴왔기 때문에, 학업 흥미도의 중요성을 거듭 강조하는 거예요.

※ 경기도 고양시 덕양중학교의 혁신을 생생하게 보여주는 책이 『덕양중학교 혁신학교 도전기』(김삼진 외 지음)입니다. 혁신학교가 지향하는 교육의 방향을 잘 보여줍니다.

세 줄 요약

1. 학업 흥미도를 높이려면 주입식 교육에서 참여형 교육으로 전환해야 한다.
2. 참여형 교육이란 체험·탐구·의사소통의 요소를 대폭 활용하여 적극적인 수업 참여를 유도하는 교육이다.
3. 학업 흥미도를 높이는 것은 혁신학교의 가장 중요한 목표 내지 성과 중 하나이다.

Q. *020*
_____

공부 안하면 큰일 난다는 협박이
왜 잘 안 통할까요?

——→ 오랫동안 많은 아이들을 상담하다가 비로소 깨달은 게 있어요. 아이들은 확실히 기성세대와 전혀 다르다는 거예요. 물론 '세대차'라는 건 어제오늘의 이야기가 아니지만, 우리나라는 세계적으로 세대차이가 아주 심한 나라예요.

2년 몇 개월 전에 저희집에 넷째가 태어났어요. 그때부터 저희집 아이가 넷이라는 사실을 알게 된 사람들이, 정말 한 명의 예외도 없이 뭐라고 했는지 아세요? 첫마디로 "애국자시네요"라는 겁니다. 당황스러웠죠. 애국하려고 아이 낳은 것도 아닌데다가, 불과 얼마 전만 해도 정부에서 '하나만 낳자'고 했었단 말이죠. 만약 10년 전에 저희가 넷을 낳았으면 짐승 취급 했을 거란 말이에요. 그런데 지금은 애국자라니… '짐승'에서 '애국자'로 바뀌는데 10년밖에 안 걸리는 나라, 이게 우리나라에

102

요. 이토록 사회변동의 속도가 빨라요.

세대차가 심한 이유는, 우리나라가 1960년대에서 1990년대까지 30~40년간 기록한 경제성장 속도가 전체 세계사를 통틀어 유례가 없는 기록이기 때문입니다. 선진국에서 100년 걸릴 것을 우리나라에서 20~30년 만에 해버린 게 너무 많아요. 그러다보니 우리나라 한 세대 차이는, 선진국 두세 세대 차이에 해당해요. 그러니까 부모님들은 이 점을 유념해야 합니다. 여러분들의 아이들은 아들 · 딸이 아니라, 손자 · 증손녀예요. 아이를 볼 때마다 마음을 다지세요. '나는 나의 증손자 · 증손녀를 보고 있다'고 말이죠.

그래서 우리나라 기성세대는, 지금 자라나는 아이들이 처한 상황과 이 아이들의 마인드를 제대로 이해하지 못해요. 기성세대가 청소년이었을 때에는, '생존본능으로 빡세게!' 공부하는 문화가 있었어요. 이 글을 읽는 학부모들은 이게 뭔지 감이 잡히시죠? 공부하는 데 무슨 이유가 필요해? 무조건 코 박고 열심히 해!

'공부'와 '생존본능'이 얽힐 수 있었던 건, 아마 과거시험을 통해 벼슬길에 오르던 유교적 전통과, 한때 워낙 가난한 나라였다는 경험이 작용했기 때문일 겁니다. 일제강점기와 한국전쟁을 겪으면서 피폐해진 형편에 어지간한 집안에서 유일한 계층상승의 수단은 '공부'였고, 실제로 '개천에서 용 나는' 경험이 적잖았어요. 독하게 공부해서 입신양명하고 가문을 일으켜 세운 전설적인 얘기들을 우리는 들어왔습니다.

그런데 요새 아이들 키워보니까 어떠신가요? '생존본능' 같은 거 있나요?… 없죠? 왜 없을까요?… 그 이유는 한마디로 "살 만 하다"는 거죠. 물론 상대적 빈부 차, 혹은 양극화라고 말하는 건 여전히 있고, 최근에 더 심해진다고도 합니다. 하지만 이른바 '절대 빈곤'은 태어날 때부터 한 번도 경험해본 적이 없는(직접적으로는 물론이요, 심지어 간접적으로도 경험해본 적이 없는) 아이들이 지금 학교의 주류란 말이죠. 물론 같은 반에 형편이 진짜 어려운 친구들이 섞여 있을 수 있지만, 걔네들 얼굴에 '우리집 어려워'라고 쓰여 있는 것도 아니고… 아이들의 입장에서 보면 이 세상은 태어날 때부터 '살만 했고', 지금까지 십여 년간 계속 '살만 했던' 거고, 앞으로도 당연히 '살만 한' 곳인 겁니다. 그러니 생존본능이고 뭐고 없는 거죠. 협박이 잘 안 통하는 겁니다.

협박이 안 통하는 세대. 이러한 '세대차'를 대전제로 받아들이는 게 중요합니다. 이걸 무시하면 국가정책도 꼬이고, 가정교육도 꼬이는 겁니다. 이런 면에서 우리교육은 가히 역사적인 전환기에 있다고 할 수 있습니다. '생존본능'이 집단적으로 작동할 수 있었던 시대의 교육과, 이것이 더 이상 작동할 수 없는 시대의 교육은 달라질 수밖에 없지요.

실제로 서양 교육도 이러한 시기에 큰 변화를 겪었습니다. 서양 교육은 우리나라를 비롯한 동아시아 교육과 상당히 다르죠. 요새 미국, 캐나다, 호주 등에서 교육시스템과 학교를 경험하다 돌아온 분들이 많아져서 이 점이 꽤나 알려졌습니다. 한마디로 권위적 교육, 주입식 교육에서 상당히 탈피해 있는 거죠. 그런데 서양 교육이라고 해서 처음부터 달랐던 것은 아닙니다. 사실 서양 교육도 예전에는 동양과 비슷한 점이 많았어요. 굉장히 권위적이고, 굉장히 주입식이었습니다. 우리가 알고 있는 일화도 여러 가지 있지요. 에디슨이 어릴 적 어떤 일을 당했나요? 초등학교에서 사실상 교사로부터 학대를 당한 것 아닙니까? 결국 학교를 그만두고 어머니가 집에서 키웠다지요. 아인슈타인은 어땠는지 아십니까? 독일

고등학교의 주입식 교육을 도저히 견디지 못하고 도중에 중퇴했어요.

　서양의 학교가 이러한 권위주의와 주입식 교육을 벗어던진 게 언제일까요? 그리 오래되지 않았습니다. 본격적으로는 1950~60년대 이후로 봅니다. 서양이라고 해서 옛날부터 다들 잘 살았던 건 아니었고, 평균소득이 점점 올라가다가 이 시기 무렵에 보편적으로 절대빈곤에서 해방되지요. 이 무렵에 교육도 크게 바뀝니다. 국민소득 1만~2만 불(현재 화폐가치로) 내외가 중요한 전환점인데, 대략 이 수준에 도달하면 고등학교까지 교육 받는 비율이 상당히 높아지고, 절대빈곤을 직·간접적으로 경험한 적이 없는 아이들이 학교의 주류가 되지요. 이를 계기로 교육이 크게 바뀝니다. 즉 서양 교육이 지금과 같은 모습을 보이게 된 것은 이들이 애초에 남다른 교육철학을 가지고 있어서라기보다, 생존본능을 자극하고 협박하는 방식으로 교육하는 게 어려워진 상황에 적응하여 새로운 교육방식을 진화시켰기 때문이라고 해석해야 할 겁니다.

　선진국들이 대략 1인당 국민소득 1~2만 불 전후에 주입식 교육으로부터 탈피했는데, 단 한 나라는 예외적으로 주입식 교육을 계속 유지했어요. 그 나라가 바로 일본입니다. 동경대 사범대의 사토 마나부 교수가, OECD 34개국 중에서 주입식 교육을 하는 나라는 일본하고 한국밖에 없다는 얘기를 하거든요. 우리나라를 꼭 끼고 들어가요. 혼자면 창피해서(?)일까요. 흔히들 일본은 '유토리 교육'(여유를 주는 교육) 때문에 학력이 떨어졌다고 합니다. 그래서 유토리 교육에 문제가 있다는 식으로 이야기하곤 하지요. 하지만 진짜 문제는 여유를 주느냐 아니면 몰아대느냐의 논의가 모두 '주입식 교육'을 전제로 삼고 있다는 거예요. 주입식 교육이라는 대전제 하에서는, 유토리를 많이 줄수록 학력이 떨어지고,

유토리를 적게 줄수록 학력이 올라갈 가능성이 커요. 그 사이에서 진자 운동을 하는 거죠. 그런데 우리가 대결해야 하는 문제는 유토리를 얼마나 주느냐의 문제가 아니라, 주입식 교육에서 어떻게 벗어나느냐는 문제란 말이에요. '물고기를 먹여주는 교육'이 아니라, '물고기를 잡는 방법을 익히도록 하는 교육'이 되어야 한다는 얘기입니다. 즉 교육의 좌표 축을 새로 그어야 한다는 거죠.

사실 우리 근대교육은 처음부터 일본적이었죠. 일제 강점기에 우리 근대교육이 본격적으로 시작되었다고 해도 과언이 아니니까요. 근대교육의 초장부터 극히 권위적인, 극히 주입식 교육을 받아들인 것이지요. 식민시대 후반으로 가면서 한술 더 떠 군국주의화 되었고요. 학교의 조직 모델은 '군대'였습니다. 제 부친께서는 학교에서 칼(군도)을 차고 다니던 교사의 모습을 기억하고 계시더군요.

한국 교육과 일본 교육은 정말 많이 닮았습니다. 6-3-3-4 학제도, 봄에 새 학년을 시작하는 것도 똑같고(다른 나라들은 대부분 가을에 시작하죠), 학교 성적표에 석차(등수)가 적히는 것도 똑같죠. 선진국 중 다른 나라에서는 아무 데에서도 학교 성적표에 석차가 나오지 않습니다. 선진국 중에 유독 일본만 학교 성적표에 석차를 매겨요.

우리나라에선 심지어 90년대 중반에 일본으로부터 '이지메'를 수입(?)해서, '왕따'라는 창의적 이름을 붙이기도 했죠. 요새 일본을 따라가는 게 뭔지 아십니까? 이른바 '히키코모리'입니다. '은둔형 외톨이'라고 번역하지요. 아예 학교를 가지 않거나, 갔다 할지라도 돌아와서 바로 자기 방에 틀어박혀 나오지 않는 학생들입니다. 서양의 문제아들은 주로 밖에 나가서 사고를 치잖아요? 심지어 미국에서는 총 들고 친구들을 쏴

죽이기도 하고요. 그런데 일본의 문제아들은, 물론 밖에서 사고를 치는 학생들도 있지만, 상당수가 집안에 틀어박혀 있습니다. 일본의 학교개혁 성공 보고서를 보면 꼭 '등교 거부자가 몇 명에서 몇 명으로 얼마나 줄었다'는 내용이 포함되어 있을 정도입니다. 그런데 최근에 우리나라에도 히키코모리가 생겨나고 있어요.

결국 우리나라 교육은 거칠게 보면 일본식 경로와 서구식 경로의 양갈림길에 있다고 볼 수 있는 겁니다. 우리나라 교육이 미국식이라고 착각하고 계신 분들이 많은데, 몇 가지 미국적 요소들이 도입된 건 맞지만 기본적인 뼈대는 제대로 바뀐 적이 없고 여전히 일본식이에요. 특히 Q006에서 지적한 것처럼 교사가 원하는 방식으로 가르치는 게 불가능한 교권 부재, 정답이 있는 시험문제만 낼 수 있는 창의성 부재, 그리고 고질적인 주입식 수업은 우리교육의 대표적인 일본적 속성이라고 할 것입니다. 우리교육의 일제 잔재를 청산하려면 갈 길이 먼 것이죠.

＊ 요즘 청소년이 처한 상황과 그들의 심리에 대하여 알고 싶은 분들에게 가장 권하고 싶은 책은 『10대가 아프다』(경향신문 특별취재팀 지음)입니다.

세 줄 요약

1. 생존본능을 자극하고 협박을 통해 공부하도록 하는 기성세대의 방식은, 지금의 어린 세대에게 더 이상 통하기 어렵다.
2. 서구 선진국들은 현재 우리나라 정도의 소득수준일 때 주입식 교육에서 탈피했다.
3. 한국 교육에서 나타나는 교권 부재, 창의성 부재, 주입식 교육 등의 주요한 특성은 일본에 의해 이식된 것이다.

2장

정보

왜곡된 교육정보,
당신은 제대로 알고 있는가?

아이를 소신껏 키우는 데 가장 장애가 되는 게 '옆집 엄마'라는 우스갯소리가 있지요. 그런데 주의할 점은, 이 옆집 엄마들이 하는 얘기들 중에서 제대로 된 정보는 많지 않다는 거예요.

우리나라 부모들은 엄청난 분량의 교육 정보들을 접하게 되지요. 그런데 그 교육정보들 가운데 대부분은 사교육업체에서 유포한 것들이에요. 사교육업체에서 틀어놓은 대형 스피커에서 온갖 교육정보가 쏟아져 나오는 거죠. 그런데 동네 곳곳에, 작지만 고성능을 발휘하는 스피커들이 있어요. 이들은 대형 스피커에서 나오는 교육정보들을 나름대로 창의적으로 재조합해서 유포합니다.

동네 곳곳에 있는 소형 고성능 스피커, 이것이 바로 '옆집 엄마'죠. 그래서 '옆집 엄마'는 대형 스피커의 문제점을 고스란히 반복하곤 합니다. 사교육업체에서 대형 스피커를 통해 쏟아내는 정보가 과연 얼마나 중립적이고 정확한 것일까요? 사교육업체는 영리조직이다 보니, 유포하는 정보 중 많은 부분이 왜곡되거나 부풀려져 있어요. '옆집 엄마'가 유포하는 정보 또한 대형 스피커들의 정보를 재조합한 것인지라, 역시 많은 부분이 왜곡되거나 부풀려져 있지요.

제가 앞서 1장에서 이미 몇 가지 중요한 정보왜곡의 사례를 말씀드린 바 있습니다. 여기에 더하여, 요새 학부모들이 자녀교육과 관련하여 많이 궁금해 하는 문제들을 한번 훑어보기로 하겠습니다. 이 과정에서 여러분은 시중에 나도는 각종 풍문과 통념들에 대한 적절한 면역능력을 갖춤과 함께, 우리나라 교육이 얼마나 황당한 상황인지도 절감하실 수 있을 겁니다.

Q.021

대치동 사교육은
정말 남다른가요?

───▷　명문대 진학열은 목동이나 중계동도 강남 못지않게 높아요. 특히 목동쯤 되면 소득수준도 강남에 필적할 거예요. 그런데 목동 사교육은 강남을 못 따라가요. 물론 모든 강남 사교육이 모든 목동 사교육을 능가하는 건 아니에요. 하지만 강남 평균 수준의 사교육과 목동 평균 수준의 사교육을 비교하면, 격차가 존재해요.

　예를 들면 에듀플렉스라는 회사가 있어요. 이 회사는 우리나라에서 최초로 '자기주도학습'을 사업화한 업체에요. 에듀플렉스에서 사업 초기에 내놓은 책이 이병훈 부사장의 『공부 잘 하고 싶으면 학원부터 그만둬라』예요. 제목에서 벌써 느낌이 오죠? 에듀플렉스에 등록하면 아이를 분석해서 일단 사교육을 평균 절반 정도로 줄이고, 아이가 스스로 학습할 수 있도록 격려도 하고, 기술도 전수하고, 관리도 해줘요. 그런데

에듀플렉스가 처음으로 사업을 시작한 곳이 대치동이에요. 그러니까 '학원 의존도를 낮춰주는 사교육'도 대치동이 원조인 거예요. 정말 없는 게 없는 곳, 상상할 수 있는 모든 사교육이 존재하는 곳이 대치동 일대입니다.

강남이 왜 이렇게 사교육이 발달했냐면… 물론 강남지역의 소득수준이 높기 때문이지요. 돈이 많아야 사교육도 많이 시킬 수 있으니까요. 그런데 강남 중에서도 대치동·도곡동·개포동(그러니까 '강남 남부') 일대는, 압구정동·청담동(강남 북부) 일대와 사뭇 달라요. 강남구를 동서로 가로지르는 길이 '테헤란로'인데요, 테헤란로 남쪽의 대치동 일대를 '테남'이라고 하고, 테헤란로 북쪽의 압구정동 일대를 '테북'이라고 부르기도 해요. 어느 지역 주민들이 더 돈이 많은가 하면, 테북이 많아요. 압구정동·청담동에는 윗세대부터 부자였던 분들이 많고, 사업을 했거나 하고 있는 분들의 비율이 높아요. 하지만 대치동 일대에는 원래 중산층 전문직인 분들이 많아요.

압구정동 현대아파트와 대치동 은마아파트의 역사를 보면 처음부터 달랐다는 걸 알 수 있어요. 같은 강남 지역 아파트이지만, 최초 입주자들의 성향은 상당히 달랐어요. 압구정동 현대아파트는 처음부터 '특혜분양'의 대상이 되었던 곳이에요. 고위공직자들에게 일부를 특혜 분양한 것이 적발되어 1978년 현대건설 사장이 구속되기도 했어요. 개발 초기에는 강남지역이 불모지에 가까웠지만, 압구정동 일대는 강남이면서도 기존의 도심과 가까웠고(성수대교나 동호대교 하나만 건너면 강북이지요), 처음부터 기반시설이 비교적 잘 갖춰져 있었던 곳이지요.

반면 은마아파트는 처음부터 부자가 살았던 곳이 아니에요. 은마아파트에 입주가 시작된 1980년, 일대는 황량하기 그지없었고 주변의 도로 포장도 제대로 안 되어 있었어요. 영화 〈말죽거리 잔혹사〉가 대략 그 시대를 배경으로 하고 있지요.

원래 부자였던 사람들이 이런 곳에 와서 살려고 하지는 않았겠지요? 여기에는 주로 자기 세대에 성공의 기반을 일군 의사·변호사·교수 등과 같은 전문직, 혹은 엄밀히 '전문직'의 범주에 들지는 않더라도 상당히 전문적인 역량에 기반을 두고 활동하던 고학력자들이 집단으로 이주했습니다. 정부가 강남 지역 개발을 촉진하기 위해 명문 고등학교들을 강남 일대로 이전시킨 것도 이들의 구미를 당겼어요. 이른바 '8학군 신화'가 시작된 겁니다. 80년대 초반 지하철 2호선이 개통되어 서울대 등에서 출퇴근하기 좋은 여건이 마련되면서, 그리고 80년대 후반부터 서초동에 법원이 들어서면서 이런 경향이 더 강해졌지요. 90년대 후반에는 타워팰리스가 들어섰는데, IMF 외환위기 와중에 분양이 잘 안 되었어요. 그러자 삼성그룹 관계자들이 이걸 많이 떠안았고, 그러면서 기업계 인사들이 이 지역의 주요한 구성원으로 합류하기도 했습니다.

은마아파트 및 일대 아파트 단지들의 초기 입주자들은 한국 경제의 성장과 발맞춰 빠른 속도로 부와 사회적 지위를 끌어올렸어요. 하지만 전체적인 자산의 규모는 압구정동이나 청담동에 미치는 수준은 아닙니다. 압구정동이나 청담동 학부모와 상담하다가 "집에 돈 좀 있으시잖아요"라고 말하면 그냥 웃음으로 긍정을 표시하는 분들이 많지만, 대치동 학부모에게 같은 말을 하면 정색하면서 부인하는 경우가 많습니다. 물론 대치동 주민은 우리나라 평균보다는 꽤 높은 소득과 자산을 가지고 있겠지만, 자산 중에 상당 부분은 자기가 살고 있는 집값 또는 전세 값이고, 스스로 '여유 있다'고 생각할 정도의 자산과 소득을 가진 분들은 그리 많지 않아요. 그래서 테남 학생들은 테북 학생들에 비해 조기유학 비율도 낮아요.

그러니까 교육에 열을 올릴만한 조건이 딱 갖춰진 겁니다. 부자는 부자인데, '애매한 부자'인 거죠. 상속을 통해서 자신의 사회경제적 지위를 자녀에게 물려주기는 어려운, 딱 그 정도 규모의 부자인 겁니다. 그런데 마침 공부를 매개로 성공한 전문직 등이 많거든요. 그러니까 본인이 성공에 이른 방식대로, 자녀들도 똑같은 경로로 성공하는 걸 기대하는 거지요.

그래서인지 테북과 테남은 사교육 패턴도 좀 달라요. '테북' 거주자들은 자녀교육에 대해 물론 많은 투자를 하지만, 그다지 까다롭지 않아요. 이른바 '학원 쇼핑' 같은 걸 별로 하지 않습니다. 사교육은 주로 사전조사를 통해 확인한 평판 위주로 고릅니다. 그리고는 그냥 학원에 가서 상담하고 바로 등록하는 경우가 많아요. 반면 '테남' 부모들은 학원들을 돌아다니면서 엄청나게 까다롭게 따지지요. 다양하고 까다로운 학부모들의 취향에 맞추다보니, 대치동 사교육은 매우 정교하고 세분화된 형태로 발달하게 된 겁니다. 물론 2000년대 이후 대입전형이 점점 더 복잡해진 것도 대치동 사교육이 세분화되는 데 기여했지요.

1980년에 전두환 신군부가 집권하면서, 학원과 개인과외를 일체 금지했었죠. 이게 풀려서 1989년과 1991년에 걸쳐 단계적으로 학원수강이 허용됩니다. 그러자 이미 '8학군'으로 성가를 올리던 강남 일대에 사교육 바람이 거세게 불기 시작했지요. 1990년대 후반쯤 되면, 이미 대치동 일대의 사교육 시장은 다른 지역과 다른 수준에 도달해요. 그리고 2000년에 설립된 메가스터디가 대치동을 기반으로 온라인 교육시장을 개척하여 전국적인 돌풍을 일으키고, 이때 무렵부터 언론들이 '사교육 1번지는 대치동'이라는 식의 기획기사들을 앞다퉈 쓰기 시작합니다.

특히 대치동이 전국적인 명성을 얻으면서, 2000년대 들어 대치동 일대에는 일종의 '선순환' 구조가 성립됩니다. 즉 자녀교육에 관심과 열의가 높은 학부모들이 초등학교 고학년 전후에 전세로 대치동에 이사해서, 자녀들이 모두 대학에 진학하면 빠져나가는 거죠. 그래서 일대 초등학교를 보면 1학년보다 6학년이 훨씬 더 많은, 역삼각형 구조를 가지고 있어요. 아파트의 전세 비율도 높지요. 은마아파트의 전세비율은 80% 가량 되는 것으로 추정되고, 타워팰리스도 절반 정도는 전세라고 알려져 있어요.

여기서 우리는 강남 지역 학생들의 명문대 진학률이 높다는 사실의 이면을 보게 됩니다. 강남 교육(사교육이든 공교육이든 가정교육이든)이 진짜 우수해서 그런 부분도 있겠지만, 애초에 학력이 높고 학업적으로 우수한 학생들이 강남으로 많이 모인다는 점도 절대 잊어서는 안 되는 것입니다. 예전에는 각기 살던 지역에서 고등학교를 졸업해서 명문대에 진학했을 만한 학생들이, 지금은 초등학교~중학교 시절에 강남으로 진입해서 강남의 명문대 진학률을 높여주고 있는 셈이죠.

그리고 강남 지역 학생들의 진학률 통계를 볼 때, 정말 유의해야 할 점이 하나 더 있습니다. 언론사나 사교육업체 등에서 각 고등학교에 명문대 합격자 숫자를 문의하면, 학교에서는 학교의 위신을 세우기 위해 심지어 부풀려 이야기하기도 하고, 복수 합격한 학생의 경우를 중복 계산하여 알려주기도 합니다. 특히 예외 없이 고3과 재수생의 실적을 구분하지 않고 합산하여 알려줍니다. 강남 지역 재수생 비율이 매우 높다는 것은 최근에야 꽤 알려지게 되었는데요, 구체적으로 강남구 소재 고등학교 졸업자 가운데 재수 또는 반수(대학에 재학하면서 다시 대입에 재도전하는 것)하는 학생의 비율이 평균 68.2%나 되고, 휘문고의 경우 무려 88%에 달합니다(「조선일보」 2010년 6월 16일자, 「중앙일보」 2011년 4월 8일자 참조). 재수하려면 돈이 많이 들기 때문에, 비교적 부유한 강남 지역 학생들의 재수율이 높은 것이 나름 이해가 되기도 합니다. 어쨌든 강남 지역의 높은 명문대 진학률을 설명해주는 요인 중 하나가 '재수'에 있음을 알아야 합니다.

세 줄 요약

1. 대치동이 사교육 1번지가 된 것은 '애매한 규모의 부자'인 '전문직'이 많기 때문이고, 대치동보다 부유한 압구정동 · 청담동은 학력지상주의가 대치동보다 덜하다.

2. 어릴 때 대치동으로 전입하여 대학에 진학하면 빠져나가는 순환구조가 성립되어, 강남 교육의 성과가 실제보다 더 크게 보이게 되어 있다.

3. 강남 교육의 높은 명문대 진학률을 설명하는 또 다른 요인은 이 지역 학생들의 재수 비율이 매우 높다는 점이다.

Q. 022

우리도 강남으로
이사해야 하는 건 아닐까요?

──→ 요새도 종종 "우리집도 강남으로 이사 갈까 고민 중인데, 어떻게 생각하세요?"라는 전화를 받아요. 아이 교육을 위해 강남, 정확히는 대치동 또는 인근지역으로 이사할까 망설이고 있다는 거죠.

강남 외부에서 강남을 바라볼 때에는 강남 지역이 대단해보여요. 그런데 강남 안에 들어가보면 그게 꼭 그렇지도 않습니다. 대치동 일대로 이사 가면 다 자녀 교육에 성공하고 명문대 갈 것 같죠? 그런데 그 안에 들어가서 들여다보면, 거기도 어김없이 공부에 별 흥미와 열의를 가지지 못하는 아이들이 숱하게 있고, 영어 울렁증 환자들도 많이 있고, 부모의 기대에 미치지 못하는 전국 기준 중위권 이하의 학생들도 많이 있어요.

"대치동에 괜히 이사 왔나 싶다"는 얘기를 많이 듣는 것도 그런 탓입니다. 아버지가 번듯한 변호사고 한데… 아이도 공부를 곧잘 하는 것 같고 명문대 보내려면 강남으로 이사해야 할 것 같아서 큰맘 먹고 이사를 왔는데… 중고등학교 시절 내내 시원치 않더니 첫째는 삼수하고 있고 둘째는 고3인데 큰일이다… 뭐 이런 얘기 말입니다.

왜 강남의 교육 신화가 실제보다 부풀려져 있을까요? 학원·언론·부모라는 3대 요인이 작용해서죠. 속칭 명문대에 가면 학원에서 광고하고, 부모가 자랑하고, 언론에서 보도해줘요. 그런데 부모의 열망을 실현하는 데 실패한 경우에는 어떻게 되죠? 학원에서 광고 안 하고, 부모는 입을 닫고, 언론도 보도 안 하지요. 그러니 자연히 성공사례만 널리 알려지게 되고, 학부모들은 현혹되는 겁니다. 사실 강남의 자녀교육 신화는 주식투자 신화와 비슷한 점이 있어요. 주식투자 해서 돈을 잃은 사람은 그걸 드러내지 않기 때문에 실패한 사람은 실제보다 적어 보이고, 주식투자 해서 돈을 딴 사람은 은근히, 혹은 노골적으로 자랑을 하기 때문에 실제보다 많아 보이거든요.

대치동 일대로 이사했을 때 거의 필수적으로 겪게 되는 게 '엄청난 혼란'입니다. 워낙 다양한 교육 정보가 횡행하기 때문에, 도대체 뭘 고를지 판단이 안 서거든요. 대치동 일대에 우리나라에서 가장 다양한 사교육 상품들을 제공하는 건 맞는데, 문제는 그중에서 뭐가 제일 중요하고 뭐가 제일 우리아이에게 맞는지 판단하는 게 보통 어려운 일이 아니라는 거죠. 이 학원가면 이 말이 맞는 것 같고, 저 학원가면 저 말이 맞는 것 같고… 극도로 혼란스럽습니다. 주변의 학부모들 사이에서 정보를 얻는 것도 힘들 뿐만 아니라, 학부모 집단마다 그 성향과 기준이 다릅니다. 하는 말이 다 다른 거죠.

물론 마냥 고르고만 있을 수는 없습니다. 어느 시점에 이르면 결론을 내리고 학원을 뺑뺑이 돌리기 시작하지요. 월화수목금금금… 과잉 사교육이 시작되는 거죠. 대치동으로 이사하는 분들은 대체로 의욕이 넘치기 때문에, 자신과 아이가 처한 상황을 냉정하게 판단하지 못합니다. 아이에 맞는 적정 수준, 적정 분량을 선택하는 게 아니라, 항상 과잉 수준, 과잉 분량을 택하는 거죠.

강남 지역 초등학생들이 학교에서 체험학습을 가게 되면, 돌아오는 길에 버스 안에서 담임선생님에게 조릅니다. "다섯 시 반 이후에 학교에 도착하게 해주세요." 같은 반 친구가 생일이 되면 이렇게 말해요. "야, 꼭 너희 집에서 생일파티를 하고, 나를 초대해줘." 그래야만 그날 하루라도 학원을 안 갈 수 있거든요.

결국 1년도 되지 않아 '학원의존증'에 빠지는 학생들이 헤아릴 수 없을 지경이에요. 대치동에서 만나본 수없이 많은 학생들이, '학원을 끊으면 불안하다', '학원을 안 다니면 공부를 어떻게 해야 할지 모르겠다'고 말합니다. 초등학교 시절 '수동적 반복'을 체질화함으로써 '집중력 저하' 훈련을 집중적으로 이수하고, 중학교 시절 종합반 혹은 스스로 종합반을 통해 '공부기술'을 익힐 기회를 잃어버린 학생들이 가장 많은 곳. 그곳이 바로 대치동이기도 해요.

특히 학원 강의가 주목적이라면, 대치동 일대로 이사할 필요가 별로 없다고 봐요. 최고급 학원 강사들의 강의를 인터넷으로 다 들을 수 있는 시대거든요. 물론 대치동 학원가에서는 '인터넷 강의로는 제공하지 않는 특별한 서비스'가 오프라인에서만 은밀하게 벌어지는 것처럼 선전하곤 하지만, 실제로는 그렇지 않습니다. 그런 식으로는 인터넷 강의 시장에서 살아남기 어렵거든요.

특히 대입 시장에서는 인터넷 강의로 헤게모니가 옮겨진 지 벌써 10년쯤 되었습니다. 제가 이른바 스타강사로 활동하던 시절 수강생 최고 기록을 세운 것이 2001년 여름방학이었는데, 그로부터 만 2년 만에 여름방학 기준으로 수강생 숫자가 1/3로 급감했어요. 당시에는 학원 수강생이 1명 줄어들면, 인터넷 수강생이 8명 늘어나야 상쇄가 되었지요(당시에는 온라인 수강료가 오프라인 학원보다 많이 낮았고, 강사료 비율도 온라인 강의가 오프라인보다 낮았기 때문입니다). 그런데 그 기간 동안 저의 총 수입은 오히려 늘었어요. 그만큼 인터넷 강의 수강생이 폭증한 것이지요.

학원가에서는 이미 2000년대 초반에 대입 사교육 시장의 무게중심이 오프라인에서 온라인으로 옮겨갔다고 봅니다. 중학생 시장의 경우 아직 무게중심이 오프라인에 있지만, 온라인 시장이 최근 몇 년간 비약적으로 성장하고 있고요. 우리나라 사교육 시장 중에서 가장 고수급 강사들이 칼을 들고 합을 겨루는 무림, 이곳이 바로 인터넷 강의 시장이지요.

이런 상황에서, 자신이 보유한 최고의 비법은 오프라인 학원에서만 찔끔찔끔 제공하고, 인터넷 강의는 대충 한다? 이랬다간 치열한 경쟁이 벌어지는 인터넷 강의 시장에서 배겨날 수가 없어요. 그러니 강사들은 최고의 강의를 인터넷 시장에 올릴 수밖에 없습니다.

강남에 이사 가서 명문대 가는 데 성공한 아이들이 많기는 해요. 하지만 저는 그 정도의 열정과 노력이라면, 강남에 이사 가지 않더라도 명문대 보내는 게 가능하다고 봐요. 특히 강남의 신화가 부풀려져 있다는 것, 강남으로 이사 가지 않는 편이 더 나았을 아이들이 의외로 많다는 사실을 반드시 고려해야 합니다. 특히 고급 학원 강의를 이용하는 게 주된 목적이라면, 굳이 강남으로 이사를 가지 않아도 인터넷 강의를 통해 충분히 가능합니다.

세 줄 요약

1. 강남으로 이사해서 명문대 진학에 성공한 사례 못지않게 실패한 사례들도 많다.
2. 대치동 일대는 정보 혼란과 학원의존증 또한 가장 심각한 곳이다.
3. 고급 학원 강의는 인터넷으로 모두 접할 수 있으므로, 그것을 위해 강남에 가야 할 필요는 없다.

요새 학교 시험은
왜 이렇게 어려운가요?

⟶ 초등학교 학교 시험 문제지를 보고 놀라시는 학부모들이 많습니다. 자신이 초등학교 다닐 때보다 훨씬 어려워졌다는 거죠. 제가 보기에도 예전보다 어려워졌습니다. 예전에는 초등학교 들어가서 한글을 떼는 경우가 많았는데, 지금은 1학년 때 한글 읽기를 4주 만에 끝내지요. 한글 읽기를 4주 만에 끝내는 건 물론 현실적으로 불가능할 텐데, 아이들이 초등학교 입학 전에 한글을 떼고 온다고 가정하여 대충대충 교육과정을 짠 겁니다. 그밖에 주요한 수학적 개념과 방법들 중에 옛날보다 낮은 학년에 배우는 것들이 눈에 띄고, 꽤 어려운 추상적 개념어들도 예전보다 낮은 학년에 출현하는 경우들을 보게 됩니다. 이런 일이 나타나는 것은 한마디로 초등학교 교육과정을 만드는 분들이 학교에서 학생들을 가르쳐본 적이 거의 없는 분들이기 때문에 그런 겁니다. 물론 교육과정

과 교과서를 만드는 과정에 교사들도 참여하기는 하지만, 교사에게는 주도력이 없고 다들 이 교수, 저 교수의 '제자'로서 참여하는 것이기 때문에 생생한 현장 감각이 반영되기 어려운 것이지요.

중학교 시험이 어려워진 것은 교육과정 탓은 아닙니다. 중학 교육과정은 옛날과 비슷해요. 그런데 특목고 내신반영 제도 때문에, 교사들이 시험문제를 정상적인 수준보다 어렵게 내야 하는 경우가 발생합니다. 무슨 소리냐 하면, 중학교 성적표에는 자기 점수와 석차(학년별 석차)가 적히거든요. 그런데 특목고에 지원하기 위해 이 성적표를 포함한 지원원서를 제출하면, 특목고에서는 여기에 적힌 석차를 이용해서 내신등급을 계산해요. 석차 4%까지 1등급, 11%까지 2등급, 23%까지 3등급… 이런 식으로 9등급까지 부여하죠. 예를 들어 한 학년이 100명이라면 1등에서 4등까지 1등급을 받고, 5등부터 11등까지는 2등급을 받는 식입니다. 그런데 동점자가 많아지면, 이들 동점자들이 불이익을 받게 됩니다. 특히 만점자(중간고사+기말고사+수행평가 모두 만점)가 1등급 기준인 4%의 두 배인 8%를 초과하면, 만점자들도 전원 2등급을 받도록 규정되어 있어요. 이러한 동점 처리규정은 교육과학기술부 규칙으로 정해져 있습니다.

결국 교사 입장에서는 만일 시험문제의 난이도를 조절하다가 자칫 만점자가 8%를 초과하면 큰일이 나는 거죠. 만점자가 8%를 넘으면 이 학교 학생들 가운데 특목고 진학을 희망하는 학생들은 치명적인 불이익을 받게 되는 거고, 따라서 특목고에 진학하고 싶은 학생, 그 학생의 학부모, 그리고 특목고 진학 실적을 높이고 싶은 교장 등은 교사를 엄청나게 질책하게 되겠지요. 서울 강남 지역처럼 학력 수준이 높은 지역일수록 그런 일이 발생할 확률이 높습니다. 이런 이유로 인해, 만점자가 나오는 게 교사들에게 공포스러운 일이 된 겁니다! 그래서 교사들은 좀 더 어려운 문제를 내고, 그러면 학생들은 학원을 더 많이 다녀서 시험에 대비하고, 그러면 교사들은 시험문제를 더 어렵게 내고… 이러한 악순환이 계속된 겁니다. 그 결과 학생들의 부담감과 사교육비가 계속 늘어났지요.

중간·기말고사 수학 문항을 보면 선행학습을 요구하는 문제가 출제되기도 하고, 영어의 경우 IBT 토플 110점을 받는 학생이 학교 시험을 꽤 열심히 준비해도 85점밖에 못 받는 경우도 나타납니다. 시험문제지가 고난도 문제로 도배되기도 하고, 눈에 잘 띄지 않는 지엽적인 부분에서 희한한 문제가 출제되기도 합니다. 사교육이 무럭무럭 자라기에 최적의 토양이죠! 학생과 학부모들은 자연히 '중학교 가면 시험이 무지 어려워지니 무조건 학원을 다녀야 한다'는 말에 귀를 기울이게 되었습니다.

평가는 학업성취도를 측정하는 것이 주된 목적입니다. 다만 그 부산물로 '변별력'이라는 게 생기지요. 그런데 지금까지는 상황이 뒤집어져 있었어요. 즉 변별력이 주된 목적이 되어버린 겁니다. 5%도 안 되는 특목고 지원자들 때문에 중학교 평가 전체가 왜곡되어버린 것이지요. 꼬리가 몸통을 흔들게 된 것이지요. 다행스럽게도 2013년 중학교 1학년부터 절대평가제(공식 명칭은 '성취평가제')가 도입되면서, 이러한 황당한 상황은 벗어나게 되었습니다(참고로 고등학교에는 2014년 고1부터 절대평가제가 시행됩니다). 저는 이명박 정부의 교육정책을 별로 좋아하지 않습니다만, 현 정부의 교육정책 중에 잘 한 것을 고르라면 절대평가제로의 전환을 선언한 것을 첫 번째로 꼽겠습니다. 상대평가제는 한마디로 여러 모로 '말이 안 되는' 제도인데, 상대평가제의 문제점에 대해선 Q064에서 별도로 정리하도록 하지요.

그런데 문제는 교사들의 적응력입니다. 오랫동안 '변별력'을 우선시하는 왜곡된 평가를 강요 받아온 교사들이, 과연 절대평가제가 시행된다고 해서 곧바로 기존의 관행을 벗어던지고 교육과정상의 성취기준에 따른 평가를 할 수 있을까요? 어떤 교사는 '교육당국이 절대평가에 맞는 적절한 평가 지침을 내려 보내야 하지 않느냐'고 말씀하십니다. 하지만 우리나라 교육과정은 굉장히 꼼꼼해서 교사의 자율권을 지나치게 제약한다는 평가를 받을 정도로, 성취수준상의 목표를 자세히 제시하고 있어요. 그런데 교사들이 워낙 오랫동안 교육과정상의 기준보다 변별력을 중시하도록 강요 받아 '교육과정 따로, 평가 따로'인 상황에 익숙해지다보니, '교육과정상의 기준에 따라 평가하면 된다'는 평범한 상식을 잃어버린 겁니다. 일단 제도적인 문제점은 2012년부터 연차적으로 없어지지만, 올바른 평가 문화가 자리 잡는 데에는 어느 정도 시간이 걸릴 것으로 보입니다.

※ 초등학교 교육과정과 교과서의 문제점을 집약 정리해놓은 책이 있습니다. 『교과서를 믿지 마라!』(초등교육과정연구모임 지음)입니다. 이 책을 보면 한숨이 절로 날 겁니다.

세 줄 요약

1. 초등학교 학교시험이 예전보다 어려워진 것은 초등학교 교육과정 자체가 어려워졌기 때문이다.
2. 중학교 학교시험이 예전보다 어려워진 것은 만점자가 일정 비율을 넘어가면 만점을 받아도 내신 2등급을 부여하도록 한 특목고 내신 반영규정 때문이다.
3. 2012년부터 연차적으로 절대평가제(성취평가제)가 도입되면서 이같은 사정은 점차 개선될 것이다.

대입제도가
왜 이렇게 복잡한 건가요?

---→ 우리나라 대입제도는 전 세계에서 가장 복잡합니다. 제가 주요 선진국의 대입제도를 자세히 들여다봤는데요, 대부분 상당히 단순하게 되어 있고 우리나라처럼 복잡한 나라는 전혀 없어요. 유일하게 필적할만한 나라는 미국인데, 미국 대학은 선발기준을 아예 공개하지 않고 100% 입학사정관제로 뽑기 때문에 내용적으로는 복잡할지 몰라도 적어도 외관상으로는 굉장히 단순하거든요. 그런데 우리는 내용적으로나 외관상으로나 굉장히 복잡하지요.

예전에는 이렇게 복잡하지 않았죠. 그래서 최근에 대입을 경험해본 학생·학부모가 아니라면, 요새 대입제도가 얼마나 복잡한지 모르실 겁니다. 70년대 대학을 진학한 분들은 예비고사+본고사, 80년대에는 학력고사+내신, 90년대 중반에 수능+내신+본고사 3년간 운영했다가 본고

사가 폐지되면서 수능+내신 체제로 안정화되는 듯싶었습니다. 그런데 2000년대 들어 수시전형이 시작되면서 '한 줄 세우기보다 여러 줄 세우기가 바람직하다'는 명분으로 대입전형이 점점 복잡해지기 시작하더니, 이명박 정부 들어서면서는 '대입자율화'라는 이름 아래 대학이 어떤 기준으로 학생을 뽑든 거의 다 허용되는 상황에 이르렀습니다.

예를 들어, 제가 서울지역 유명 대학들 중 아무 대학이나 하나 무작위로 찍어보겠습니다. 한양대 서울캠퍼스의 2012학년도 모집요강을 한번 살펴보죠.

[한양대 서울캠퍼스의 모집요강]

- **수시** 미래인재, 사랑의 실천, 농어촌학생, 학업우수자, 한양우수과학인, 브레인 한양, 재능우수자, 일반우수자, 글로벌한양 등 총 9가지 전형

- **정시** 일반전형, 농어촌학생, 전문계 고교출신, 기회균형, 특수교육대상 등 총 5가지 전형

사실 정시는 큰 문제가 없습니다. 정시에 다섯 가지 전형이 있지만 일반전형을 제외하면 정원이 매우 적거든요. 그런데 수시에는 9가지 전형에 정원이 비교적 고르게 분포되어 있어요. 일단 전형 이름만 보고 전형의 특성이나 선발기준을 짐작할 수 있는 게 별로 없습니다. 기껏해야 '농어촌학생' 전형은 농어촌지역 학생에 국한되는 전형이겠구나, '한양우수과학인' 전형은 자연과학에 재능이 많은 학생을 선발하는 전형인가 보다, '글로벌한양' 전형은 아마 영어실력이 특별히 좋으면 유리한 전형

이겠지, 이 정도를 짐작할 수 있을 뿐이죠. 더 세부적인 선발기준은 자세히 연구하듯 들여다봐야 알 수 있어요.

한양대라는 한 대학만 봐도 이렇게 복잡해요. 그런데 다른 대학은 전형이 또 달라요. 대학마다 전형의 명칭과 세부적인 선발기준이 다른 겁니다. 대입전형들을 아주 거칠게 분류하면 세 가지입니다. ① 정시전형(주로 수능으로 선발합니다) ② 수시전형 중 논술고사를 치르는 전형 ③ 수시전형 중 그밖의 전형(이를 중심으로 입학사정관제가 도입되고 있습니다). 그러니까 수시에서 입학사정관제를 도입한 전형에서는 논술고사를 요구하지 않고, 논술고사를 요구하는 전형에서는 입학사정관제를 도입하지 않고 있습니다. 그건 정부가 그렇게 유도한 겁니다. 입학사정관제만 해도 헷갈리고 부담스러운 제도인데, 논술까지 얹어놓으면 그 부담이 엄청날 거거든요. 그래서 논술고사와 입학사정관제가 서로 배제하는 관계에 있도록 만들어 놓은 것이죠.

하지만 이렇게 세 가지로만 분류하면 세부적인 전형요소와 전형방식의 차이가 눈에 띄지 않습니다. 우리나라 대학에서 사용하는 수시 전형의 종류가 무려, 믿기지 않겠지만, 2천 가지가 넘어요. 2013학년도 모집요강을 보면 많은 대학들이 유사한 전형들을 통폐합하기는 했습니다만, 자세히 들여다보면 형식적으로만 통폐합했을 뿐 세부적인 내용은 거의 그대로인 경우도 많은데다가, 여전히 전체적으로 전형이 지나치게 다양합니다.

우리나라 대입제도의 문제는 크게 세 가지로 정리됩니다.

첫째, 전형의 종류가 많아서 헷갈려요(전형의 다양성). 대학 전형의 종류가 너무 많고 각기 선발기준이 달라서, 도대체 뭐가 뭔지 파악하려면 한참 걸립니다.

둘째, 이것저것 챙겨야 할 게 많아요(전형요소의 복합성). 2008학년도 대입 정시전형에서 내신 성적 1/3, 수능성적 1/3, 논술 1/3 정도씩 합산 반영하는 제도가 도입되자 '죽음의 트라이앵글(삼각형)'이라고 해서 비판을 받았어요. 그런데 지금 트라이앵글이 해체되기는커녕 한술 더 뜨는 전형도 많습니다. 그 정점에 있는 게 이른바 입학사정관전형인데 요구하는 전형요소가 펜타곤(오각형) 정도 됩니다.

흔히 '정시는 수능, 수시는 내신과 논술'이라는 식으로 알려져 있지요. 정시가 수능 위주라는 건 맞습니다(단, 국립대는 정시에도 내신 성적 반영 비율이 높은 편이고요, 서울대는 논술고사도 봅니다). 하지만 수시는 '내신과 논술'이라는 식으로 단순하게 말할 수 없어요.

예를 들어 상위권 대학에서 많이 사용하고 있는 일반전형의 '우선선발'이라는 제도를 살펴보지요. 2012학년도 고려대학교 수시 일반전형(경영대학)을 기준으로 보면, 모집 정원 중에서 60%는 우선 선발하는데, 우선선발 대상이 되려면 수능 성적이 매우 높아야 해요. 수능성적 언어 수리 외국어영역 모두 1등급(석차백분율 4% 이내)을 받아야 합니다. 언어 · 수리 · 외국어 세 영역에서 동시에 1등급을 받는 경우는 전체 수능 응시자의 1% 내외이니까, 굉장히 좁은 문이죠. 어쨌든 이 조건을 충족시키는 학생들 가운데 논술:학생부 8:2로 합산하여 일반전형 정원의 60%를 우선선발하고, 이 조건을 충족시키지 못하는 학생들은 논술:학생부 5:5로 합산하여 나머지 정원 40%를 선발합니다.

어때요, 이해가 되십니까? 그런데 우선선발이 아니라 할지라도 수능 '최저학력기준'으로 2영역 이상에서 2등급을 받아야 합격이 가능합니다. 수능을 챙겨야 하는 거죠. 또 학생부에는 교과영역(내신 성적)과 비교과영역이 모두 기재됩니다. 결론만 간단히 이야기하라고요? 고려대 수시 일반전형에 합격하려면 수능+논술+내신+비교과 모두 잘 챙기라는 겁니다!

수시 · 정시에 따라 전형요소가 크게 다른 것도 문제예요. 수시의 특정 전형에 맞춰 준비했다 할지라도 수시에서 탈락해서 정시로 넘어갈 가능성을 고려해야 하는데, 정시에는 수능이 중요하니까 이래저래 수능 공부를 상당히 많이 해둬야 하는 겁니다.

셋째, 굉장히 어려운 걸 준비해야 하는 경우가 있어요(전형요소의 난이도). 이건 명문대의 '어학시험 성적'과 '대학별 고사(논술 · 면접고사)'의 형태로 나타납니다. 일단 글로벌전형을 중심으로 토플 등의 공인 외국어시험 성적에서 고득점을 요구해요. 그냥 평범하게 열심히 공부한 학생들에게는 '그림의 떡'이죠. 또 논술이나 구술면접 문항 가운데 매우 어려운 것들이 섞여 나와요. 교수들이 봐도 잘 모르겠다고 하는 문과 논술 문제들이 있는가 하면, 대학 수학 교재에서 뽑아낸 이과 논술 문제들도 있습니다. 그래서 채점하는 교수가 "제대로 푼 학생이 없어 오히려 채점하기 쉬웠다"거나 과학고에 10년간 재직한 수학교사가 "문제를 이해 못 하겠다"고 토로하는 상황이 벌어지기도 하지요(「한국일보」 2012년 4월 17일자). 전반적으로 대학별고사의 출제 원칙이 모호하고, 질 관리가 안 되고 있습니다.

어떤 분들은, 최근에 수능 난이도가 낮아지자 상위권 대학에서 변별력을 높이려고 대학별 고사를 어렵게 냈다고 주장합니다. 하지만 이건 사실이 아니에요. 수능이 쉬워지기 전부터 이런 일이 일어나고 있었습니다. 2007년에 제가 서울대 이과 논술 예시문제와 특기자전형 구술면접 수학문제가 고교 수준을 넘어간다며 문제를 제기한 적이 있어요. 그런데 언론에서 좀 관심을 가지는 듯하더니, 대학 측의 해명자료가 발표되자(제가 보기엔 말도 안 되는 해명자료였는데) 흐지부지 되어버렸습니다.

고교 수준을 넘어서는 대학별 고사 문항이 출제되는 현상은 특히 이과에서 심해요. 이유가 있습니다. 대학별 고사를 출제하는 교수들에게 평가의 공공성에 대한 감각이 모자란다는 점은 이과나 문과나 비슷해요. 오히려 이과 대학별 고사에 출제되는 수학·과학은 고교와 대학의 교육과정 경계가 상당히 분명하거든요. 그러니까 어떤 문항이 고교 수준을 뛰어넘는지 감별하기가 더 쉬운 겁니다. 그런데 왜 문과에 비해서 오히려 견제가 더 안 되냐 하면, 대학에 출입하는 언론사 기자들이 거의 전원 문과 출신이라서 그래요. 그러니 문제의식도 약하고, 대학의 입학처 측에서 이런저런 자료를 들이대며 '고등학교 수준이다'라고 주장하면, 그냥 그러려니 하는 거죠.

가장 심각한 문제는, 명문대를 중심으로 대학별 고사를 출제하는 교수들이 고교 교육과정에 대해 무지한 것을 그다지 심각한 문제로 여기지 않는 경향이 있다는 겁니다. 제가 사적인 자리에서 문제를 제기하면, '어떤 애들은 이걸 풀어내잖아! 이런 애들이 우수한 애들이지 뭐!' 이렇게 단순한 의견을 피력하는 교수들이 의외로 많아요. 그런데 아무리 우수한 학생을 뽑고자 한다고 해도 최소한의 공정성이 담보되어야 하잖아요? 서울대 수시 이과 특기자전형(2013학년도부터는 '일반전형'이라는 다소 기만적인 이름으로 바뀌었으니 주의하세요) 구술면접 문항들을 제대로 풀어내는 학생들은 과학고 출신이거나 고등부 수학·과학 올림피아드 입상

자로 사실상 대학 수준 학습을 해본 경험이 있는 학생들이에요. 더 충격적인 이야기를 해볼까요? 심지어 과학고생들조차 서울대 이과 구술면접 시험을 대비하기 위해 대치동의 전문 학원을 다녀요.

고등교육법 시행령 35조 2항은 "논술 등 필답고사를 시행하는 경우 초·중등교육이 추구하는 본래의 목적을 훼손하지 아니하도록 운영하여야 한다"고 명시하고 있습니다. 하지만 현실은 엉망진창이죠. 이쯤 되면 우리나라 대입의 문제는 단지 경쟁이 '고강도'라는 데에만 있는 것이 아니라, '불공정'하다는 문제가 겹쳐 있는 거죠. '고강도 불공정 경쟁'이 벌어진다는 점에서 정글에 비유할 수 있겠습니다. 절대로 '난이도'의 문제를 이야기하는 게 아니에요. 고등학교 교육과정에서 듣도 보도 못한 방법이나 개념을 요구하는 문항을 출제하는 것은 난이도의 높고 낮음과 관련된 문제가 아니라, 전형의 근본적인 공정성과 관련된 문제입니다. 명문대의 상당수 전형에서는 정보력이 높고 유효적절하게 사교육을 활용할 수 있는 학생들이 확실히 유리해지게 되어 있어요.

그럼 정부는 뭐 하냐고요?… 사실상 아무것도 안 해요. '대입자율화' 시대잖아요. '대입자율화'가 이명박 대통령의 대선 공약이었거든요. 대학이 무슨 요소를 이용해서 어떻게 학생을 뽑든 정부는 관여하지 않겠다, 대교협(대학교육협의회)에서 알아서 해라, 이렇게 공을 대교협으로 넘겼어요. 그런데 대교협이라는 데가 대학들이 모여 만든 단체이고 주로 명문대 총장들이 회장을 해왔는데, 스스로에게 재갈을 채우기는 어려울 것 아닙니까?

하다못해 대교협에서 대학별 고사를 공동출제라도 하면, 대학별 고사 문항의 질을 한결 합리적으로 관리할 수 있을 겁니다. 고등학교 교사들이 출제에 공동 참여하거나 검토위원으로라도 참여하면 더욱 확실하겠지요. 또는 대학에서 아예 '우리는 이런 수준의 문항을 출제한다'고 솔직하게 밝히고 이를 준비하기 위한 고급 인터넷 강의라도 제공해주면, 적어도 공정성 문제는 개선될 거예요. 그런데 교육부나 대교협이나 이런 생각을 아예 하지 않는 것 같습니다. 제가 보기엔 우리나라 대입전형이 이렇게 엉망진창이 된 것은 수수방관하는 정부와 무능한 대교협의 합작 결과예요. 이런 상황을 바로잡을 수 있는 힘은 시민운동과 정치권에서 나올 수밖에 없지 않을까 생각합니다.

※ 우리나라 대입전형에 관한 각종 최신 정보와 질의-응답을 보기 쉽게 정리한 책이 2012년 6월에 나왔습니다. 『대학 합격의 비밀』(유성룡 지음)입니다. 대입을 앞두고 있는 고등학생들 및 교사·학부모들에게 권합니다.

세 줄 요약

1. 우리나라는 대입전형의 종류가 지나치게 다양하고, 전형요소는 지나치게 복합적이며, 일부 전형요소는 고등학교 교육과정의 범위를 뛰어넘는다.
2. 명문대 일부 전형에서 고등학교 수준을 능가하는 어학시험 성적 및 대학별 고사로 인해 불공정 경쟁이 벌어진다.
3. '대입자율화'라는 기조 아래 정부는 대입제도 관리를 대교협에 넘겼고, 대교협은 공공의 이익을 위해 대입제도를 관리할 의지와 능력을 갖추고 있지 못하다.

수능의 비중이 낮아졌다던데
정말 그런가요?

———→　최근 들어 수능의 비중이 줄어들고 있고, 앞으로 더 줄어들 거라는 이야기가 돕니다. 첫 번째 근거는 정시 정원이 많이 줄었기 때문이고 (2013학년도 대입 기준 수시:정시 정원 비율은 63:37입니다), 두 번째 근거는 수능이 쉬워졌다는 것입니다. 정부에서도 수능 비중이 줄고 있다고 이야기하고 있어요.

　그런데 고3 교실을 들여다보면 예전과 똑같이 수능 문제집을 열심히 풀고 있는 걸 보게 됩니다. 일단 아무리 수시 비중이 높아졌다 할지라도, 수시에서 합격한다는 보장이 없거든요. 그러니까 정시로 넘어갈 가능성을 염두에 둬야 하는데, 정시에서는 수능 비중이 매우 높기 때문에 수능 준비를 소홀히 할 수가 없는 거죠.

　게다가 수시에서도 수능 성적을 요구하는 전형이 많습니다. 명문대의 수시 일반전형에서는 '우선선발'이라는 범주로 정원의 절반 내외를 수능 고득점자로 한정하여 합격시키고요. 그밖의 경우에도 '수능 최저학력기준'을 설정하여 꽤 높은 수능 성적을 받아야만 합격이 가능하도록 제한을 걸어놓았죠(Q024에서 고려대 수시 일반전형의 예를 들어 자세히 설명 드렸지요).

예를 들어 논술고사 성적이나 내신 성적 등이 아무리 좋아도 수능에서 일정 수준 이상의 등급을 얻지 못하면 불합격하게 만들어놓은 것이지요. 서울 지역 상위권 대학을 분석해보면, 수시 전체정원 중에서 수능 최저학력 기준을 적용하는 비율이 약 2/3에 달합니다. 그리고 그 수능 최저학력 기준이 꽤 높은 수준이어서, 지원자 중 그것 때문에 탈락하는 학생 비율이 1/3에 가깝습니다.

고3 교실에서 수능 준비 위주로 수업이 이뤄지는 이유는 그뿐만이 아닙니다. 수능은 학년말인 11월 중순에 치러져요. 반면 수시는 9~12월(대개는 11월 이전에 끝남)에 걸쳐 대학별로 제각기, 다양한 전형요소를 이용하여 전형이 이뤄지거든요. 대학마다 일정도 제각기이고, 전형요소도 학생부, 논술, 면접, 적성고사, 각종 자필서류 등 다양하단 말이에요. 그러니 학교에서 수시 위주로 교육과정을 운영하기는 거의 불가능한 거죠. 수능 문제집을 열심히 풀어주는 게 최선인 셈입니다.

최근에는 수능이 쉬워지고 EBS에서 출제하는 비율이 높아지면서 수능의 중요도가 낮아졌다는 이야기가 나와요. 정부가 정책적으로 대학 입시에서 수능 비중을 낮추기 위해 이런 정책을 펴는 거지요. 수능 난이도에 따라 수능 사교육이 영향을 받는 건 사실이거든요. 최근 대표적인 수능 중심 사교육업체인 메가스터디의 주가가 낮은 수준을 유지하고 있는 것만 봐도 그 정책이 어느 정도 효과를 거두고 있다는 걸 알 수 있습니다.

하지만 난이도를 낮춘다 해도 수능은 엄연히 상대평가입니다. SAT와 문제 유형은 비슷하지만, SAT가 표준화를 통해 절대평가 기능을 가지고 있어 1년에 7회나 치러지고 여러 번 응시할 수도 있게 되어 있는 반면, 수능은 1년에 딱 한 번만 치르는 상대평가예요. 수능에는 객관적 성취도를 평가하는 기능이 없고, 줄 세우는 기능밖에 없단 말이죠. 과목별 응시자들을 일렬로 줄 세워서는 석차 상위 4%까지 1등급, 11%까지 2등급… 이런 식으로 등급을 부여한단 말입니다.

그러니 경쟁자가 5시간을 자면, 나는 4시간을 자며 공부해야 상대를 제칠 수 있는 거잖아요? 어려워지면 어려워지는 대로, 쉬워지면 쉬워지는 대로 어쨌든 상대를 제치기 위한 '무한경쟁'이 이뤄질 수밖에 없는 구조이죠. 결국 상대평가 구조를 유지한 채로 난이도 조절만 가지고 수능 사교육을 줄이려는 것은, 효과가 있기는 하지만 그 한계 또한 뚜렷한 겁니다.

EBS 교재와 강의를 수능에 반영하겠다는 정책 또한 나름 합리적인 이유가 있고 사교육을 경감하는 효과도 있지만, 구체적으로 들여다보면 아쉬운 점이 적지 않습니다.

첫째, EBS 교재의 종류가 적지 않습니다. 수능에 반영되는 교재의 종류가 2012학년도의 경우 언어영역 6종, 수리영역 4종, 외국어영역 7종, 그리고 사회·과학탐구영역은 과목별로 3종씩이었습니다. 결국 새로운 유형의 사교육이 생겨요. EBS 교재를 리뷰하여 그중에서 핵심적인 부분, 새로운 문제유형, 특이한 지문과 자료 등을 정리해서 학생에게 떠먹여주는 사교육 말이지요.

둘째, 70%라는 연계율이 애매해요. 중위권이나 또는 그 이하는 '70%라도 잘 건지자'라는 생각으로 EBS에 매달릴 수 있겠지만, 상위권은 나머지 30%를 건지기 위해 추가의 노력을 기울이게 되지요. 그리고 어차피 EBS 교재에 연계된 문항이라 할지라도, 변형하거나 응용하여 출제하는 경우가 많습니다.

2012학년도 수능의 경우, 언어영역 비문학 지문 가운데 분명히 EBS 교재에 연계되어 출제되었는데도 정답률이 절반 이하인 문제들도 있었어요. 즉 학생들의 수능 성적은 'EBS 연계율'에 의해 결정되는 게 아니라 '난이도'에 의해 결정되는 겁니다. 저는 차라리 과감하게 EBS-수능 연계율을 90%, 심지어 100%로 하는 방안도 생각해볼 만하다고 봅니다. 연계율을 90%나 100%로 해도, 반영율과 별도의 차원에서 난이도 조절이 가능하니까요.

셋째, 매년 강의와 교재가 바뀌는 것이 이상해요. 학생과 전문가들로부터 좋은 평판을 얻은 강의와 교재는 몇 년이고 계속 서비스해야 한다고 봐요. 그리고 상당 기간 동안 좋은 평판이 유지된 강의는 '명예의 전당' 같은 걸 만들어서 일종의 명예를 부여해줄 수도 있겠지요.

그리고 교재와 강의를 1:1로 대응시키려 하지 말고, 좋은 문제 및 강의를 대단원·소단원별로 분류해 이용할 수 있게 하는 것도 좋은 방법이고요. 그러면 EBS 교재와 강의 제작비용도 낮출 수 있고, 집필진과 강사에게 동기부여도 될 수 있겠지요.

아예 누구나 EBS 교재에 대한 강의동영상을 올릴 수 있도록 개방해서(굳이 말하자면 애플사의 '앱 스토어' 비슷한 '강의 스토어'가 되겠네요), 기존

방식의 강의와 자유롭게 경쟁할 수 있도록 병행 서비스하는 것도 괜찮을 것 같습니다.

세 줄 요약

1. 수시, 정시를 종합하여 고려해볼 때 수능 비중이 많이 낮아졌다고 보기는 어렵다.
2. 고등학교에서는 수시 위주 수업 운영이 불가능하기 때문에 자연히 정시(수능) 위주로 수업을 하게 된다.
3. 수능을 쉽게 출제하고 EBS 교재를 수능에 반영하는 정책은 분명 효과를 보고 있으나 몇 가지 아쉬운 면이 있다.

선행학습이
왜 이렇게 성행하는 거죠?

⟶ 이미 1장에서 섣부른 선행학습이 가지는 문제점에 대해서 지적했지요. 특히 초등학교 시절에 선행학습으로 시작하여 3~4회씩 '수동적 반복학습'을 하는 것이 습관화되면 결국 '집중력 약화'라는 무서운 결과를 낳는다고 말씀드린 바 있습니다.

하지만 세상이 온통 이렇게 선행학습 열풍에 빠지게 된 데에는 또 나름 이유가 있겠지요. 돌이켜보면, 본격적으로 선행학습에 불을 붙인 건 특목고 입시였습니다. 한때 주춤했던 특목고 열기가 1990년대 후반 다시 불붙었는데, 이때 선행학습을 강하게 요구하는 전형요소들이 작용했습니다. 수학·과학 올림피아드(경시대회) 입상 실적이라든가, 고등학교 과정을 넘나드는 구술면접시험, 토플 성적, 고난도의 영어 듣기평가라든가… 이런 걸 준비하려면 선행학습을 엄청나게 해야 했거든요.

특목고 모집요강이 대폭 달라진 것은 2010년에 이르러서였습니다. 그해 지원자(중3)부터 선발방식이 대폭 바뀌었지요. 많은 사람들의 선입견과 달리, 특목고 선발제도를 개혁한 것은 진보정권이 아니라 보수정권이었죠. 그때부터는 선행학습을 해봤자 특목고에 진학하는 데에는 유리할 게 없습니다.

그런데 왜 여전히 선행학습 열기가 잦아들 줄 모르느냐, 무엇보다 대입 문제를 지적하지 않을 수 없어요. 공인 외국어시험 성적을 요구하는 글로벌전형, 올림피아드(경시대회) 준비경력이 있으면 유리한 명문대의 특기자전형, 고교 수준을 뛰어넘는 대학별고사(논술·구술면접) 등등 Q024에서 설명 드린 것처럼, 2000년대 초·중반부터 고강도 선행학습을 요구하는 요소들이 대입에 본격적으로 등장하였고, 이후 조금씩 더 상황이 악화되었습니다.

최근에는 명문고를 지향하는 일부 자사고(자율형사립고)에서 황당한 일이 벌어지고 있어요. 서울시 내에 자사고가 27개가 있는데, 이 중에서 1학년 2학기에 '수학 I '을 가르치는 학교가 14개나 됩니다. 실제 이 학교들의 중간·기말고사 문제지를 분석한 결과입니다(2011년 9월 11일 국회 김춘진 의원실과 〈사교육걱정없는세상〉의 공동조사 결과 발표).

수학 I 은 원래 고등학교 2학년에 편성하는 과목이거든요. 그런데 자사고 중 상당수에서 1학년 1학기 동안에 고1 수학을 다 마친 다음, 1학년 2학기에 고2 수학 진도를 나가는 겁니다! 살인적인 압축진도지요. 흔히들 학교가 학원화된다고 비판을 하는데요, 이건 학교가 학원이 되는 것보다 더 심한 겁니다. 학교가 학원에 다니라고 강요하고 있는 셈인 거죠. 이런 문제에 특히 민감한 강남 지역 학부모들은 자사고에 지원하기 전에 학교별 속진 정도를 비교하여 어느 정도 선행학습을 해야 하는지 견줘볼 정도라니까요.

황당하죠? 하지만 현행 법령상으로는 이런 비교육적 처사를 제어할 수가 없어요. 2011년부터 이른바 '집중이수제'가 시행되고 있는데다가, 자사고는 교육과정 운영상의 자율성이 폭넓게 보장되고 있거든요. 과목당 시수를 기준의 50%까지 늘려 운영할 수 있습니다. 예를 들어 주당 수학 수업시간 기준이 4시간이라고 하면 자사고는 6시간을 편성할 수 있는 거죠. 그래서 수학 수업시간을 엄청 늘려 잡아서 진도를 엄청나게 속진해도, 위법이 아닙니다. 현재로서는 법률적·행정적으로 딱 부러지게 제어할 수단이 없어요. 이 정도 되면 학교가 학원화되는 게 아니라 학교에서 학원 다니라고 강요하는 것과 다름없죠. 저는 자사고별로 선행학습을 얼마나 해가야 하는지를 파악해서 표를 만들어놓은 학부모도 본 적이 있어요.

선행학습이 성행하는 데에는 이처럼 제도적인 이유만 있는 것이 아닙니다. 학원의 여건과 구조가 선행학습을 조장하는 측면도 있어요. 학원은 무엇보다 '외형적 성과'를 통해 계속 돈을 내도록 유도하지요. 예를 들어 학원에서 "댁의 자녀가 내면적으로 이렇게 성숙했습니다"라는 식으로 지도하면 학부모들은 그 학원을 안 보내실 테니까요.

가장 중요한 외형적 성과는 물론 성적일 겁니다. 하지만 성적을 통해 계속 학원에 다니도록 유도하기가 의외로 쉽지 않아요. 요새 아이들이 워낙 어려서부터 많은 학원을 오랫동안 다녀왔기 때문에, 지금 성적이 얼마나 학원 덕을 본 건지 알기 어렵거든요. 학원을 안 다니던 아이가 학원을 다녔더니 성적이 오르더라, 그렇다면 그게 학원 다닌 효과라고 말할 수 있겠죠. 그런데 요새 아이들은 워낙 계속 학원을 다녀왔단 말입니다. 그러니 지금 아이의 성적이 얼마나 학원을 다닌 덕인지, 탓인지 입증하기 어렵단 말이죠. 게다가 성적이 상위권인 학생의 경우, 어차피 학원을 다녀봤자 더 이상 올리기가 참 어렵기도 하고요.

그래서 '성적'을 매개로 계속 학원에 다니도록 유도하기가 의외로 어려워요. 그래서 학원은 성적 이외에 또 하나의 외형적 성과를 이용하는데, 그게 바로 '진도'입니다. 진도를 쭉쭉 빼서 선행학습을 하면, 학부모는 적어도 우리아이가 앞서나간다고(또는 적어도 뒤처지지 않았다고) 안도하거든요.

그뿐만이 아니에요. 학원에서 '선행학습 위주로 운영한다'고 선언을 해버리면, 학원 운영하기가 편해져요. 무엇보다 학생들이 학원을 그만두기 어려워져요. 선행 진도를 쭉쭉 빼버렸는데, 그 학원이 마음에 안 든다고 해서 학원을 그만둘 수 있을까요? 다른 학원으로 옮기려고 해도 진도가 맞는 곳을 찾기가 어려워요. 다들 선행학습을 하고 있기는 하지만 구체적인 속도나 방식은 제각기이거든요. 여태까지 선행 진도 나간 건 아깝고, 진도가 맞는 다른 학원을 찾기는 어렵고… 한마디로 '코 꿰는' 거지요.

선행학습 위주로 학원을 운영하면 학원 입장에서 편한 점이 하나 더 있어요. "중간고사, 기말고사 대비는 그때그때 잠깐 하면 되는 거죠… 우리의 주력은 선행입니다"라는 식으로 선언을 해버리면, 현재 아이의 성취도가 관리되지 않고 있다는 게 은폐됩니다. 성적 향상이라는 기대의 실현은 자꾸 내년으로(내년이 되면 또 그 내년으로) 미뤄지고요.

저는 선행학습의 효과를 제한적으로 봐요. 선행학습하는 아이들 중에 적어도 절반 이상은 오히려 복습을 해야 하는 아이들이고요. 하지만 분명히 현행 교육시스템이 선행학습을 요구하는 측면이 존재하고, 이것이 정부에 의해 제대로 제어되지 못하고 있는 실정이에요. 이 문제의 해결 역시 시민운동과 정치권의 리더십에 기대할 수밖에 없는 상황입니다.

세 줄 요약

1. 선행학습의 폭발적 성장은 특목고 선발제도에서 기인했고, 이후 대입에서 선행학습이 요구되는 전형요소가 등장하면서 열기가 지속되었다.
2. 일부 자사고에서 엄청난 속도로 수학을 속진하여 선행학습을 사실상 강요하고 있다.
3. 학원 입장에서 보면 선행학습 위주로 가르쳐야 학부모를 끌어들이기도 쉽고 학원 운영도 용이해진다.

영어 조기교육은
가능한가요?

→　사실 가장 선행학습이 성행하는 과목은 영어라고 할 수 있겠지요. 그런데 영어 선행학습의 양상은 수학과는 상당히 달라요. 수학이 비교적 명확하게 짜인 학년별 교육과정을 미리 속진하여 배우는 것인 반면, 영어는 하나의 '언어'를 공교육에서 제시하는 공식적 목표보다 조기에 습득하기 시작하는 것으로 이해될 수 있거든요. 그래서 여기서는 '선행학습'이라기보다 '조기교육'이라는 표현을 사용하겠습니다.

　우리나라 환경에서 영어 조기교육이 가능하냐 그리고 바람직하냐, 이건 대단히 민감한 문제지요. 학자들 간의 논란도 쉽게 가라앉지 않습니다. 저는 이 학문적 논쟁에 참여할만한 전문성을 가진 사람은 아니고요, 순전히 제가 관찰하고 경험한 바에 따라 내린 결론을 먼저 말씀드려보겠습니다.

제가 보기에 우리나라에서 영어 조기교육은 가능해요. 그런데 상당히 특수한 조건이 마련되어야 가능합니다. 그런 조건이 충족되지 않으면 성공률이 떨어지고, 따라서 별로 바람직하지 않다고 말씀드릴 수 있어요. 그리고 성공하는 경우라 할지라도 상당히 많은 투자가 필요하기 때문에, 효율(투입 대비 효과) 면에서는 상당히 낮다고 할 수 있고, 따라서 공교육을 통해 보편화시키기가 어렵다는 문제가 있어요.

외국어 조기 습득에 성공할 수 있는 가장 중요한 조건은, 외국어에 노출되는 시간을 늘리는 겁니다. 외국어를 충분히 습득하려면 1만 시간을 투자해야 한다는 설이 있는데요, 실제로 정확히 1만 시간은 아닐지라도 상당히 많은 시간이 필요할 것임은 쉽게 짐작할 수 있습니다. 그런데 외국어 노출시간을 확보하는 데에는 크게 두 가지 방법이 있지요. 하나는 '강압'에 의한 노출이고, 또 하나는 '재미'에 의한 노출입니다. 사실 '필요'에 의한 노출이라고 하는 또 하나의 방법이 있기는 한데, 이건 외국으로 가지 않는 한 거의 불가능한 방법이니까 제외하도록 하고요.

물론 '강압'과 '재미'라는 양 극단 사이에 중간지대의 스펙트럼이 존재하겠지요. 하지만 '강압'과 '재미'라는 축으로 생각해보는 것은 유용합니다. 무엇보다 한국의 영어 학원들이 지나치게 많은 '강압'을 사용하고 있음이 눈에 띕니다. 단어를 1주일에 수십 개 외워오게 하고 시험 봐서 틀리면 손바닥을 때리는 식으로 운영하는 학원이 꽤 많이 있지요. 레벨별로 반을 편성한 다음 학부모의 경쟁 심리를 건드려서 더 높은 레벨에 도전하도록 자극하기도 하고, 덩달아 학부모는 학원 숙제를 위해 과외선생을 붙이기도 합니다. 무엇보다 부모들은 투자한 돈이 있으니 본전 심리에 아이를 재촉하고 압박하게 되고요.

제가 보기에 우리나라에서 영어유치원(정확한 명칭은 미취학 아동 대상 영어학원입니다)을 비롯한 고액 영어 사교육이 대부분 강압과 주입식 교육의 범주에서 벗어나지 못하는 이유는, 학부모 입장에서 돈을 많이 투자하니 자연히 '본전 심리'가 작동하고, 아이의 어휘력이나 레벨이 팍팍 오르는 게 눈에 보이길 원하기 때문입니다. 그러니까 부작용 없이 영어 조기교육에 성공하려면 주입식 교육 방법에서 탈피한 소수의 사교육 기관을 찾아내서, 본전 생각하지 말고 아낌없이 돈을 투자해야 한다는 결론에 도달합니다.

물론 강압적 영어교육을 해도 성공적으로 따라오는 소수의 학생들이 있어요. 하지만 그러한 방법은 보편화시키기에는 위험합니다. 너무나 많은 학생들이 영어에 부담을 가지거나 영어를 싫어하게 되거든요. 타워팰리스에 사는 학생들 중에 영어울렁증을 가진 경우도 꽤 많다는 걸 아십니까? 도저히 권할만한 방법이 아니에요. 외국어교육 전문가들은 하나같이 외국어 습득에 가장 큰 장애물이 바로 '공포심'이라고 말하거든요.

그렇다면 '재미'에 의해 노출시간을 늘리는 방법은 어떨까요? 물론 그게 가장 좋은 방법입니다. 그런데 그게 말처럼 쉽지 않지요. 왜냐하면 대부분의 학생들은 한 가지 방식으로 접근하면 어느 정도 재미있어 하다가 싫증을 느끼게 되거든요. 따라서 재미에 의한 노출시간을 늘리려면 당연히 다양한 접근방법이 필요하지요. 영어로 노래도 부르고, 영어로 책도 읽고, 영어로 놀이도 하고, 영어로 영화나 애니메이션도 보고, 영어로 컴퓨터 기반의 게임도 해보고….

이렇게 최대한 다양한 방식으로 '재미'에 의한 노출시간을 늘리는 영어 사교육 기관들이 있어요. 물론 소수죠. 그런데 사교육에 의존하지 않고 이걸 집안에서, 혹은 소그룹 단위로 시도하는 분들도 있어요. 이른바 '엄마표 영어'입니다. '엄마표 영어'가 시작된 것은 우리나라 영어교육에 대한 반발감 때문일 겁니다. 공교육은 믿기 어렵고, 사교육에 보내자니 돈도 많이 들고, 그런데 들인 돈에 비해 효과가 좋아보이지도 않고, 아이가 영어를 싫어하게 되는 경우도 많고⋯ 그러니 자구책으로 나온게 바로 엄마표 영어지요. 물론 쉽지 않습니다. 저도 저희 아이를 데리고 '아빠표 영어(?)'를 1년 정도 해봤는데, 이걸 장기적으로 끌고나가는 엄마들에게 정말이지 절로 존경심을 표하게 되더군요.

엄마표 영어의 방법을 들여다보면, 상당히 '잡다하다'는 인상을 받게 됩니다. 뭐가 뭔지 모르겠고, 다들 방법이 조금씩 다르고, 이게 좋다 저게 좋다 종잡기 어렵고⋯ 그렇지요. 그런데 저는 그러한 '잡다함'이 엄마표 영어의 핵심이 아닌가 생각해요. 위에서 말씀드린 것처럼, '강압'이 아닌 '재미'에 의한 노출시간을 늘리려니 당연히 여러 가지 방법을 동원할 수밖에 없잖아요. 게다가 아이의 성격이나 환경 등에 따라 조금씩 다른 접근방식을 택하다보니 전체적으로 '잡다하다'는 느낌을 주는 겁니다.

결국 우리나라에서 바람직한 영어 조기교육의 모습은 '엄마표 영어' 중 일부, 그리고 강압을 최소화한 극소수의 영어학원에서만 찾아볼 수 있는 겁니다. 나머지는 모두 영어 공포심을 유발할 수 있는 상당히 위험한 방식을 택하고 있는 거죠. 그리고 바람직한 방식으로 영어 조기교육에 성공하는 경우라 할지라도, 효율(비용 대비 효과)이 상당히 낮을 수밖에 없다는 점을 알아야 합니다. 외국어 구사력은 당연히 모국어 구사력보다 낮을 수밖에 없거든요. 그러니까 예를 들어 한국어로 고난도 가정법 구문을 제대로 구사하지 못하는 학생이 영어로 그 수준의 가정법 구문을 익히기는 어려운 일이고, 한국어로도 추상적인 개념을 이해하지 못하는 학생이 영어로 추상적인 개념을 배우기는 불가능하다는 겁니다. 그래서 영어유치원을 다니던 학생들과 초등학교 3학년 때부터 영어를 시작한 학생이 결국 중학생쯤이 되어서는 학원의 같은 레벨의 반에서 만나게 되는 경우가 종종 나타나는 겁니다.

이렇듯 '강압'을 최소화한 바람직한 영어 조기교육은 가능하기는 한데, 비용 대비 효과가 낮기 때문에 공교육에서 시도하기 어려운 거예요. 지금도 예전보다는 상당히 일찍(초등학교 3학년부터) 학교에서 영어를 배우기 시작하는데, 시작 시기를 더 낮춰서 1학년 때부터, 심지어 유치원에서부터 영어 수업을 하자는 분들이 있어요. 하지만 비용 대비 효과를 고려해보면 영어교육을 시작하는 시기를 앞당기는 것은 공교육의 입장에서 택하기 어려운 방법이 아닌가 합니다. 참고로, 공교육에서 영어교육을 효율화하는 방법에 대해서는 Q070을 참조하시기 바랍니다.

세 줄 요약

1. 외국어를 조기교육하려면 외국어에 대한 노출 시간을 충분히 확보하는 것이 무엇보다 중요하다.
2. '강압'에 의한 노출을 최소화하고 '재미'에 의한 노출을 최대화하려면 필연적으로 다양한 방법들을 동원해야 한다.
3. 강압을 최소화하는 바람직한 방식으로 영어 조기교육에 성공하는 것은 가능하나, 그 비용 대비 효과는 낮다.

Q. 028

수학 심화학습은
어떻게 해야 하나요?

———→ 우리나라 사교육의 쌍벽인 영어와 수학을 비교해 면, 그래도 영어 사교육은 수학에 비하면 양반이라는 생각이 듭니다. 우리나라에서 아이 교육을 책임지는 분들은 대개 아빠가 아니라 엄마잖아요? 영어에 대해서는 엄마들의 관점이 조금씩 변화하고 있는 것 같아요. 본인이 꼭 영어를 잘하는 건 아니라 할지라도, 영어란 '언어'이고, 언어를 습득할 때 '친숙함'과 '노출시간'이 얼마나 중요한지에 대하여 나름 자각하는 엄마들이 점점 늘어나고 있는 것 같아요.

그런데 수학은 어때요? 엄마들이 수학에 대하여 가지고 있는 기억이 뭔가요? 다 잊어버렸지요. 물론 그건 탓할 일이 아닙니다. 오래 되었으면 잊어버리는 건 당연한 일이죠. 그런데 차라리 깡그리 잊어버려서 백지 상태면 나아요. 백지 상태가 아니거든요. 마음속 한구석에 뭔가 웅크리고 있는 게 있어요. 수학에 대한 좌절, 상처, 공포심… 이런 게 자리 잡고 있습니다.

과목별로 볼 때 우리나라 사교육 중에서 가장 비합리적인 시장이 바로 수학 시장입니다. 소비자들이 다들 수학에 대해서 '공포심'을 갖고 있기 때문이에요. 그래서 합리적 시장이 생길 수 없지요. 만약 저보고 사교육계에 컴백해서 돈을 벌어오라고 하면, 저는 선행학습 위주로 운영하는 수학 전문학원을 차릴 거예요. 왜 선행학습 위주인지는 Q026에서 설명 드렸고(선행학습 위주로 해야 학원 운영하기 편하다고 말씀드렸죠), 왜 하필 수학이냐… 생각을 해보세요. 제가 상담실장으로 학원 데스크에 앉아 있는데, 한 엄마가 상담을 하려고 학원에 들어오고 있어요. 엄마는 미소를 띤 얼굴이에요. 하지만 저는 알아요. 저 엄마의 마음속에 '공포심'이 웅크리고 있다는 걸. 구워삶기 딱 좋은 대상이지요. 그러니 합리적인 시장이 되겠어요? 그래서 수학은 공포심 마케팅이 가장 잘 통하고, 사교육계에서 별의별 희한한 기획상품(기획상품이 홈쇼핑에만 있는 게 아닙니다)을 만들어낼 수 있어요.

초등학교, 중학교에 다니는 자녀들을 키우는 부모들이 수학 학습과 관련하여 가장 많이 질문하는 게 바로 수학은 '심화'와 '선행' 중에 뭘 해야 하느냐는 겁니다. 그런데 여기서 말하는 '심화'라는 게 뭘 의미할까요?

수학 '심화'의 첫 번째 의미는 올림피아드 등의 경시대회 준비입니다. 그런데 경시대회 준비는 우선 아이의 수학적 재능이 상당히 뛰어나야 하고, 거기에 더해 그야말로 죽도록(?) 열심히 해야 성과가 나오는 것이기 때문에, 대부분의 학생들에게는 권할만한 것이 아닙니다. 또 2011학년도 과학고 신입생 선발에서부터는 올림피아드 경시대회에서 대상을 받아도 그게 반영되지 않게 되었기 때문에, 과학고 진학 등에도 별다른 실익이 없어요.

가끔 경시대회를 대비해서 고난도 수학 문항을 많이 풀면 나중에 수능 수학에도 도움이 되는 것 아니냐는 분들이 있는데, 어느 정도 도움이 될 수는 있겠지만 많이 도움 된다고 말할 정도는 아닙니다. 특히 경시대회 문항은 풀이과정이 길고, 수능 문항은 풀이과정이 짧거든요. 이건 문제 유형에 있어 서로 상당한 차이가 있다는 이야기입니다. 수능 수리영역에서 학생들이 많이 틀리는 문항들을 분석해보면, 풀이과정이 길고 복잡하거나 함정이 숨겨져 있는 경우는 별로 없어요. 다만 전형성에서 벗어난 문항, 즉 주어진 조건이나 요구하는 요소가 전형적 문항들과 차이가 있기 때문에 많이 틀리는 것입니다. 정작 풀이과정을 보면 상당히 짧지요. 이런 면에서 경시대회 문항과 그 유형에 차이가 있는 거죠. 최근 들어 수능이 쉬워지면서 이러한 차이는 더 두드러지게 나타납니다.

수학 '심화'의 두 번째 의미는 학교에서 출제하는 중간·기말고사의 어려운 문항을 대비하는 것입니다. 그런데 Q023에서 이미 말씀드렸듯이, 중학교 시험문항이 지나치게 어렵게 출제되었던 주된 원인은 특목고 지원자들의 내신 성적을 산출할 때 만점자가 많으면 불이익을 받게 되어 있기 때문이었거든요. 이것은 중학교 평가제도가 2012년 중1부터 절대평가(성취평가)로 바뀌면서 차츰 개선될 것으로 보입니다.

결론적으로 말해서 대부분의 학생들은 '심화'에 매달릴 필요가 없어요. 문제집에 나와 있는 심화 문제를 어느 정도 다뤄보는 훈련은 도움이 되겠지만, 지나치게 심화 문항을 많이 풀어내려 하거나 심지어 경시대회 수준의 문항들을 연습하는 것은 대부분의 학생들에게 그리 권할만한 수학 학습방법이 아니에요. 그것보다는 Q008에서 설명한 것처럼, 수학적 이론이나 개념, 또는 문제 풀이과정을 자신의 논리로 '설명'하는 훈련을 하는 것이 매우 중요합니다. Q008에서, 논리적 설명능력이라는 기본기가 탄탄해야 비전형적 유형의 수능 문제에 대한 대응능력이 높아진다고 말씀드린 바 있지요.

수학적 재능이 꽤 있고 수학에 흥미를 느끼는 학생들은 이른바 '창의사고력 수학'을 접하는 것도 좋은 방법이에요. 창의사고력 수학은 2000년대 초중반 외고 입시에서 교과 수학에서 벗어난 유형의 수학 문항들이 출제되면서 갑자기 붐을 이뤘었죠. 그러다가 2000년대 후반 외고 입시에서 수학이 아예 빠져버리면서 창의사고력 수학과 외고 입시 사이의 관계가 없어졌는데, 제가 보기엔 이렇게 되면서 오히려 창의사고력 수학이 본연의 자리를 찾은 것 같습니다.

창의사고력 수학은 서양에서 주로 정규수업시간보다는 수학동아리 (math club) 등에서 다루는 내용이에요. 수학에 대한 다각적인 접근을 통하여 수학적 사고력과 상상력을 키우는 프로그램이지요. 흔히 '창의사고력 수학'이라고 하면 몇몇 학원을 연상하겠지만, 시중에서 구할 수 있는 창의사고력 수학 책과 문제집만으로도 그 본령을 맛볼 수 있습니다.

웃지 못할 일은, 아이는 창의사고력 수학을 계속하고 싶어 하는데 부모는 교과 성적이 올라가지 않는 것을 보고 실망하여 그만두게 하는 경우가 적지 않다는 겁니다. 창의사고력 수학은 단기적으로 반짝 효과를 볼 수 있는 프로그램이 아니기 때문에, 꾸준히 장기적 안목으로 접근하는 태도가 필요해요. 단, 학생이 하고 싶어 하고 재미있어하는 한에서 해야 합니다. 어차피 교과 수학이 아니니까, '꼭 해야만 한다'고 생각할 필요 없거든요. 본인이 하기 싫어하면 바로 그만두면 됩니다. 그리고 겉으로는 '창의사고력 수학'을 표방하면서 실제로는 교과수학을 선행학습식으로 가르치는 경우도 상당히 많으니까 이 점도 각별히 유의해야 하고요.

세 줄 요약

1. 수학은 소비자의 무지와 공포심에 기반해 가장 비합리적인 시장질서가 형성된다.
2. 대부분의 학생들에게는 심화 문제 풀이 위주의 수학공부보다는 논리적 설명능력을 키워가는 훈련이 더욱 필요하다.
3. 창의사고력 수학은 서구의 수학동아리에서 다루는 내용을 체계화한 것으로, 수학에 흥미를 느끼는 학생들이 도전해볼 만한 내용이다.

수학 선행학습은
어떻게 해야 하나요?

───▶ 저는 섣부른 선행학습에 대하여 많이 경계하는 편입니다만, 우리나라에서 구조적으로 수학 선행학습이 필요한 부분이 있습니다. 특히 고등학교 수학에 문제가 집중되어 있고, 고등학교 수학은 구조적으로 속진해야 하는 고질적인 문제점을 안고 있어요. 특히 문과보다 이과가 심각합니다.

고등학교 수학은 원래 3년 분으로 설계되어 있거든요. 그런데 고3 11월에 수능을 치르니까 수능 대비 문제풀이 연습 기간을 확보하려면, 고2 겨울까지 혹은 아무리 늦어도 고3 4~5월 이내에 진도를 모두 나가야 합니다.

벌써 여기서 문제가 발생하지요. 교육과정의 분량은 3년 분인데, 실제로 배워야 할 기간은 2년 반이 안 되는 거니까요. 이건 굉장히 오래

된, 고질적인 문제점입니다. 물론 요새 도입된 집중이수제 등을 활용해서 수학 수업시간을 늘릴 수도 있겠지요. 하지만 아무리 주당 수업시간을 늘린다 할지라도, 학생 입장에서는 진도가 너무 빨리 나가면 따라가기 어려워지는 겁니다. 선행학습을 하고 싶은 욕구가 절로 생길 수밖에 없는 구조인 거죠.

왜 이런 불합리함이 발생하느냐 하면, 교육과정을 만들 때 수능제도를 함께 고려해서 설계하지 않기 때문이에요. 우리나라에서 교육과정과 수능제도를 설계하는 곳이 바로 '한국교육과정평가원'인데요, 말 그대로 '교육과정'과 '평가(수능)'를 함께 만들라는 뜻에서 설치한 국가기관인데, 실상은 교육과정을 따로 만든 다음에 한참 있다가 그 교육과정에 맞춰 수능을 손봅니다. 그러니까 교육과정 만들 때에는 수능을 치르는 학생들의 현실적인 여건을 고려하지 않고 그냥 '3년 분' 교육과정을 만들게 되는 거지요.

고등학교 수학 속진으로 인한 문제는 문과보다 이과에서 더 심각하게 나타나요. 일단 수능 수학 범위를 비교해보면, 이과가 문과보다 훨씬 분량이 많아요. 2005학년도부터 고1 수학은 수능 범위에서 빠졌습니다. 최근에 문과 수학에서 미적분이 빠졌다가 다시 들어가는 등의 우여곡절이 있었지만, 어쨌든 고1 수학이 빠짐으로 인해 문과 수능수학 범위는 예전에 비해 상당히 축소된 상황입니다. 그러나 이과 수능수학 범위는 문과에 비해서는 여전히 상당히 넓고, 어려운 내용이 후반부에 많이 배치되어 있어요.

게다가 이과 논술은(문과 논술과 달리) 많은 수학·과학 배경지식을 요구하는 이른바 '수리논술'과 '과학논술' 문제거든요. 요새 이과 논술문제는 사실상 본고사 문제라고 봐도 과언이 아니에요. 특기자전형을 중심으로 치러지는 구술면접고사 역시 마찬가지이고요. 이렇듯 어려운 대학별 고사(논술·구술면접)를 요구하는 경우는 대체로 중상위 이상 대학의 수시전형에서인데, 여기에 지원하고자 하는 학생들은 고교 전 범위의 수학·과학 진도를 미리 끝내고서 논술 준비에 시간을 투입하자는 전략으로 기울어지는 것이죠.

결국 이러한 제도적 불합리함이 시정되지 않는 한, 고등학교 수학 교육과정에 대한 선행학습은 어느 정도 필수적입니다. 저도 이런 말하기 속상합니다만, 정부와 정치권과 교육계가 논의와 토론을 거쳐 이 문제에 대하여 똑 부러지는 해결책을 만들어야 할 것입니다.

일단 현재의 상황이 지속된다고 전제할 때, 이과를 지망할 가능성이 높은 중상위권 이상의 학생들에게 가장 권하고 싶은 수학 선행학습 방법은 중2~중3 무렵에 시작하는 겁니다. 물론 많은 학생들이 초등학교 때 이미 선행학습을 합니다만, 이것의 위험성에 대해서는 Q015에서 충분히 말씀드린 바 있지요. 제가 특히 중2~중3 전환기를 지목하는 이유는, 중2 수학까지는 고등학교 수학과 아주 직접적인 상관이 없는 반면, 중3 수학은 고1 수학의 부분집합이라고 할 만큼 밀접한 연관을 가지기 때문이에요. 그러니 예를 들면 학교에서 중2 수학을 배울 때, 중3 수학을 동시에 공부하는 방식으로 '2중 진도'를 나가기 시작하는 방법을 고려해보십시오. 선행학습을 학원에 의존하면 대체로 진도를 '쭉 빼버리는' 식으로 나가는데요, 이러면 앞에서 말씀드린 것처럼 '코 꿰이는' 결과가 초래되니 주의해야 합니다. 이런 결과를 피하기 위해서 인터넷 강의를 이용하는 방법도 좋은 방법이 되겠고요.

이렇게 꾸준히 1년 분의 간격을 유지하면서 '2중 진도'를 나가는 거죠. 방학 중이냐 학기 중이냐에 따라 선행 진도와 학교 진도 사이의 간격이 좁아질 수도, 넓어질 수도 있고요. 어쨌든 선행 진도와 학교 진도 사이에 최대 1년 정도의 간격을 유지하면서 꾸준히 2중 진도를 유지하다보면, 고2 중반~후반 무렵 선행 진도가 먼저 끝나겠지요. 그러면 여태까지 선행진도에 투자하던 시간을 돌려 일부는 이과 수능 수학의 후반부 어려운 부분에 할애하고, 나머지는 수리논술 및 과학논술 준비에 할애하면 대략 시간이 맞아 떨어져요.

그러면 문과생의 수학 선행학습은? 자신의 능력과 여건에 따라 알아서 하면 됩니다. 6개월 정도만 선행하면서 최상위권을 유지하는 학생들도 많이 있어요.

물론 주변에 보면 초등학교 때부터 선행학습을 하는 학생들, 심지어 2년이나 3년 분 선행학습 하는 학생들이 있을 겁니다. 그런데 이런 학생들을 보고 쫄지 마세요. 실제 상담을 통해서 확인해보면, 평균 1년이 넘는 선행학습을 하는 학생들은 너무 많이 잊어버립니다. 수학은 안 잊어버리는 줄 아세요? 비용 대비 효과 면에서 너무 비효율적인 방법입니다. 가끔 안 잊어버리는 학생들도 있는데, 이들은 '영재'인 거죠. 그런데 영재에게 통하는 방법을 우리아이에게 시키면 우리아이도 영재처럼 되지 않을까, 생각하는 건 굉장히 위험한 생각이죠.

수학 선행학습을 하는 방법에는 여러 가지가 있지요. 학원에 다니는 학생이 많고 개인과외도 꽤 하지만, 심지어 독학으로 선행학습을 하는 학생도 적잖이 봤어요. 저는 인터넷 강의를 이용하는 방법을 적극 추천합니다. 다만, 교과서의 원리 정리 부분을 차근차근 읽고 노트정리를 병행할 것을 권해요. 어차피 선행학습은 완벽하게 꼼꼼히 공부하기 어렵기 때문에 공부하다보면 뭔가 미진한 느낌이 듭니다. 이때 '핵심적인 원리만이라도 건지겠다'는 원칙을 가지고 있으면 한결 마음이 편해지지요.

세 줄 요약

1. 고등학교 교육과정과 대입전형의 불합리함이 시정되지 않는 한 고등학교 수학 선행학습은 불가피하다.
2. 이과를 택할 가능성이 높은 학생은 중2~중3 무렵부터 1년 분, 문과를 택할 가능성이 높은 학생은 6개월 분 이내의 선행학습을 시작하는 것이 필요하다.
3. 학교 진도와 선행 진도를 병행하는 '2중 진도'를 나가는 방법이 좋은데, 인터넷 강의를 활용하는 것이 바람직하다.

Q.030

문제를 무조건 많이 풀어봐야
하지 않나요?

——→ 우리나라에서는 '공부란 곧 문제집을 푸는 것'이라는 인식이 폭넓게 퍼져 있습니다. 그런데 Q006에서 말씀드렸던 것처럼, 언어적 역량을 요구하는 영역에서는 문제집을 푼다는 게 효율이 낮은 방법이에요.

특히 수능 언어영역이 그렇지요. 물론, 고2나 고3 때 수능 기출문제를 분석해보는 것은 유형을 분류함으로써 요령을 익히게 된다는 점에서 도움이 되지요. 하지만 기본기가 약한 상태에서 이 과정에 돌입하는 것과, 기본기가 다져진 상태에서 이 과정에 돌입하는 것은 하늘과 땅 차이입니다. 문제는 기본기를 익혀야 할 시기에 문제집을 풀고 있는 학생들이 굉장히 많다는 것이죠.

이러한 문제는 수능 언어영역 뿐만 아니라 외국어영역의 경우도 마찬가지로 나타나요. 우리나라 학생들의 영어 공부방법을 들여다보면, 확실히 지나치게 어릴 적부터 문제집을 풀어요. 물론 문제집을 풀다보면 지문을 읽게 되지요. 그런데 문제집을 풀면서 읽게 되는 글의 분량은 너무 적습니다. 그 정도 분량의 글을 읽고 영어를 익히겠다는 발상은 크게 잘못된 것이지요.

그뿐만이 아니에요. 지문을 읽은 다음에는 질문이 나오잖아요. 그러니까 지문을 읽을 때 이미, 지문 이후에 나오는 질문의 정답을 알아맞혀야 한다는 강박관념을 가지고 읽게 되거든요. 그러니까 지문을 빠르게 읽어 내려가면서 대략의 줄거리 및 필자의 의도를 '감'잡는 훈련이 어려워지는 겁니다. Q004에서 제가 언어적 역량의 상당 부분, 특히 '독해력'과 '추론능력'은 일종의 '감'을 훈련하는 것이라고 말씀드린 바 있잖아요? 이런 훈련이 제대로 안 되는 거예요.

물론 수리, 사탐, 과탐 등의 영역에서는 적당한 분량의 문제풀이가 도움이 되기는 하는데, 그것도 제가 보기에는 지나치게 문제풀이 위주로 흘러가곤 해요. 우선적으로 자신이 전체적인 흐름과 체계를 얼마나 잘 이해하고 있는지, 그리고 암기할 필요가 있는 내용은 얼마나 잘 암기하고 있는지를 스스로 점검하는 과정이 필요한데, 이러한 과정은 생략한 채로 무작정 문제만 풀어대는 학생들이 많아요. 개념과 체계를 잘 정리한 상태일수록 문제풀이의 필요성이 감소할 뿐만 아니라 응용문제에 대한 대응능력이 커지는 데 말이죠. 예를 들면 수학의 경우 노트정리는 전혀 하지 않은 채 들입다 문제풀이만 하는 학생들이 대부분인데, 참으로 한심한 일입니다.

이게 다가 아닙니다. 수능을 기준으로 말씀드리면, 많은 학생들이 빠지는 함정이 바로 시중에서 구할 수 있는 수능 대비 문항들 가운데 가장 질이 낮은 걸 풀고 있는 경우가 많다는 겁니다.

학생들은 전문가가 아니니까 판단하기 어렵지요. 하지만 고3 지도를 오래 해본 교사나 학원 강사들은 문항의 질을 판단할 수 있어요. 종종 '이건 수능에 나올만한 유형이 아닌데?', '이건 교육과정 범위를 벗어나잖아?', '이건 문제에 좀 오류가 있는 거네' 이런 판단이 서거든요. 이런 기준으로 문항의 질을 평가해보면, 대략 '일반 문제집 문제 <사설 모의고사 문제 <수능기출문제≒평가원모의고사문제'의 순서라고 볼 수 있어요.

여기서 '평가원 모의고사'란 수능을 출제하는 한국교육과정평가원에서 매년 6월과 9월 두 차례 고3을 위한 모의고사를 직접 시행하는 걸 말합니다. 2004년부터 지금까지 계속해왔어요. 문항의 질에 있어 수능과 거의 동급이라고 생각하면 되지요.

그러니까 여태까지 치러진 수능기출문항들 및 평가원 모의고사 문항들을 분석해보면, 교육과정의 변화에 따라 제외해야 하는 문항을 빼고서도 상당한 분량이 확보됩니다. 그러니까 아무 문제집이나 들고서 미친 듯이 푸는 것보다는, 수능 기출문제 및 평가원 모의고사 문제들을 대단원 · 소단원별로 분류하고 접근방법과 풀이법을 면밀하게 분석해보는 과정이 우선시되어야 한다는 거죠.

3공 바인더노트 속지에 한 장당 한 문제씩만 붙여서 분석하고 정리해보십시오. 3공 바인더노트는 나중에 소단원 · 대단원별로 재편집할 수 있고, 일부만 휴대하며 복습하기도 손쉽거든요. 이런 식으로 기출문제들을 완벽하게 분석해보면, 머리가 좋은 학생들은 이 과정만 마치고 나서도 '아, 수능에서 어떤 유형의 문항이 출제되는지 대충 알 것 같다'고 이야기하곤 합니다.

세 줄 요약

1. 언어적 역량을 훈련해야 하는 수능 언어·외국어영역의 경우, 기본기를 익혀야 할 초등학교·중학교 시기에 문제집 위주로 공부하는 것은 비효율적이다.

2. 다른 과목의 경우에도, 개념과 체계를 정립하지 못한 상태에서 문제풀이로 직행하는 것은 비효율적이다.

2. 수능 대비를 위한 문제풀이는 수능 및 평가원 모의고사 기출문항을 체계적으로 분석하고 정리하는 과정이 우선시되어야 한다.

인터넷 강의는
어떻게 이용해야 하나요?

———→ 지난 2000년 메가스터디를 창업할 때 첫 번째로 내놓은 보도자료를 기념으로 간직하고 있습니다. 그 제목은 "사교육비 절감과 교육기회 균등을 위해 메가스터디가 출범했습니다"였어요. 지금으로서는 말도 안 되는 이야기로 들릴지 모르겠지만, 사실이었습니다.

당시 제 강의의 인터넷 수강료는 오프라인 강의 수강료의 1/3 수준이었으니 '사교육비 절감'이 맞는 말이었고, 산간벽지에서 살아도 인터넷만 되면 강남에서 강의하는 장면을 그대로 볼 수 있으니 '교육기회 균등'에 기여한다고 해도 과언이 아니었지요. 2004년에 EBS가 무료 인터넷 강의를 시작하고 메가스터디의 온라인 수강료가 야금야금 오르면서 빛이 바랬지만, 당시 '이윤'과 '사회적 기여'가 결합할 수 있다는 사실이 매우 신기하게 느껴졌던 기억이 납니다.

인터넷 강의의 장점에는 여러 가지가 있어요. 일단 싸다는 점을 손꼽을 수 있습니다. 무엇보다 무제한 무료인 EBS와, 1년에 3만원을 내면 모든 강좌를 수강할 수 있는 강남구청 인터넷 강의가 있어요. 주요 사설 교육업체들의 인터넷 수강료 또한 지난 몇 년간 계속 오르기는 했지만 그래도 학원보다는 싼 편입니다.

인터넷 강의의 또 다른 장점은, 자기주도학습의 도구로 활용할 수 있다는 점이지요. 자신이 목표를 설정하고, 무슨 강의를 어떤 방식으로 들을지를 정하고, 실제로 강의를 듣고 나서는 스스로 성과를 판단해야 하거든요. 학원에만 의존하면 자기주도학습을 위한 공부기술이 미형성되는 경향이 있는 반면, 인터넷 강의는 '목표설정 – 수단선택 – 실행 – 평가'라는 자기주도학습의 핵심 원리를 대체로 보존할 수 있으므로 이러한 우려로부터 비교적 자유롭습니다. 물론 주입식 교육이라는 비판까지 면할 수는 없겠지만… 따지고 보면 어차피 대부분의 학교수업과 학원 강의 또한 주입식 아닌가요?

여기에 더하여 강의가 가진 최소한도의 품질이 일반 학원에 비해 비교적 상향평준화 되어 있다는 점, 이해가 안 되거나 헷갈리는 부분만 골라서 언제든지 다시 들어볼 수 있다는 점, 학원에 오가느라 길에서 허비하는 시간을 줄여줄 수 있다는 점 등까지 고려하면 인터넷 강의가 당장 학원을 대체하지 못하는 이유가 궁금해질 지경이에요. 전체 사교육 중에서 인터넷 강의가 차지하는 비중이 증가하고 있긴 하지만, 인터넷 강의는 고3과 재수생을 대상으로 하는 수험생 시장에서만 주도권을 잡고 있는 상황입니다. 아직 사교육의 대세는 학원인 거죠.

왜 그럴까요? 온라인 교육의 매출을 연령대별로 분석해보면, 저학년으로 갈수록 급격하게 낮아집니다. 메가스터디의 경우 중등부 매출 비중이 고등부에 비해 1/5도 되지 않아요. 중등부 비중이 이렇게 낮은 것은 연령적 특성을 고려해야 이해할 수 있을 거예요.

일단 대입 수험생은 아무래도 스스로 공부를 챙기는 편이에요. 발등에 불이 떨어졌으니까(?!) 말이죠. 하지만 저학년으로 내려갈수록 스스로 공부하는 학생의 비율이 낮아지는 편입니다. 따라서 학원 대신 인터넷 강의를 활용하자니 학생 본인도, 부모도 불안한 거죠. 게다가 비교적 어린 나이의 학생이라면 부모가 학습의 목표와 사교육업체의 선정에까지 관여하는 경우가 많고, 부모는 자녀가 눈앞에서 확인 가능한 방식으로 '관리'되어야 안심하는 경향이 있으므로 학원을 선호하지요.

그럼에도 종합적으로 볼 때 인터넷 강의의 강점은 약점을 능가하는 수준이라고 할 수 있어요. 하지만 지금부터 지적할 인터넷 강의의 마지막 단점은 만만치 않습니다. 인터넷 강의는 실제 선생님을 눈앞에 대면하는 것이 아니기 때문에, 생동감이 떨어지고 쉽게 지겨워지는 경향이 있는 것이죠. 여기에 대한 대응책은 무엇일까요?

인터넷 강의에 적응하는 데 어려움을 겪는 경우, 되도록 좋아하는 과목부터 이용하기 시작하는 것을 권합니다. 좋아하는 과목의 강의를 고르되 40~50분 단위로 제작되어 있는 강의 동영상을 15~20분 단위로 잘게 끊어서, 매일매일 조금씩 듣는(물론 복습해가면서) 방식으로 몇 개월간 적응기를 갖다보면 대체로 인터넷 강의에 잘 적응하게 되거든요. 대뜸 싫어하는 과목부터 인터넷 강의를 이용하기 시작하면 대체로 실패하고 맙니다. 그 과목에 대한 비호감에 인터넷 강의 특유의 생동감 부족이 더해지기 때문이지요.

혹시 부득이 싫어하는 과목의 인터넷 강의를 들어야 한다면, 가장 재미나게 가르치거나 또는 아예 가장 엄밀하게 논리적으로 가르치는 선생님 중에서 자신의 성향에 따라 고르는 게 좋아요. 맛보기 강의를 들어보고 직접 고르는 것도 재미입니다.

저는 인터넷 강의에 위대한 의미가 있다고 생각해요. 왜냐하면 인터넷 강의로 인해 학교가 더 이상 '주입식 교육'을 할 이유가 없어졌거든요. 뭐 하러 다리 아프게 학교에 다니면서, '스타강사'보다 강의기술이 떨어질 게 거의 확실한 교사에게서, 주입식 교육을 받느냐는 거죠. 즉 학교는 이제 주입식 교육이 아니라 상호작용과 참여가 있는 교육, 체험과 탐구와 의사소통이 중심이 되는 교육으로 전환해야 한다는 필연성을 인터넷 강의가 극명하게 보여준단 말이지요. 물론 우리나라 학교 교육의 주류는 여전히 그저 그런 주입식 교육이고, 그러다보니 아이들은 점점 더 수업시간에 깊은 잠에 빠져들고 있지만 말이에요 .

세 줄 요약

1. 인터넷 강의는 학원보다 비용이 적게 들 뿐만 아니라 자기주도학습의 수단으로 활용할 수 있다는 장점이 있다.
2. 그럼에도 저학년일수록 인터넷 강의의 활용도가 낮은 것은, 스스로 공부하는 것에 대한 부모와 학생의 불안감 때문이다.
3. 인터넷 강의에 적응하기 어려운 경우엔 강의를 짧은 시간 단위로 잘라서 듣고, 특히 싫어하는 과목의 경우는 무조건 재미있는 강의, 호감 가는 강사를 고르는 것이 좋다.

Q. 032

컴퓨터와 휴대폰,
어떻게 통제해야 하나요?

———→ 컴퓨터 통제는 매우 중요합니다. 빌 게이츠도 자녀의 컴퓨터 사용 시간을 통제했다고 하지요. 이유가 있는 겁니다. 특히 게임중독에 빠지면 뇌가 바뀌거든요. 성장기의 청소년들에게 미치는 해악이 생각보다 큰 겁니다.

문제는 컴퓨터를 어떻게 통제해야 할지에 대해 많은 학부모들이 막연하게 생각한다는 거죠. 대부분의 학부모들은 통제한다 할지라도 소프트웨어적인 방법(말하자면 비밀번호를 걸어놓는 식)으로 컴퓨터를 통제하는데, 이게 한계가 뚜렷해요. 아이가 부모보다 더 '컴도사'가 되는 순간, 암호를 무력화할 수 있는 방법을 금방 알게 되거든요.

따라서 컴퓨터를 통제하려면 하드웨어를 통제하는 게 속 편해요. 일단 마우스나 전원케이블을 부모가 관리하는 방법이 있어요. 더 근원적인 대책으로, 데스크탑 컴퓨터를 없애고 노트북 컴퓨터로 바꾸는 방법이 있습니다. 노트북 컴퓨터가 그리 비싸지 않거든요. 특히 중고로 사면 데스크탑 정도의 가격으로 쓸만한 걸 살 수 있어요.

노트북 컴퓨터가 가진 결정적인 장점은, 부모가 외출할 때 들고 나갈 수 있다는 겁니다(그러다가 아파트 관리사무실이나 집 앞 슈퍼마켓에 맡겨놓을 수도 있지요). 아니면 책상서랍에 넣어놓고 열쇠로 잠가놓을 수도 있고요. 게다가 같은 가격의 데스크탑 컴퓨터보다 성능이 떨어지기 때문에, 화려한 그래픽을 사용하는 게임이 잘 안 돌아간다는 장점(?)이 있습니다. 물론 자녀가 PC방으로 도망가는 경우가 있겠지요. 그건 그것대로 별도의 방법으로 통제해야 하는 것이고, 적어도 집에서 컴퓨터를 제한 없이 사용하는 상황은 막아야 합니다.

또 하나 컴퓨터를 통제할 때 주의할 점은, 부모와 자녀가 합의하여 사용시간을 구체적으로 정해야 한다는 겁니다. '한 시간', '두 시간만' 이런 식으로 사용하기로 하는 약속은 대개 지켜지지 않고 결국 또 다른 분란을 불러일으킵니다. 아예 충분한 협상 과정을 거쳐서, 구체적으로 '몇 시에서 몇 시까지만 컴퓨터를 사용할 수 있다'고 규칙을 정해야 합니다. 주중과 주말을 따로 분리해서 약속할 수도 있겠고요. 게임이든 서핑이든 뭐든, 어떤 용도로 사용하는 것이든 컴퓨터를 미리 약속한 시간 동안에만 사용하기로 정하고 지켜야 하는 겁니다.

스마트폰도 통제해야 합니다. 요새 스마트폰이 늘어나면서 스마트폰이 '제2의 게임기' 역할을 하는 등 우려할만한 부작용이 벌어지고 있어요. 아예 스마트폰을 사주지 않는 방법도 있습니다. 만약 꼭 스마트폰을 사줘야겠다고 생각되면, 앱(application,'어플'이라고도 하지요)을 자기 마음대로 설치할 수 없도록 해야 합니다. 안드로이드폰은 무료 앱의 경우 아무런 제한 없이 설치할 수 있는 반면, 아이폰은 무료 앱이라 할지라도 아이디와 패스워드를 입력해야 설치할 수 있어요. 그러니까 아이폰의 경우 부모가 아이디와 패스워드를 관리함으로써 폰에 어떠한 앱을 설치할 것인지를 통제할 수 있는 것이죠. 최신 모델이 너무 비싸다면 전 세대 혹은 전전 세대 모델을 중고로 구입하는 방안을 고려해보십시오.

세 줄 요약

1. 컴퓨터를 통제하려면 데스크탑을 노트북으로 교체하여 하드웨어 자체를 통제하는 것이 좋다.
2. 부모와 자녀 간에 협약을 통하여 컴퓨터 사용시간을 구체적으로 정해야 한다.
3. 스마트폰은 아예 사용하지 않거나, 만약 사용한다면 무료 앱이라 할지라도 부모가 통제하는 것이 필요하다.

특목고에 가고 싶은데
어떻게 해야 하나요?

⟶ 저는 외고는 별로 존재할 필요가 없다고 봅니다. 심화 외국어교육은 일반학교에서도 얼마든지 할 수 있거든요. 중고등학교에서 외국어교육을 학점제로 전환하여 학생의 선택권을 극대화하고, 단위학교 뿐만 아니라 지역별 거점학교, 또는 온라인 교육 등을 통해 학점을 딸 수 있게 하고, 대입시험(수능)에서 제2외국어뿐만 아니라 제3외국어도 인정해주는 방향으로 제도를 고치면 됩니다. 이렇게 하면 고급 외국어교육을 외고가 독점하는 현재의 상황보다 더 충실하고 폭넓고 다양한 외국어교육이 가능해져요. 여기에 대해서는 Q058에서 자세히 설명하기로 하겠습니다.

하지만 여기서는 편의상 특목고가 계속 존속한다고 전제하겠습니다. 특목고 선발제도는 2010년 중3(2011학년도 고입)부터 크게 바뀌었어요.

일단 내신 성적 반영과목이 대폭 줄어서 외고·국제고는 영어만, 과학고는 수학·과학만 반영하구요, 그것도 중2와 중3 두 학년 분만 반영합니다(2012년 중1이 지원하는 2015학년도 고입부터는 1학년 성적도 반영할 겁니다). 외고·국제고의 경우 학교생활기록부, 자기개발계획서 및 추천서, 면접을 통해 선발합니다. 면접에는 일반 교양 및 시사 상식 관련 질문이 나오고요.

과학고는 학교생활기록부, 자기소개서 및 추천서, 그리고 입학사정관(공식 명칭은 입학담당관)이 직접 학생을 찾아가 면담한 내용을 통해 선발하고요. 면접 조사 시에 그 학생의 수학·과학 분야 연구 및 독서활동 등을 살펴봅니다.

예전과 달리 각종 교외 경시대회 수상 실적나 토플성적 등은 아예 밝히는 것이 금지되어 있고요, 서류나 면접 등에서 그걸 밝히면 불이익을 받게 되어있어요. 학교생활기록부에도 교내 경력만 적을 수 있고 교외 활동이나 수상경력 등은 아예 적지 못하게 되어 있고요. 결국 올림피아드 경시대회에서 대상을 받거나 토플 만점을 받아도, 특목고 합격 여부에 영향을 미치기는 아예 불가능하게 되어 있는 거죠.

특목고에 가고 싶다고요? 그럼 관련 과목의 내신 성적을 잘 받도록 노력하고, 제출해야 하는 서류에 뭘 기재해야 하는지도 미리 살펴보고, 최근에 면접관이 어떤 질문을 했는지도 인터넷 검색으로 알아보세요. 검색해보면 30분 안에 이것들을 다 알 수 있으니, 제가 여기서 따로 설명하지 않겠습니다.

다만 특별히 당부하고 싶은 게 있는데요, 제아무리 성적이 좋다 할지라도 성격이 '소심한' 학생은 상위권 학생들이 모이는 고등학교에 지원하지 말라는 겁니다. 중학교 때 제아무리 성적이 좋았던 학생이라 할지라도, 이런 학교에 진학하면 치열한 경쟁 속에서 생각보다 뒤처지는 일이 벌어질 수 있거든요. 이때 성격이 비교적 대범한 학생들은 처음엔 낙담했다가도 결국 툴툴 털어버리고 극복하는데, 소심한 학생들은 치명적인 진행성 내상을 입는 경우가 많아요. 그러니 소심한 성격의 학생은 위험을 자초하지 말고 일반고에 진학하기를 권합니다.

그리고 부모 입장에서 특히 주의할 점은, 자녀의 고교 지원 계획에 대하여 지나치게 개입하거나 특정 방향으로 유도하려 하지 말라는 것입니다. 예를 들어 아이가 A학교를 지원하고자 하는데 부모가 보기에 합격할 확률이 낮아서 아이를 위하는 마음으로 지원을 포기하게 하거나 그보다 합격 가능성이 높다고 생각되는 B학교 지원을 권하는 경우가 있습니다. 그런데 이런 행동은 위험천만입니다. 짚을 들고 불길에 뛰어드는 것과 같지요. 물론 아이가 부모의 권유대로 B학교에 지원하여 합격하고 B학교에 만족하며 잘 학교생활을 하면 다행이지만, B학교에 합격했다 할지라도 학교에 만족하지 못하거나 심지어 B학교에 불합격하는 사태가 벌어지면 그로 인한 원망은 모두 부모에게 돌아가게 되거든요. 자녀는 차라리 A학교에 지원이라도 해볼 걸 그랬다는 생각을 절로 하게 됩니다.

대학 지원의 경우 여러 대학에 복수지원이 가능하므로 부모와 자녀의 의견이 달라도 적절히 조화시켜 타협안을 만들 여지가 큽니다. 하지만 고교 지원의 경우 전국의 전기고등학교들(특목고, 자사고, 광역 모집하는 비평준화 지역 자율학교, 특성화고 등) 중에 한 군데만 지원할 수 있기 때문에, 부모의 의견에 따랐다가 만일 기대했던 결과가 나오지 않을 경우 아이가 부모에게 엄청난 피해의식을 가지게 되는 경우가 많아요(유일하게 영재학교로 지정된 한국과학영재학교, 서울과학고, 경기과학고, 대구과학고의 경우만 전기고·후기고 체계와 별도로 한 번 더 지원 가능합니다). 따라서 일정 수준의 조언을 넘어서 자녀의 진학 희망을 꺾거나 변경하려고 시도하는 것은 매우 위험합니다. 본인이 선택하고, 그 결과를 본인이 감당하도록 하는 게 맞는 겁니다. 고입 지원학교 결정은 당사자의 의견을 최우선으로 삼는다는 걸 원칙으로 삼기 바랍니다.

세 줄 요약

1. 특목고 중 외고는 일반 중고교 재학생에게 외국어교육 선택권을 극대화하면 존재할 이유가 사라진다.
2. 2010년에 특목고 선발제도가 크게 바뀌면서, 합격하기 위해 선행학습을 할 필요는 완전히 사라졌다.
3. 전기고 지원 학교를 결정할 때 부모가 조언 이상의 역할(권유, 강요, 대리결정)을 하면 위험하다.

논술은
어떻게 준비해야 하나요?

——→ 제가 학부모들에게 받는 질문들 중에서 가장 황당한 것 중 하나가 '논술은 언제 시작해야 하나요?'라는 겁니다. 우리나라에서 논술이라는 건 교과목도 아니고 교육과정도 아니거든요. 일단 논술고사는 이과와 문과로 나누어볼 수 있는데, 요새 이과 논술문제는 거의 수학·과학 문제이고 명문대의 이과 논술문제 가운데 고등학교 교육과정 범위를 벗어나는 게 출제되곤 한다는 걸 Q024에서 지적한 바 있습니다. 지금부터는 문과 논술 문제를 중심으로 다루기로 하지요.

혼히 우리나라 논술고사의 원형이 프랑스의 철학 바칼로레아 시험이라고 하지요. 하지만 잘 살펴보면 프랑스 시험과 결정적인 차이가 있어요. 프랑스의 경우 철학이 고등학교 필수 교과목이에요. 따라서 철학 바칼로레아 시험은 철학이라는 '교과목'에 해당하는 시험이지요. 반면 우리나라 논술고사는 특정한 과목에 국한된 시험이 아니에요. 굳이 따지자면 국어와 사회 과목에 두루 걸쳐있는 시험이라고 할 수 있습니다.

그래서인지 우리나라 논술고사와 프랑스의 철학 바칼로레아 시험을 대조해보면 결정적인 차이점이 있어요. 프랑스 철학 바칼로레아 시험에는 지문(제시문)이 없거든요. 그냥 대뜸 "진리는 경험을 통해 확증될 수 있는가?"라든가 "행복을 위해서 욕망을 해방시켜야 하는가, 욕망으로부터 해방되어야 하는가?" 등의 질문이 나오고 여기에 대해서 쓰라고 요구합니다. 하지만 우리나라 논술고사에는 긴 지문이 먼저 나오고, 그 지문과 관련하여 질문이 나오지요. Q003에서 이미 사례를 보여드린 바 있습니다.

결국 프랑스의 철학 바칼로레아 시험은 주요한 철학적 개념과 질문들에 대한 전문적인 학습을 받았다는 것을 전제로 출제되는 반면, 우리나라 논술고사는 오히려 수능 언어영역과 유사한 특성을 가지는 겁니다. Q003과 Q004에서 설명 드렸듯이, 수능 언어영역은 학생들에게 의도적으로 '난생 처음 본' 지문을 제시한 뒤 학생들의 언어적 역량을 측정하거든요. 물론 5지선다로 출제되는 수능 언어영역에 비해 논술형 평가로 이뤄지는 논술고사가 더 폭넓은 역량을 측정할 수 있다는 차이가 있습니다만.

따라서 논술고사에 대한 준비는 기본적으로는 수능 언어영역에 대한 준비와 비슷하게 생각해야 합니다. 일단 읽기 및 그와 연관된 활동들을 통해 언어적 역량의 기본기를 닦는 게 중요하지요. 복잡하게 생각할 것 없이, '읽기'만 충분히 해도 한결 나아요. 특히 논술적 글을 많이 읽어본 학생들이 논술적 글을 잘 쓰게 될 확률이 높아요. 그래서 중학생 이상에게 일간지(칼럼)나 시사주간지 등을 많이 권하는 겁니다. 처음부터 엄청 창의적인 글을 쓰기란 어려운 일이고, 학생 수준에서는 다분히 '흉내 내는' 데에서 출발하는 것이거든요. 논술적 흐름을 가진 글을 많이 읽어보면 논술적 글을 흉내 내기에 유리해지는 건 당연한 거죠.

고2 이후에 구체적인 시험 준비를 하게 되면 기출문제를 분석하고 글을 써보는 것이 중요합니다. 특히 쓴 글에 대해 코멘트를 받아 다시 써보는 훈련이 중요해요. 우리나라 학생들에게 워낙 글을 쓰는 경험이 부족하기 때문에, 글을 써보고 코멘트를 받아 다시 써보고 또 코멘트를 받아 또다시 고쳐보고… 하는 훈련이 중요합니다. 논술 논제는 엄청나게 다양하기 때문에, 주요한 논술 의제에 대해 다 써보려는 식의 무모한 시도는 금물입니다. 어떤 분은 논술고사에 대비하려면 고전을 많이 읽어야 한다는 식으로 말씀하는데, 우리나라 고등학생 여건에서는 고전을 읽는다는 게 무척 힘든 일일 뿐만 아니라, 어차피 논술고사가 고전을 읽어봤다고 해서 꼭 유리하게 출제되는 것도 아닙니다. 비교적 적은 논제를 연습한다 할지라도, 자신의 사고력을 최대한 활용하여 거듭 고쳐서 써볼 때 어떤 글이 나오는지를 경험해보는 것이 중요하지요.

세 줄 요약

1. 문과 논술고사는 철학 시험이 아니라 수능 언어영역과 유사한 속성을 가진다.
2. 독서 등을 통하여 언어적 역량의 기본기를 익혀야 유리하다는 점에서, 논술고사 준비 과정은 수능 언어영역 준비과정과 유사하다.
3. 고2 이후에 논술고사 대비 글쓰기를 연습할 때에는 소수의 논제라도 공들여 고쳐 써보는 경험이 중요하다.

입학사정관제 준비는
어떻게 해야 하나요?

→ 입학사정관제는 성적뿐만 아니라 그 밖의 여러 개인적 특성들을 종합적으로 고려하여 선발하는 제도입니다. 선진국에서 보편적으로 하고 있다고 알려져 있지만 실상은 서구 선진국 중에서 미국이 입학사정관제를 채택하고 있고 영국이 이와 다소 유사한 제도를 택하고 있을 뿐, 다른 대부분의 선진국의 대학들은 성적만으로 선발합니다. 그러니까 입학사정관제는 선진국의 보편적 제도라기보다는 오히려 꽤 예외적인 제도이지요.

입학사정관제가 바람직하냐? 저는 그렇지 않다고 생각합니다. 그럼 과연 '대세'가 될 것이냐? 그것도 불투명하다고 생각합니다. 이에 대해서는 Q060과 Q061에서 자세히 설명 드리도록 하겠고요, 어쨌든 어린 자녀를 두신 분들은 입학사정관제를 꼭 준비해야 한다는 강박관념에서 벗어나실 필요가 있어요. 입학사정관제가 대세가 될지도 불분명한데다가, 어차피 입학사정관은 주로 고등학교 시절 경력을 보고, 드물게 중학교 시절 경력을 일부 참조하는 정도거든요. 초등학교 때 경력은 작용을 안 해요.

그럼에도 입학사정관전형을 전략적으로 노릴만한 학생들이 있습니다. 다른 어지간한 전형보다 입학사정관전형이 오히려 더 유리할 수 있는 학생들이지요. 그것은 바로 '자발성'과 '지향성'이라는 두 가지 조건을 갖춘 학생들입니다. 일단 '지향성'이란 진로목표(목표로 삼는 분야나 직업) 또는 관심영역(관심 있거나 좋아하는 것)을 의미합니다. 만일 언론계로 진출하겠다면 진로목표와 관련된 지향성을 가진 것이고, 환경문제에 관심이 많다면 관심영역에 해당하는 지향성을 가진 것이죠.

특히 중3~고1 전환기 무렵에 비교적 뚜렷한 지향성이 있으면, 입학사정관전형을 준비하기에 좋은 조건입니다. 실에 구슬을 꿰어가는 일에 비유하자면, '지향성'이 실 역할을 하는 겁니다. 거기에 직간접적으로 연관된 구슬(교과·활동·독서이력)을 꾸준히 꿰어가고 있으면, 자동으로 입학사정관전형 준비가 끝나는 거지요.

제가 만나본 학생 중에 경기도에 사는 고등학교 3학년 여학생이 있어요. 그 학생이 고1 올라갈 무렵에 처음 만났는데, "앞으로 뭘 하고 싶어요?"라고 물었더니 대뜸 한다는 소리가 "생태주의적 건축에 관심이 많아요"라는 겁니다. 건축에 관심이 있다는 학생들은 꽤 있어요. 그런데 이 학생은 한층 더 세부적으로 들어가서 환경친화적 건축에 관심이 많다고 말하는 겁니다. 그게 요새 유럽처럼 에너지가격이 높고 청정에너지로의 전환에 관심이 많은 나라들에서 이른바 '뜨는' 분야거든요.

이 학생이 어떻게 그런 분야에 관심을 갖게 되었나보니, 바로 옆에 어머니가 계셨는데 이 분이 생협(생활협동조합) 활동을 꾸준히 해온 거예요. 매장만 이용한 게 아니라 여러 생협에서 주최하는 다양한 행사에 꾸준히 아이를 데리고 다녔고, 아이는 멋모르고 엄마 손 붙잡고 다니다가 차츰 이 분야가 중요하다는 걸 느끼게 되고 관심도 생긴 겁니다. 사실 생협이나 한살림 활동 하는 분들 허투루 볼 게 아니죠. 앞으로 우리나라의 미래는 상당 부분 이런 유형의 조직들에 의해 개척되어갈 것이고, 유기농 또는 환경이라는 분야는 산업적으로도 그 중요성이 점점 더 높아질 거거든요.

제가 그 어머니에게 드린 말씀이, "따님이 효녀입니다. 어머니 돈 버셨네요"였습니다. 강남에서 입학사정관제에 대한 컨설팅을 받는데 1년에 7백만 원 넘게 들거든요. 그런데 이 학생에게는 그 돈이 필요 없는 겁니다. 자기가 알아서 대학 학과(이과로 가서 건축학과를 가야 하겠지요)까지 정해놓은 것이거든요. 이제 남은 일은 장래 진로목표와 직간접적으로 연결된 각종 교과, 활동이력, 독서이력 등의 구슬을 계속 꿰어가는 겁니다.

건축과 연관해서 무슨 책을 읽어보면 좋을지는 학교 선생님에게 도움 받을 수 없겠지요. 건축이 중고등학교 교과목이 아니니까요. 하지만 요새 지식이 모자라면 우리는 모두 인터넷에 물어보잖아요? 특히 인터넷에는 우리가 상상할 수 있는 모든 분야의 인터넷 동호회(커뮤니티)가 있어요. 건축은 상당히 큰 분야이니까 금방 여러 개 찾을 수 있습니다. 그러면 여기에 들어가서 "제가 어떤 배경과 관심을 가진 학생인데… 어떤 책부터 읽어보면 좋을까요?" 하고 물어보면, 한마디로 '못 가르쳐 줘서 안달'일 겁니다.

요새 봉사활동은 거의 필수잖아요. 제가 이 학생에게 기왕이면 제가 집에서 가까운 '사랑의 집짓기 운동본부'에 찾아가 보라고 권했어요. 이 단체가 뭔지 아시죠? 형편이 어려운 분들의 집을 고쳐주거나, 심지어 지어주기도 하는 봉사활동이지요. 물론 여학생에게는 고단한 일이겠지만, 매일매일 하는 일은 아니니 도전해볼만 하지요.

실제로 입학사정관들의 얘기를 들어보면, 가장 눈에 띄는 지원자들은 이렇듯 자신의 소신이나 관심사가 뚜렷이 드러나는 이력을 가진 경우라는 거예요. 사실 입학사정관전형에 지원한 학생들의 대부분은 '그놈이 그놈'인데, 일부 반짝 눈에 띄는 학생들이 있다는 겁니다. 이 학생들은 자신의 소신이나 관심사가 비교적 뚜렷하게 드러나는 개성적인 학생들이죠.

또 다른 사례로 고등학교 2학년 남학생 두 명의 사례를 말씀드리지요. 이 학생들은 모두 고1 진학할 무렵에 만났는데요, 꿈이 뭐냐 하면 한 학생은 축구 전문기자가 되는 것이고 또 한 학생은 축구 에이전시 회사를 만들어 사장을 하는 것이었어요. 둘 다 축구를 굉장히 좋아하지만, 축구 재능은 이른바 '선수감'에 미달했던 거죠. 그러다가 기자나 에이전시를 생각하게 된 겁니다. 제가 이 학생들을 보았을 때 대뜸 한 얘기는 우선 "영어가 중요한 건 알 거고, 제2외국어도 중요할 거다"는 것이었습니다. 이런 직업적 목표를 가지고 있다면 당연히 외국어 능력이 중요하겠지요. 영어에 더하여 스페인어나 중국어 등을 한다면 금상첨화겠고요.

축구 에이전시 회사를 차리겠다는 학생에게 '봉사활동을 뭘 할 거냐'

고 물어봤죠. 그랬더니 2~3년 전부터 그 지역에 있는 아동수용시설(흔히 고아원이라고 불려온)에서 봉사활동을 해왔는데, 겨울방학부터 여기에 있는 아이들에게 영어를 가르치는 봉사활동을 하기로 했다는 거예요. 그런데 이 학생이 영어교습에 경험이 있는 것도 아니고, 영어를 재미있게 가르치는 게 쉬운 일이 아닐 텐데, 아이들이 잘 따라올까요? 절반은 졸고, 나머지 절반은 아예 도망가지 않을까요? 그래서 제가 제안한 것이 '영어로 축구 가르치기'였어요. 공을 차는 거면 아이들도 흥미로워 하겠죠. 물론 축구를 영어로 가르치려면 여러 가지 표현을 검색하고 정리하고 연구해야 할 텐데, 이걸 꾸준히 블로그 같은 데 정리하며 경험담을 쭉 정리해가기라도 한다면, 나중에 훌륭한 자료가 될 거란 말이죠.

마지막으로 유의할 점이 두 가지 있습니다. 하나는 자발성의 높낮이는 성격의 외향성·내향성과는 상당히 다른 차원의 문제라는 것이고, 또 하나는 자신의 관심사나 활동 경력에 대해서 다각적이고 적극적인 의미를 부여해보라는 겁니다.

상담을 하다보면 성격이 상당히 외향적인데도 자발성이 낮은 경우도 많고, 반면 상당히 내성적인데도 특정 영역에 강한 자발성을 발휘하는 학생들도 보게 됩니다. 작년에 고등학교 2학년 여학생을 만나본 적이 있는데요, 얌전하고 다소곳한 학생인데 특정 영역에서 강한 자발성을 발휘하더군요. 모 남성 그룹의 광팬이인 거예요. 팬클럽 활동뿐만 아니라, 중학교 시절에 이 그룹이 일본으로 진출하자 일본어를 공부하기 시작했대요. 오빠들이 일본어로 노래를 부르는데 팬의 도리로서 원어로 청취를 해야 하고, 일본 팬들과도 교류해야 한다는 거죠.

그래서 제가 "잘됐다. 입학사정관제 준비는 이걸로 하자"고 말했더니 옆에 계시던 어머니가 펄쩍 뛰시는 거예요. "선생님, 그게 말이나 될 소립니까?" 그래서 제가 이 학생의 활동에 새로운 의미를 부여해주었습니다. "이 아이는 한일 문화 교류의 첨병입니다. 한류의 실시간 체험자입니다." 이게 거짓말이 아니잖아요. 따지고 보면 상당한 수준의 문화교류이고, '한류'라고 하는 과거에 듣도 보도 못하던 현상을 실시간으로 체험해온 거란 말이죠. 그러니까 하지도 않은 일을 한 것처럼 허위날조 하라는 게 아니라, 해온 일 또는 할 일에 대하여 더 적극적으로 의미부여를 하라는 겁니다. 여기에 더하여 한류에 관한 책도 읽어보고, 한 나라의 대중문화가 다른 문화권에 도입될 때 일어나는 현상들에 대하여 스터디도 해본다면, 특히 이 학생이 국제교류나 문화예술과 직간접적으로 연관된 분야를 전공하고자 한다면 완전히 안성맞춤이 되는 거죠.

정리해보면, 중3~고1 전환기에 '자발성'과 '지향성'이라는 두 가지 조건을 갖춘 학생들은 입학사정관전형 준비를 전략적으로 시도해볼만 하다는 겁니다. 이게 이른바 '정석'입니다. 물론 변칙도 있어요. 이것저것 활동하다가, 막판에 가서야 진로나 전공을 정하고서 자신이 해온 활동들을 나름대로 열심히 엮어내서 스토리를 만들어내는 경우도 있습니다. 그리고 변칙이라고 해서 꼭 바람직하지 않거나, 불합격할 것이라고 이야기하기도 어려워요. 하지만 진로계획이나 관심사를 먼저 확정하는 것이 더 효율적으로 준비할 수 있다는 점에서 '정석'이라고 보면 되겠습니다.

물론 '자발성'과 '지향성'을 동시에 갖춘다는 게 쉬운 일은 아니죠. 이 두 가지는 특히 우리 교육의 고질적인 약점들이거든요. 솔직히 우리 사회와 부모가 아이의 자발성을 키워주는 데 관심이 있었나요? 오히려 자발성을 꺾는 교육을 많이 했단 말이지요. 자발성을 키우려면 자기가 관심 있고 재미를 느끼는 데 더 많이, 깊이 활동할 수 있는 시간과 여력을 줘야 하는데, 그러기는커녕 아이를 학원에 뺑뺑 돌리는 경우가 훨씬 많잖아요. 또 '지향성'이란 진로 또는 관심사를 의미하는데, 우리나라는 진로교육이나 다양한 관심사를 존중하고 키워주는 교육과도 거리가 멀었지요. 예를 들어 아이가 진로에 대해 생각하고 있으면 우리나라 기성세대는 오히려 "야, 성적부터 올리고 나서 나중에 생각해도 늦지 않단 말이야"라고 윽박지르지 않았나요?

그래서 저는 입학사정관제에 찬성하지 않는 입장입니다만, 그럼에도 입학사정관제가 우리 교육의 단점을 드러내고 보완을 촉구하는 나름의 순기능을 하고 있음을 인정하기도 합니다.

※ 적성과 관심에 맞는 진로찾기를 위해 『진로교육, 아이의 미래를 멘토링하다』(조진표 지음)를 읽어보기 바랍니다. 자녀교육 분야 전체를 통틀어 권장도서를 한 권만 고른다면 이 책을 권하겠습니다. 『만화로 보는 직업의 세계』(와이즈멘토 지음)는 초등학생부터 읽어볼 만한 책입니다.

세 줄 요약

1. 중3~고1 전환기에 '자발성'과 '지향성'을 겸비한 학생들은 '실에 구슬을 꿰어가는' 식으로 교과 · 활동 · 독서이력을 누적해감으로써 효과적으로 입학사정관전형에 대비할 수 있다.
2. 자신의 관심사나 활동에 대하여 창의력과 상상력을 동원하여 다각적이고 적극적인 의미부여를 해볼 필요가 있다.
3. 입학사정관제는 대세가 되기 어렵고 바람직한 제도도 아니지만, 자발성과 동기부여의 중요성을 부각시키는 순기능이 있다.

Q.036

입학사정관제를 위해 학교에선
어떤 도움을 줄 수 있나요?

⟶　입학사정관제 등을 계기로 학생부 비교과영역이 중요해지면서, 한 가지 중요한 경향이 생겼어요. 고등학교에서 교내 상을 예전보다 많이 주는 거예요. 예를 들어 교내 글짓기대회를 하면 1등상 한 명을 주는 게 아니라, 분야별로 나눠서 여러 명에게 1등상을 주는 식입니다. 학생부 비교과영역에 적힐 수 있는 수상 내역은 교내 대회로 한정되어 있거든요. 그리고 굳이 입학사정관제가 아니더라도 수시의 여러 전형에서 학생부 교과영역(내신) 뿐만 아니라 비교과영역도 반영하거든요. 그러니 학교 입장에서는 교내 상을 남발해서라도 학생들의 비교과영역 스펙을 높여주고 싶은 거죠.

　상을 늘리는 것 이외에 학교에서 입학사정관제와 관련하여 도움을 줄 수 있는 것이 뭘까요?

첫째로 진로교육 및 자필서류 쓰기 연습을 들 수 있겠습니다. Q035에서 언급한 것처럼 '실에 구슬을 꿰어가는' 방식의 입학사정관제 준비를 표준으로 상정한다면, 진로 지도는 중학교 및 고1 시절에 집중해야 하겠지요. 만일 입학사정관제 전형을 준비하고자 한다면 늦어도 고1 내에 진로목표나 관심주제를 정하는 게 좋으니까요.

그리고 대학 측에 제출해야 하는 자필서류(자기소개서 및 수학계획서로 대표되는)를 쓰는 연습을 고1이나 고2부터 해보는 것이 좋습니다. 우리나라 학생들은 워낙 글쓰기 경험이 적고, 더구나 자기 자신에 대하여 진지하게 글을 써볼 기회는 더더욱 없거든요. 그래서 고3 때 대입 원서 제출을 앞두고 자필 서류를 쓰게 되면 엄청나게 헤매고 고생하는 학생들이 많아요. 공부 페이스에 영향을 주는 것은 말할 나위도 없고요.

둘째로 동아리 활동과 학생회 활동을 포함한 학생 자치·자율 활동에 대한 지원을 들 수 있겠습니다. 아직도 적지 않은 학교들에서 학생회를 우습게(?) 알고, 야간자율학습을 강제하며, 동아리 활동을 백안시하고 심지어 새로운 동아리 창설은 꿈도 못 꾸게 합니다. 이런 학교 학생들은 입학사정관제 준비에 상대적으로 불리하겠지요.

셋째로 프로젝트 수업(과제연구 수업) 개설을 들 수 있겠습니다. 프로젝트 수업이란 학생들이 개인 또는 팀별로 연구 주제를 정하고 정해진 기간(대개 한 학기) 동안 꾸준히 연구 작업을 진행하여 학기말에 연구보고서를 내면서 이를 발표하는 방식으로 이루어집니다. 이런 수업은 특목고에서나 가능한 게 아니냐고 생각하는 분들이 계신데요, 혁신학교를 중심으로 일반고에서도 이런 프로젝트 수업을 시도하는 경우가 점차 늘고 있어요.

제가 일반고에서 이뤄지는 프로젝트 수업을 처음 본 것은 여러 해 전에 부산에 있는 부산남고에서였는데요, 학업성적이 그리 뛰어나지 않은 편인 학생들도 나름 열심히 프로젝트 연구를 수행하여 번듯한 보고서를 써내고 발표하는 걸 확인하고 깊은 인상을 받았어요. 「한국 CEO의 경영철학 연구」라든가 「석빙고의 원리 탐구」 등이 이 학생들이 수행한 연구 제목들이었습니다. 졸업생들을 만나보면 스스로 탐구하고 정리하고 발표하는 경험을 통해 많은 것을 얻었다고 술회하고, 나중에 자신이 수행한 연구 결과 보고서들만 모아도 두툼한 책자 한 권 분량이 되어 대학에 지원할 때 제출했다는 겁니다. 교사들은 지도에 어려움이 한두 가지가 아니었지만, 그만큼 보람도 컸다고 하더군요.

세 줄 요약

1. 입학사정관제 대비와 관련하여 학교에서 충실한 진로교육, 학생회 · 동아리 활동 보장, 프로젝트(과제연구) 수업 개설 등의 지원이 필요하다.
2. 학생회와 동아리 등 각종 학생 자치 · 자율 활동에 억압적인 학교는 그만큼 입학사정관제 대비에 불리하다.
3. 자기소개서 등의 자필 서류를 고등학교 1, 2학년 때부터 미리 작성해보는 연습이 필요하다.

Q.037

고교 비평준화 지역이
평준화로 바뀌면 학력이 떨어지지 않나요?

———→   우리나라에는 아직 고교 비평준화 지역이 많습니다. 전체 고등
학생 대비 20% 가량이 고교 비평준화 지역이거든요. 대도시는 1970년
대에 이미 고교평준화가 이뤄졌지만, 아직도 비평준화 지역이 많아요.
충남의 경우 전 지역이 비평준화 지역이고, 충북은 청주를 제외한 전 지
역이, 경북은 포항을 제외한 전 지역이 비평준화 지역이에요. 이른바 진
보 교육감들이 재임하고 있는 경기도의 의정부 · 안산 · 광명과 강원도
의 춘천 · 원주 · 강릉은 2013학년도 고입(2012년 중3)부터 고교평준화
로 전환됩니다. 하지만 아직도 천안, 구미, 파주, 용인 같은 상당히 큰 도
시들이 기약 없이 비평준화 지역으로 머물러 있게 됩니다.

  우리나라에서 교육에 대한 논의를 들여다보면, 암암리에 서울 등의
대도시를 중심으로 이야기하는 경우가 많아요. 고교 비평준화 지역이

어떤 상황에 처해있는지를 모르는 분들이 많습니다. 비평준화 지역에서는 고등학교가 1등, 2등, 3등… 이런 식으로 서열화 되어 있지요. 그런데 중학 내신 성적이 고입 선발에 반영되거든요(고입연합고사를 봐서 내신 성적과 합산하는 지역도 있고, 고입연합고사를 안 보고 내신 성적만으로 고입선발을 하는 지역도 있어요). 그러다보니 중간고사나 기말고사에 벌벌 떨고 조금만 성적이 떨어져도 즉시 학원으로 달려가고 싶은 충동을 느끼게 됩니다. 중학생이 지나친 공부노동(?)에 매달리게 되는 건 말할 나위도 없고요. 경기도의 의정부·안산·광명과 강원도의 춘천·원주·강릉에서 평준화 전환에 찬성하는지를 여론조사로 물었을 때, 모두 70~80%대의 높은 찬성률이 나온 데에는 그만한 이유가 있었던 것이죠. 지역 주민들이 대체로 서열화 된 고교 체제에 대하여 염증을 느끼고 있었고, 아울러 중학생 시절부터 가혹하게 공부에 내몰리는 것에 대하여 문제의식을 가지고 있었던 것입니다.

고교평준화에 반대하는 분들은, 고교평준화를 하면 학력이 떨어진다고 야단들입니다. 그런데 사실상 평준화로 인한 학력의 변화는 거의 없다고 봐야 합니다. 여태까지 고교평준화 지역과 비평준화 지역을 비교한 연구들을 보면, 연구마다 결론이 엇갈려요. 어떤 연구에서는 평준화가 학력을 저하시킨다고 하고, 다른 연구에서는 평준화가 학력을 높인다고 하거든요. 이런 엇갈린 결론이 나오는 이유는, 학력에는 고교평준화 여부 이외에 굉장히 여러 가지 요인이 영향을 줄 수 있는데, 그러한 요인들을 제대로 통제하여 연구하기가 어렵기 때문입니다(여기에 대해서는 제가 2009년에 펴낸 『이범의 교육특강』의 3부에 자세히 분석해놓았습니다).

고교평준화로 인해 학력이 떨어진다는 걸 보여주는 가장 설득력 있어

보이는 연구 결과는 연세대 경제학과의 한순구·성태윤 교수가 2007년에 발표한 「평준화와 비평준화」라는 논문인데요, 여기서는 2002년에 고교평준화된 경기도 고양·성남·부천·안양 지역 학생들의 2005학년도 대입 실적을 연구하여 고교평준화의 결과 SKY(서울대·고려대·연세대) 진학률이 4%대에서 3%대로 1%만큼 떨어졌다는 결론을 내렸어요. 하지만 이건 일종의 착시현상이에요. 비평준화 시절에 이른바 지역 명문고에 진학했을만한 학생들이, 당시 평준화가 되면서 대거 특목고로 몰렸거든요. 그런데 당시 부천·성남 지역에는 아예 특목고가 없었고 고양과 안양에 외고가 1개씩 있을 뿐이므로(성남외고는 2006년에야 개교했으니 이 연구와 상관이 없습니다), 외고나 과학고로 진학하는 학생들 중 상당수가 거주 지역의 대입 실적에서 제외된 겁니다. 비평준화 시절에는 거주 지역의 명문고에 진학하여 거주 지역의 SKY 진학 실적으로 계산되었을 학생들이, 평준화되면서 타 지역(특목고)의 진학 실적으로 계산되어서 그런 결과가 나온 것이지요.

전체적으로 여러 연구들을 들여다보면, 평준화가 학력이나 대학 진학 실적에 적어도 부정적인 영향을 주지는 않는다는 걸 알 수 있어요. 왜 그럴까요? 첫째로 Q003에서 제가 자세히 설명 드린 것처럼, 수능으로 대표되는 현재의 대학입시가 단순히 지식을 많이 외우는 것이 아니라 '역량'의 비중이 크다는 것을 들 수 있습니다. 특히 언어적인 과목에서 이러한 특성이 강하게 드러난다고 말씀드렸죠. 그러니 중학교 시험 1점 오르내리는 데 일희일비하는 것보다, 여유를 가지고 독서를 하는 게 장기적으로 유리한 측면도 있다는 겁니다.

둘째로 사교육 효율을 비교해볼 때, 비평준화 지역의 사교육이 평준화 지역의 사교육보다 구조적으로 불리한 면이 있어요. 예를 들면 영어학원에서 중학교 진도 범위에 구애 받지 않고 영어공부를 하는 편이 중학교 학교시험 범위에 종속되어 있는 것보다 오히려 장기적인 대학입시에는 유리한 경우가 있거든요. 그러니까 사교육의 효율조차 비평준화 지역이 평준화 지역보다 떨어질 수 있는 겁니다.

셋째로(아마도 가장 중요한 이유인데) 비평준화 지역에서는 중학교 시절에 시행착오를 감수하면서 자신에게 맞는 공부방법과 노하우를 쌓는 과정을 인내하기가 너무 힘들어요. Q012와 Q014에서 언급한 복습기술이니 시간기술이니 등의 주요한 공부기술들은 중학교 시절에 습득하는 것이 유리한데, 이때 지나치게 성적에 얽매여서 학원 의존도가 높아지면 공부기술이라는 면에서는 오히려 무장을 '해제'한 채로 고등학교에 올라가게 되는 경우가 많습니다. 비평준화 제도를 버젓이 유지하면서 중학생들에게 '자기주도학습을 하라'고 주장하는 건, 학생과 학부모들의 입장에서는 상당히 공허한 애기로 들릴 수밖에 없는 거죠.

세 줄 요약

1. 아직도 고교비평준화 지역 학생들이 전국 고교 정원의 20%에 달한다.
2. 고교평준화가 되면 학력수준이나 명문대 진학률이 떨어진다는 속설은 실증적 근거가 희박하다.
3. 중학생들의 학습 환경을 비교해보면 비평준화 지역이 평준화 지역보다 언어적 역량 키우기, 사교육 효율, 자기주도학습 능력의 습득 등의 측면에서 불리한 면이 있다.

오바마는
왜 한국 교육을 부러워하는 거죠?

──→ 미국 대통령 오바마는 취임 첫 해인 2009년부터 한국 교육을 칭
송하기 시작해서, 이후에 지속적으로 한국 교육을 본받자고 말해왔어
요. 언론을 통해 들어보셨을 겁니다. 그런데 여기서 주의할 점이 있어요.
오바마는 한국의 교육제도가 합리적이거나 미래지향적이니 본받자는
입장이 아니라, 한마디로 한국의 '교육열'이 높은 게 부러운 겁니다.

왜 오바마는 한국의 높은 교육열을 부러워할까요? 그건 오바마가 흑
인이라는 점과 관련이 있어요. 오바마는 백인인 어머니 아래에서 자랐
기 때문에, 어릴 적 전형적인 흑인 커뮤니티를 경험해보지는 못했습니
다. 하지만 대학을 졸업하고 시카고에서 지역운동을 하면서, 흑인 커뮤
니티의 처참한 현실을 직면하게 되었죠(시카고는 흑인 비율이 50%가 넘는
곳이고, 오프라 윈프리가 쇼를 제작하는 도시입니다).

미국에 가볼 일이 있으면 유명한 관광지만 돌아보지 마시고, 저소득층 밀집지역, 흑인 밀집지역, 히스패닉 밀집지역에 가보세요. 한마디로 같은 나라라는 느낌이 안 들어요. 미국은 사회적 양극화가 지역적으로 고착화된 상태이거든요. 이런 지역에 가보면 공부를 해서 계층상승을 도모하겠다든가 하는 생각을 가진 사람이 별로 없습니다. 특히 부모들의 교육열이 '제로'인 경우가 많아요. 우리나라는 그래도 아직 돈이 많은 사람이든 적은 사람이든 교육에 대해 관심이 많은 편이잖아요. 하지만 미국은 교육열마저 양극화된 겁니다. 흑인인 오바마 입장에서는, 더욱 열불 날 일이지요. 이런 상황에서 교육열이 높기로 유명한 저 아시아의 신흥 발전국가 한국이, 일종의 정치적 상징이 된 겁니다.

미국 학교에서 채택하고 있는 수업·평가방식은 전체적으로 봤을 때 분명히 우리보다 우수합니다. 특히 객관식 대학입시(SAT)가 존재함에도 고등학교에서 절대로 객관식 문제집 풀이를 하지 않고 읽기와 쓰기, 토론 등의 탄탄한 기본기를 강조하는 것은 우리나라가 부러워할만한 특성이지요. 교사의 고용은 우리보다 불안정하지만, 적어도 교사의 권한은 훨씬 강합니다. 교사가 자신이 원하는 방식으로 수업하고 평가할 수 있는 권한이 상당 수준 보장되어 있고, 고등학교쯤 되면 교사가 교과목을 개설할 수도 있습니다. 우리나라의 많은 교육학자들이 미국에서 유학했지만, 대개 대학원 학위 과정만 경험했을 뿐 미국 교육의 본령을 맛보지 못했어요. 그래서 미국 교육의 파편들 몇 가지만 우리나라에 도입된 겁니다. 미국 교육의 핵심적인 방법론은 분명히 우리가 본받을만한 것이에요.

하지만 미국 교육의 객관적 지표는 안 좋아요. PISA와 같은 국제 학력 비교평가를 보면 중하위권이고, 고등학교 중도탈락률이 높아서 텍사스

주 같은 경우는 심지어 40%가 넘어요. 통계로 보면 후진국을 방불케 하죠. 이것은 미국 사회의 양극화가 그대로 투영된 겁니다. 백인 중산층 이상 거주지역의 학교를 보면 멀쩡하거든요. 부모들도 교육에 관심이 많아요. 하지만 저소득층이나 특정인종 밀집지역의 학교들을 보면 사정이 안 좋습니다. 부모들도 교육에 관심이 없는 경우가 많고요. 여기서 평균 학력을 다 깎아먹고, 중퇴율을 높이는 겁니다.

특히 교육재정이 지나치게 지방분권화 되어 있어서, 이런 문제가 보정되지 못하고 오히려 악화됩니다. 미국에서는 공립학교 운영 예산 가운데 평균 45% 가량이 학군(local school district)별로 걷히는 재산세로 충당되거든요. 그런데 이 학군이라는 게 우리나라보다 훨씬 작아요. 평균 인구가 2만 명밖에 안 됩니다. 대도시 지역의 큰 학군은 10만 명쯤 되는 경우도 있지만, 어쨌든 평균 2만 명 정도면 우리나라 동(洞) 수준이거든요. 만일 우리나라 동별로 재산세를 걷어서 그중 일정 비율을 학교 예산으로 지원하고, 그것이 학교 예산의 절반 정도를 차지한다고 생각해 보세요. 양극화가 교육을 통해 보정되는 게 아니라 오히려 강화되겠지요.

미국에서 고소득층이 많이 거주하는 지역은 재산세가 많이 걷혀 학교 시설과 교사진이 좋아요. 어지간한 사립학교만큼 좋은 공립학교가 있다는 소문이 거짓말이 아닙니다. 하지만 저소득층이 많은 지역은 학교가 가난해요. 그러다보니 예산이 쪼들리면 방학을 늘려요. 미국에선 특이하게도 방학 중에 교사에게 월급을 안 주거든요. 그러니 예산을 절감하고 싶으면 방학을 늘리는 겁니다. 2008년 서브프라임 금융위기가 시작되면서, 일부 지역 학교에선 주5일이 아니라 주4일 수업이 진행되기도 하고, 예체능계 교사들이 해고되는 사태가 벌어지기도 합니다.

오바마의 학교개혁안을 들여다보면 학교 5천개를 폐교하고 재개교하겠다는 계획이 있어요. 그런데 여기엔 단순히 학교를 '리셋'하겠다는 의도만 있는 게 아닙니다. 이러한 개혁이 이뤄지는 학교에 연방정부 예산을 직접 지원하겠다는 재정지원책이 연계되어 있어요. 미국의 고질적인 학교 재정의 양극화를 방치한 채로는 교육개혁이 불가능하기 때문이죠.

오바마 대통령과 덩컨 교육장관은 흑인 비율이 높은 시카고에서 함께 일했었기 때문에 이런 비참한 지역, 비참한 학교의 사정을 잘 알고 있어요. 어떻게든 이런 지역과 학교를 재활시켜야 한다는 절박한 목표를 가진 오바마에게, 한국의 높은 교육열이 부러울 만도 하죠. 오바마 행정부의 교육 정책과 한국 교육에 대한 발언은 이처럼 미국의 특수한 사회적·정치적 맥락 속에서 이해해야 합니다. 과잉교육의 열병을 앓고 있는 우리나라에, 일부 계층의 과소교육 문제 해결을 위한 미국의 정책을 견주어 판단하는 건 매우 위험하지요. 물론 오바마는 우리나라에서 초등학생이 학원 다니기에 지쳐 자살을 한다든가, 고등학생들이 밤 10시 반까지 학교에 갇혀 있다든가 하는 건 제대로 알지 못할 것이고 말이죠.

세 줄 요약

1. 미국 교육의 방법론은 우리보다 우수하지만, 사회적 양극화가 지역적으로 고착화되어 문화적·교육적 양극화가 심각한 수준으로 진행되었다.

2. 특히 학교 재정을 지역별 재산세에 의존하고 있기 때문에, 빈익빈 부익부가 교육을 통해 보정되기는커녕 오히려 확대된다.

3. 미국의 저소득층 및 소수인종은 교육에 대한 관심 자체가 부족한 상태이기 때문에 오바마는 교육열이 높은 한국을 정치적 상징으로 활용하는 것이다.

혁신학교가
인기를 끄는 이유는 무엇인가요?

——→   '혁신학교'라는 말이 처음으로 등장한 것은 2009년 경기도 교육감 선거 때였어요. 우리나라 교육감 선거는 간선제인 시절에는 지역마다 그 시기가 제각각이었는데, 주민직선제로 바뀌면서부터 지방선거의 일부로 편입되었습니다. 그래서 2010년에 6월 2일 지방선거에서 지자체장과 지방의회 의원을 선출하면서 전국 동시에 직선제 교육감을 선출하게 된 거죠. 그런데 그 전임 교육감의 임기 공백이 1년 이상 생기는 곳에서는, 이 임기 공백을 막기 위한 교육감 선거가 있었습니다. 그래서 2008년에는 서울에서 임기 2년짜리 첫 직선제 교육감 선거가 있었고 (이때 공정택 후보가 주경복 후보를 꺾고 재선되었죠), 2009년 경기도에서 임기 14개월짜리 직선제 교육감 선거가 있었습니다. 이때 김상곤 교육감이 처음 당선되었죠.

2009년 김상곤 교육감이 처음으로 '혁신학교'라는 것을 공약으로 표방했습니다. 그러고 나서 2010년 지방선거에서 김상곤 교육감을 포함하여 서울의 곽노현, 강원의 민병희, 전북의 김승환, 전남 장만채, 광주 장휘국 교육감 등 모두 6명의 '진보 교육감'이 당선되었죠. 이때 이들의 주요한 공약이 무상급식, 학생인권, 그리고 혁신학교였습니다.

그런데 김상곤 교육감이 처음으로 제기한 '혁신학교'라는 것이, 어느 날 갑자기 하늘에서 뚝 떨어진 건 아니었어요. 이걸 제대로 이해하려면 전교조에 대하여 좀 더 자세히 알아봐야 합니다.

일반인들에게 전교조는 정치투쟁에 열중하는 조직으로 보일 겁니다. 하지만 1989년 출범한 전교조의 초창기 이미지는 그런 것이 아니었죠. 촌지 안 받고 학생 차별 안 하는 선생이 전교조 교사였고, 제일 먼저 떠오르는 단어는 '참교육'이었지요. 특히 혁신학교와 관련하여 주목할 만한 대목은, 전교조 내부에 '참교육'으로 대표되는 교육운동의 흐름이 일종의 '비주류'로서 이어져 왔다는 점입니다. 이들은 일상적인 활동 공간(학교)에서의 제도개선, 수업과 평가방식의 개혁에 관심을 가져왔어요.

전교조 비주류는 크게 '교과별 교사모임'과 '새로운 학교 만들기 운동'이라는 두 가지 줄기를 형성했습니다. 전교조에서 유래한 교과별 교사모임은 사단법인 형태로 독립하여(일례로 '전국국어교사모임'과 같은) 우리나라 최대의 교사연구단체들로 자리 잡아 왔습니다. 그리고는 전통적인 주입식 수업에서 벗어난 다양하고 창의적인 수업·평가 모델을 축적해왔어요. 또한 '새로운 학교 만들기 운동'은 우리나라 공교육 토양에서도 새로운 학교운영 및 수업방식이 가능함을 보여주며, 전국 곳곳에서 성공 사례를 만들어냈어요. 대중적으로는 TV 프로그램에 소개되면서 유명세를 탄 경기도 광주의 남한산초등학교가 가장 유명했지요.

이렇듯 혁신학교의 전사(前史)는 전교조 비주류와 연관을 가지고 있습니다. 하지만 혁신학교는 출발하자마자 '전교조'라는 꼬리표로 설명할 수 없는 역동성과 사회적 의미를 가지게 되었지요. 무엇보다 전국 교사들 가운데 15% 가량에 불과한 전교조 교사들의 힘으로 혁신학교를 확산·보편화한다는 것은 애초에 불가능하거든요. 그런데 혁신학교가 시작되면서 다양한 유형의 교사들이 혁신학교를 지지하고 이에 적극적으로 동참했어요. 왜냐? 지금 하고 있는 교육에 뭔가 심각한 문제가 있다는 생각을 하는 교사들은 전교조 가입 여부를 떠나 많이 있거든요. 다만 너무 오랫동안 억눌려 있던 것뿐이지요. 그중에는 기독교계 교사 단체인 '좋은교사운동'처럼 나름의 교육철학을 정립한 조직적 세력도 있고, 그밖에 현장에서의 교육개혁을 염원해온 다양한 자생적 흐름들이 혁신학교로 결집되기도 했어요. 혁신학교 교장들의 대부분이 교총 소속이고, 많은 교총 또는 무소속 교사들이 주도적이고 헌신적으로 학교혁신에 동참하고 있어요.

혁신학교는 보수 언론의 교육면에는 보도가 안 되는데, 이상하게 부동산면에 보도가 돼요. 몇몇 선도적인 혁신학교 주변에는 집값과 전세값이 뛰는 현상이 나타나거든요. 2008년 총선에 '특목고를 유치하면 집값이 뛴다'는 속설로 인해 특목고 유치 공약이 곳곳에서 지지를 받았는데, 사실 특목고가 생겨봤자 그 동네 학생들은 얼마 못 가기 때문에 집값에는 아무런 영향을 안 줘요. 그런데 혁신학교는 그 동네 학생들이 진학하는 일반학교이기 때문에, 당연히 혁신학교가 인기를 끌게 되면 주변 집값에까지 영향을 주게 된 것이죠.

이렇듯 혁신학교가 주민들의 호응을 얻는 이유는 간단합니다. 이게 선진국에서 보편화된 교육이거든요. 서구 선진국의 일반적인 학교에서 볼 수 있는 개방적 학교운영 및 수업·평가방식이 우리나라에서 가능함을 보여주자, 지겨운 관료적 학교운영과 주입식 교육에 신물을 느낀 학부모들이 이에 호응한 거죠. 체험·탐구·의사소통 중심의 참여형 교육은 주입식 교육과 비교했을 때 학생들의 학업 흥미도와 자기주도적학습 능력을 높이는 데 월등하고, 이러한 사실은 조기유학이나 해외체류를 경험한 학생·학부모들을 통해 알음알음 알려져 있었어요. 그런데 우리나라에서 굳이 대안학교를 보내지 않아도 안정적인 제도권교육의 틀 안에서 이러한 교육을 맛볼 수 있음을 알게 되자, 학부모들이 폭발적으로 반응하기 시작한 거죠.

매우 기이하게 들리겠지만, 저는 전교조 교육운동이 가진 최고의 역사적 의미는, 서구 선진국에서 보편적으로 볼 수 있는 교육방식을 우리나라의 척박한 토양에서 꾸준히 연구·발전시켜왔다는 데 있다고 봅니다. 전교조가 의도한 일은 아니었겠지만, 우리나라 초중고 교육을 일본적 방향이 아니라 서구적 방향으로 전환할 수 있는 길을 제시한 셈이지요. 무엇보다 OECD 국가들 중에서 일본과 함께 유이(唯二)하게 주입식 교육 패러다임을 온존해온 우리나라 초중고 교육을, 드디어 뒤바꿀 수 있는 역사적 계기가 도래한 겁니다.

혁신학교의 성공과 확산은 한국사회 전반의 변화 추세에 비춰보았을 때 필연적이에요. 무엇보다 최근 학부모 중에 아이의 '행복'에 관심을 가진 부모들이 늘어나고 있거든요. 행복을 오랜 고난의 행군(?) 끝에 얻는 성취물이 아니라, 지금 당장 맛봐야 마땅한 그 무엇으로 생각하는 사람들이 늘어나고 있어요. 그리고 제가 보기에 혁신학교의 교육을 받은 학생들이 고등학교 시절 다소의 체계적인 연습만 거친다면, 수능·논술·입학사정관제 중심의 현행 입시제도에서 절대 불리하지 않으며 오히려 유리할 가능성도 적지 않습니다.

세 줄 요약

1. 혁신학교의 태동은 전교조 비주류의 새로운 학교 만들기 운동에서 비롯되었으나, 이후 교육현장에서 문제의식을 키워온 많은 교사들이 참여하면서 보편적 혁신 모델로 자리 잡았다.
2. 자녀의 행복과 학업에 대한 흥미, 자기주도학습 능력 등을 중시하는 학부모들의 트렌드 변화가 혁신학교에 대한 관심과 호응의 배경이다.
3. 혁신학교는 우리나라 교육을 일본식에서 탈피시켜 서구적 방향으로 개혁할 수 있는 계기이다.

혁신학교는 연구학교 · 시범학교와
뭐가 다른가요?

⟶ 혁신학교가 화제가 되면서 이게 옛날부터 있었던 연구학교나 시범학교 등과 유사한 게 아니냐는 오해도 늘고 있습니다. 결론부터 말하자면 혁신학교는 연구학교나 시범학교와는 전혀 다른 학교예요. 연구학교나 시범학교는 특정한 분야나 주제의 혁신을 목적으로 합니다. 그리고 지정 기간(대개 3년)이 끝나면 그 성과가 흔적도 없이 사라지는 경우가 대부분이에요. 하지만 혁신학교는 부분적인 혁신이 아니라 보편적인 혁신, 그리고 지속가능한 모델을 염두에 두고 있습니다. 참고로 현재 서울에 1300여개의 초중고교가 있는데, 각종 연구 · 시범학교가 무려 300개가 넘어요. 그나마 500개가 넘던 것이 줄어든 거예요. 혁신학교는 2012년 1학기 현재 59개입니다.

연구학교 · 시범학교는 어떤 목적으로 어떤 내용의 프로그램을 할 것인지를 교육부나 교육청에서 세부적으로 일일이 제시합니다. 그러니까 학교는 그 연구·시범학교 공모에 지원할지 말지만 결정할 수 있을 뿐, 일단 공모를 통해 지정되면 따온 예산을 절대로 자기 마음대로 사용할 수가 없습니다. 사전에 정해진 프로그램에 의해 사업을 진행해야 하는 거죠. 이런 구조에서 학교의 자율성, 교사의 자발성을 불러일으키기는 어렵습니다.

그렇다면 학교는 이런 연구·시범학교 공모에 왜 지원하는 것일까요? 첫 번째 이유는 그거라도 해야 추가 예산을 확보하게 되기 때문이고, 두 번째 이유는 그걸 통해 승진점수를 받게 되기 때문이며, 세 번째 이유는 교장·교감 등의 자존심과 연관되어 있기 때문이에요. 대개 연구·시범학교 1개교 당 몇 명의 교사들이 승진점수를 받게 되거든요. 승진을 원하는 교사들은 이 점수에 목매달게 되고, 이 사정을 아는 교장은 어지간하면 연구·시범학교 지정을 통해 가산점을 받는 데 협조하게 됩니다. 지정되면 학교에도 일종의 명예가 되니 나쁠 게 없다는 거죠. 결국 교육당국이 예산과 승진상의 이익을 미끼로 학교의 자율성을 갉아먹는 일을 계속 벌여온 셈이고, 사정을 잘 모르는 학부모들은 무슨 연구학교나 시범학교가 되면 그 학교에 좋은 일이 생긴다고 여겨왔던 거죠. 물론 좋은 일이 생기긴 합니다. 하지만 그 반대급부가 상당히 큰 거죠.

혁신학교는 승진점수와 관련이 없고, 혁신학교에 지원되는 예산에는 구체적으로 지정된 목적이나 사용처의 제약이 없습니다. 예산을 어디에 우선적으로 사용할지를 놓고 교사들이 중지를 모으고 토론하며, 이 과정에서 학교의 자율성과 교사의 자발성이 살아납니다. 연구·시범학교와 완전히 반대인 거죠.

여기서 혁신학교에서 부분적인 혁신이 아니라 보편적 혁신이 가능한 이유가 드러납니다. 무엇보다 혁신학교는 교장-교감-부장-평교사 간의 수직적 위계관계가 일반 학교보다 느슨한 편이에요. 더 민주화되어 있다고 할까요. 의사소통이 더 원활하다는 게 기본적인 특징입니다. 사실 우리나라 보통 학교의 분위기가 어떠냐 하면, 교무회의에서 처음으로 말문을 여는 데 10년 넘게 걸렸다는 교사들이 많아요. 그 정도로 상명하달, 수직적이란 말이에요. 그러니까 교사들이 어떤 생각을 품고 있어도 그걸 논의해보고 실현시키는 게 거의 불가능한 분위기란 말이지요. 교사가 원래 바보가 아닌데, 문화와 시스템이 바보로 만든 겁니다.

그런데 혁신학교에서는 의사결정 구조가 더 민주적이거든요. 특히 초기에는 회의나 워크숍이 너무 많다는 불평이 생길 정도로 교사들이 말문을 열고 실질적인 토론에 참여하도록 하는 데 중점을 둡니다. 그래서 교사들이 자신의 의견을 이야기하게 되고 실제로 학교를 자신이 참여하여 변화시킬 수 있다는 전망을 가지게 되면, 교사들의 자발성이 발휘되기 시작합니다. 그 힘이 무서운 거죠. 여기에 힘입어 수업 혁신, 생활지도 혁신, 교무행정 혁신, 방과후 활동 혁신 등이 동시다발적으로 가능해지는 겁니다.

결국 혁신학교의 혁신이 연구·시범학교보다 훨씬 '보편적'일 수 있는 이유는, 의사결정 구조의 민주화를 매개로 학교의 자율성, 교사의 자발성을 극대화시킬 수 있는 구조를 가지고 있기 때문이에요. 평교사가 회의시간에 첫 발언을 하는 데 10년이 넘게 걸리는 학교와, 평교사들이 회의시간에 너나 할 것 없이 자신의 이야기를 하는 학교. 소통의 수준 차이가 극명하지요. 이를 통해 현 공교육 체제의 일반학교들 가운데에서는 가장 진화되고 선진화된 모습을 보여주는 학교가 바로 혁신학교입니다. 물론 혁신학교에도 여러 한계가 있기는 한데, 그것은 대체로 혁신학교의 한계라기보다 우리나라 교육시스템 전체의 한계입니다. 학교나 교육청 단위에서 노력해서 바꾸기 어려운 것들이라는 얘기죠. 중앙정부의 권한으로, 혹은 국회에서 법률을 바꿔서 해결해야 하는 문제들입니다.

※ 혁신학교란 무엇인지, 그리고 거기서 어떤 교육이 이뤄지는지 보여주는 책으로 『덕양중학교 혁신학교 도전기』(김삼진 외 지음), 『학부모가 알아야 할 혁신학교의 모든 것』(김성천·오재길 지음), 『행복한 혁신학교 만들기』(초등교육과정연구모임 지음) 등이 있습니다.

세 줄 요약

1. 각종 연구학교·시범학교는 교육당국의 설계에 의해 부분적인 혁신과제를 시행하는 학교이며, 이 과정에서 학교의 자율성이나 교사의 자발성이 발휘되기 어렵다.

2. 혁신학교는 의사결정과정의 실질적 민주화를 통해 교사의 자발성을 이끌어냄으로써, 여러 방면의 혁신이 동시에 이루어질 수 있게 되는 학교이다.

3. 학교 혁신이 보편화되려면 학교 내 의사결정 구조를 더 민주화하는 한편, 교육부·교육청에서 기획하는 각종 시책사업을 최소화해야 한다.

3장

미래

좌 · 우 합의로
우리교육의 지표를 바꾸자

　최근 들어 교육에 있어 좌우 대립이 점점 뚜렷해지고 있습니다. 저는 교육이라는 것이 정치나 이념과 연관될 수밖에 없다고 보기 때문에, 교육에 있어서 보수와 진보가 대립하는 것은 불가피한 일이라고 봅니다. 하지만 문제는 그 대립이 그저 대립으로만 끝나고, 발전적인 계기로 연결되지 않는 경우가 많다는 거죠. 따라서 좌·우 대립을 일단 제쳐놓고, 우리교육이 지향해야 하는 미래지향적인 지표가 무엇인지 정리해볼 필요가 있습니다. 저는 다음 다섯 가지를 꼽을 수 있다고 봅니다. 적어도 다음 다섯 가지 지표에 대해서는 좌파와 우파가 동의할 수 있지 않을까요?

　첫째, 출산율 저하 망국론. 교육·보육 문제를 적극적으로 해결하여 출산율을 높이지 않으면, 나라 경제가 침몰합니다!

　둘째, 창의력 경쟁 본격화론. 한국 경제는 '모방을 통한 성장'이 더 이상 불가능한 수준에 도달했습니다. 이전보다 훨씬 강한 창의력을 요구하는 것이죠.

　셋째, 참여형 교육으로 전환론. 주입식 교육으로는 학교 수업이 스타강사의 인터넷 강의를 따라갈 수 없습니다. 학교는 체험·탐구·의사소통 위주의 참여형 교육으로 일대 전환해야 합니다.

　넷째, 지식교육-인성교육 통합론. 일상적인 교육과정 속에서 서로 소통하고 협력하도록 함으로써 지식교육과 인성교육을 통합시켜야 합니다. 또한 이를 통해 민주시민양성과 기업인재양성을 통합시킬 수 있습니다.

　다섯째, 의무교육 기간 국가 책임론. 국가는 의무교육 기간(초등학교와 중학교) 동안에 '무상교육'과 '기초학력'을 책임져야 합니다. 무상급식이나 일제고사는 이러한 맥락 속에서 다뤄져야 하는 주제입니다.

출산율이 낮아진 것이 교육과 어떤 상관이 있죠?

——→ 저는 한국 교육의 양대 과제를 '경쟁 줄이기'와 '다양화'라고 생각합니다. 그런데 이런 질문을 하는 분들이 있어요. 경쟁을 줄이는 것과 다양화하는 것 모두 중요하다는 건 알겠는데, 둘 중에서 더 중요하고 시급한 걸 고르면 뭐냐는 거죠. 저의 대답은 뭐냐, 논리적으로 '경쟁 줄이기'가 더 중요하다는 겁니다. 왜냐하면, '다양화'가 굉장히 중요하고 시급한 과제이긴 하지만, '경쟁 줄이기'를 안 하면 아예 나라가 망할 것 같거든요.

왜 망하냐고요? 출산율 저하 때문에 망합니다. 우리나라 출산율이 1.2명, 세계 꼴찌 수준이거든요. 이렇게 낮은 출산율이 계속 유지되면, 고령화가 급속히 진행되면서 경제에 엄청난 악영향을 주게 됩니다. 이런 결론은 좌파냐 우파냐를 떠나서 경제학자들이 공통적으로 지적하는 내용이지요. 심지어 대표적인 보수적 입장의 경제연구소인 삼성경제연구소에서 2010년 4월에 「저출산 극복을 위한 긴급제언」이라는 보고서를 내놓기도 했는데요, 현재 수준의 출산율이 지속되면 20년 뒤에 경제성장률이 결국 마이너스(-)로 떨어지게 된다고 경고하고 있습니다. 다른 연구를 볼까요? 2012년 5월 OECD가 내놓은 자료를 보면 20년 뒤 한국의 잠재성장률은 1.0%가 될 것이며 이것은 OECD 34개국 중에서 33등이라고 합니다. 어쨌든 모두들 기성세대가 늙어죽기 전에 나라 경제가 침몰하는 꼴을 보게 될 수도 있단 얘기죠.

이 문제에 대한 경제학계의 해법은 세 가지가 있어요. 첫째, 출산율 높이기. 급격한 사회정책의 변화를 통해 아이를 낳고 키우기 좋은 사회적 여건을 만들어 냄으로써 출산율을 높이는 것입니다. 둘째, 일찍부터 일하게 하기. 쓸데없는 교육기간을 줄이고, 일하기 시작하는 시기를 앞당김으로써 생애노동기간을 늘리는 것입니다. 셋째, 이민. 외국으로부터 젊은층 이민을 대량으로 받아들이는 것이죠. 이렇게 딱 세 가지예요. 이 중에서 셋째는 여러 가지 사회적 비용을 수반할 가능성이 있어 쉽사리 택하기 어려운 대책입니다. 둘째는 꼭 필요한 대책이긴 해요. 사실 우리나라는 지나치게 많은 학생들이 인문계 고등학교에 진학하고, 지나치게 많은 학생들이 대학에 진학하거든요. 실업계 고등학교로 진학하는 비율을 높이고, 대학에 가지 않고서 직업의 세계로 진입하는 흐름을 적극적으로 만들어내야 합니다. 물론 이를 위해서는 실업계 교육과 고용시장, 기업인사 등에 있어 개혁 정책이 필수적이지요. 하지만 둘째 대책은 그 효과가 첫째에 비해서는 제한적일 수밖에 없을 겁니다. 누가 봐도 첫째가 가장 좋은 방법으로 보이겠지요.

그렇다면 첫째 해법, 즉 아이를 더 낳게 만드는 사회정책의 핵심은 무엇일까요? '보육'과 '교육'이겠지요. 아이를 안 낳는 이유는, 아이를 낳아봤자 너무 힘들고 돈도 많이 드니까 그런 것 아니겠습니까? 그런데 최근 들어서 보육 문제에 대해서는 그나마 정부와 정치권에서 많은 정책이 쏟아져 나와요. 예를 들어 2010년 지방선거에서 '무상급식' 공약이 호응을 얻는 것을 보고서는 이명박 정부에서도 '만 5세 무상보육' 정책을 내놓더니, 요새는 심지어 '0세부터 무상보육'까지 후다닥 하고 있잖아요? 그런데 '교육' 문제와 관련해서는 별다른 정책이 나오지 않습니다.

요새 정치권의 화두는 역시 '복지'인 것 같습니다. 양극화가 심해지면서 그에 대한 자연스러운 반응이라고 할 수 있겠지요. 하지만 GDP 대비 공공복지 지출 비율은 OECD 34개국의 평균값이 20.6%에 달하는데, 우리나라는 겨우 7.5%에 불과해요(2009년 통계). 그러다보니 어이없는 일이 벌어져요. 예를 들어 대학 등록금이 엄청나게 비쌉니다. 우리나라 1인당 국민소득은 통계기법에 따라 세계 30위권 내외로 나오는데, 대학등록금은 세계 2~3위에 달하거든요(일반 환율 기준으로는 대학 등록금이 미국 1등, 일본 2등, 한국 3등이고, '구매력환산지수'로 계산하면 미국 1등, 한국 2등입니다). 우리나라가 얼마나 복지 후진국인지를 보여주는 수치지요. 앞으로 갈 길이 참 멀어요.

하지만 초중고 교육과 관련해서 복지를 생각할 때, 한 가지 주의할 점이 있습니다. 각종 무상 복지 정책을 통해 공교육비를 줄여주는 건 긍정적일 수 있습니다. 하지만 학부모들이 그로 인해 남는 돈을 사교육비를 늘리는 데 쓴다면, 이게 무슨 소용이겠습니까? 따라서 원칙적으로 교육의 영역에서는 복지에 돈을 쓰는 것보다, 경쟁을 줄임으로써 사교육비를 절감하는 것이 중요한 일이란 말이지요. 즉 경쟁을 줄이기 위한 교육혁신 정책이 '가장 효율적인 복지정책'이 될 수 있다는 거죠. '무상'시리즈가 화끈하고 인상적이고 나름의 효과가 있지만, 그것 자체로는 교육문제를 해결할 수 있는 효과적인 방법은 아니라는 겁니다.

우리나라는 잦은 외침에도 불구하고 오랫동안 단일한 국가를 형성하고 있었기 때문에 '국가'와 '민족'에 대한 애착이 강한 편입니다. 그런데 정치권에서 활동하는 그 수많은 정치인들이, 왜 국가와 민족의 장래와 출산율과 교육문제 사이의 관련을 이야기하지 않는지 논리적으로 이해가 안 됩니다. 정치인들은 걸핏하면 국가와 민족의 장래를 이야기하잖아요. 그런데 출산율을 끌어 올리지 않으면 나라가 망할 위기인데, 그러려면 어떤 수단을 동원해서라도 교육을 뜯어고쳐야 하지 않겠습니까? 국가의 미래를 바람직하게 이끌어가겠다는 정치세력이라면, 당연히 출산율을 극적으로 끌어 올리기 위해 교육에서 경쟁을 줄일 수 있는 방안을 설득력 있게 내놓아야 하겠지요. 그에 반대하는 세력은 '매국노'라고 낙인찍고(!) 말이죠.

교육문제가 우리나라에서 매우 중요한 정치적 이슈가 될법한데도, 왜 이렇게 오랫동안 교육문제가 해결되기는커녕 더 악화되어 왔을까요? 교육계와 정치권을 들여다보면 그 이유가 드러난다고 생각합니다.

교육계에는 현재의 질곡을 스스로 개혁할 수 있는 내부 동력이 거의 없어요. 교육계의 근간은 '관료주의'라는 씨줄과 '인맥·학맥'이라는 날줄로 촘촘하게 짜여 있거든요. 교육계 내에서 진보 진영에는 그나마 어느 정도 동력이 있습니다. 다만 진보 진영이 주장하는 방향이 구체적인 미래의 사회경제시스템과 유기적으로 연결되지 않기 때문에, 설득력에 한계가 있어요. 교육계 내에서 보수 진영은 아예 내부 동력이 없다고 봐도 과언이 아니에요. 예를 들어 교육계의 보수 인사들에게 '미래 사회가 필요로 하는 인재의 조건'이 무엇이고, 그러려면 교육이 어떤 방향으로 바뀌어야 하냐고 물어보세요. 그럼 나름대로 답을 할 겁니다. 이걸 주제로 멋지게 강연을 하는 분들도 있어요. 그런데 이를 위해 우리나라 교육에서 구체적으로 뭘 고쳐야 하느냐고 물어보세요. 딱 부러지는 답이 안 나와요. 왜냐? 고치려고 보면 기존의 기득권과 충돌하는 부분이 한두 가지가 아닌데, 교육계 안에 몸담고 있는 보수적인 분들은 기득권과 맞설 의지가 없거든요.

정치권은 어떨까요? 일단 우리나라의 그 많은 국회의원들 가운데, '교육' 하면 떠오르는 사람이 있나요? '교육'과 '부동산'은 참으로 오래된 민생 문제인데, 정작 정치인 가운데 교육이나 부동산과 관련하여 특별한 전문성을 가진 사람이 별로 없습니다. 특히 정치인들 가운데 최고 수준의 학벌을 가진 사람들이 많은데, 본인들이 이 교육시스템의 승리자들이다보니 이 시스템에 대한 문제의식이 별로 없어요. 19대 국회의원 중에서 이른바 'SKY(서울대 · 고려대 · 연세대)' 학부 출신이 43%이고, 대학원까지 포함하면 74%나 됩니다. 교육시스템을 개혁하기 위해서는 교육계 곳곳의 기득권과 맞붙을 수 있는 강력한 의지가 필요한데, 이들에게서 이러한 수준의 의지를 기대하는 게 가능할까요? 게다가 특히 정치인들은 이미 자녀들을 대학에 진학시킨 경우가 많고 또 자녀교육은 배우자에게 전담시킨 경우가 많기 때문에, 교육문제에 대한 현실감각도 떨어지는 편입니다. 그나마 19대 국회의원 가운데 교육문제에 상당한 식견과 열의를 가진 분들이 몇몇 눈에 띄어서, 기대를 걸어보고 있어요.

어쨌든 민족의 장래를 걱정하고 국가를 운영하겠다고 나선 정치세력이라면, 교육문제를 어떻게 해결해서 출산율을 높이겠다는 것인지, 확실한 비전과 정책을 내놓아야 할 의무가 있을 겁니다. 그리고 국민들은 그러한 정책을 내놓을 것을 요구하고, 그렇지 못한 정치세력을 비판할 필요가 있어요. 지금보다 훨씬 많이.

세 줄 요약

1. 세계 최저 수준의 출산율로 인해 향후 한국 경제에 심각한 위기가 닥칠 것으로 예상된다.
2. 출산율 저하에 대한 대응책으로는 출산율 높이기, 젊은층 노동진입연령 앞당기기, 젊은층 이민 받아들이기 등 세 가지가 있다.
3. 출산율을 높이려면 혁명적인 교육 및 보육 정책이 필요하다.

정답을 빨리 찾는 능력을 키우는 게
교육의 목표 아닌가요?

——→ 제가 우리나라 교육의 한계에 대하여 어렴풋이 느끼기 시작한 것은 1990년대 후반부터예요. 저는 경기과학고를 졸업한 다음에 서울대에서 자연과학을 전공하다가 대학원에 진학하면서 전공을 바꿨습니다(석사·박사과정 전공이 과학사·과학철학입니다). 고등학교나 대학 시절 동기나 선후배들이 상당수 이공계 전공으로 미국에서 유학했지요. 그런데 유학을 마치고 돌아와서는 이런 얘기를 하는 거예요. 한국 유학생들이 박사학위 논문 제출 자격시험(qualifying exam)까지는 잘 본다는 겁니다.

이게 무슨 소리냐 하면, 박사학위 논문을 제출하기 전에 몇 과목에 걸쳐 시험을 치르게 되어 있는데 이걸 논문 제출 자격시험이라고 하거든요. 여기까지는 '정답'이 있는 문제가 출제된다는 거죠. 이건 한국 학생들이 굉장히 잘 한다는 겁니다. 백인 학생들이 상당히 취약하고, 설설 기는 경우도 많대요. "이거 어떻게 하는지 가르쳐 주면 점심 사줄게" 하면서 부탁하면 한국 유학생들이 "야, 이런 것도 못하나?" 하면서 알려주기도 한다는 겁니다. 그런데 정말 이상한 점은, 우수 논문상은 그 어설펐던 백인 학생들이 다 타간다는 거예요. 아마 인문사회계열에서는 더 심할 거예요. 이공계라서 이 차이가 적은 편일 텐데도 이런 얘기를 여러 번 들었습니다.

그 이유가 뭘까요? 물론 유학생으로서의 불가피한 핸디캡이 작용했을 수도 있어요. 하지만 그보다 주요한 원인은 아마도 우리나라 학생들이 어릴 적부터 학교와 학원 교육을 통해 줄곧 '정답 찾기' 일변도의 훈련을 받은 탓일 겁니다. 사실 초등학교 1학년만 되어도 우리나라 모든 학생들은 다음과 같은 진리를 깨닫거든요. 아주 무시무시한 진리, 즉 '정답은 문제집 뒤에 다 나와 있다'는 것 말이죠. 정답이란 문제집 뒤에 다나와 있는, 고도로 정형화되고 규격화된 것이고, 학생의 임무는 이것을 무조건 빨리, 정확하게 찾아내는 것이란 얘기죠. 이런 훈련에 길들여진 한국 학생들이 논문제출 자격시험까지는 잘 볼 수 있을 거예요. 여기까지는 '정답'이 있는 문제가 출제되거든요. 하지만 창의성과 독창성이 중요한 학위논문에서는 최고 수준의 평가를 받기 어려운 거죠.

물론 서양 학생들이라고 해서 '정답 찾기' 훈련을 안 하는 건 아닙니다. 하지만 그들은 정답을 찾아냈는지 여부 못지않게 정답을 유도해내는 사고의 '과정'을 중시할 뿐만 아니라, 자신의 견해와 아이디어를 내놓도록 요구하는 교육을 병행하지요. '자신의 생각'을 요구하는 겁니다. 단적인 예로, 시험문제만 봐도 우리와는 확 달라요. 예를 들어, 영국의 고등학교에서 영국사(그들의 '국사'겠지요) 과목 시험문제로 이런 질문이 나와요. 1차 세계대전 도중 참호에서 악전고투하는 병사의 상황을 간단히 묘사한 뒤, 이렇게 묻는 거죠. "위 병사가 당시 유럽 정치의 맥락 속에서 어떻게 이러한 상황에 처했는지를 설명하고, 이 병사의 운명이 어떻게 되었을지 합리적으로 추론해보라."

우리로서는 어안이 벙벙할 지경이지요. 객관식? 그런 거 없어요. 유럽은 대학입시가 아예 논술형이니까, 고등학교에서 객관식 문제집을 푸는 건 아예 상상하지도 않아요. 그러니까 이 병사가 어떻게 되었을까?… 자신의 생각을 적어야 합니다. 그냥 상상의 나래만 편다고 해서 좋은 점수를 받는 건 아니고, 나름 '그럴 듯해야' 해요. 설득력이 있어야 한다는 말이죠. 또 미국은 선진국으로서는 드물게 대학입시가 객관식이지만(SAT), 고등학교에서의 평가는 모두 논술형 또는 수행평가입니다. 학교 정규수업 시간에 객관식 문제집을 풀어주는 식의 수업은 절대로 하지 않지요.

독일의 고등학교에서 문학 시험문제를 볼까요? 교사와 학생이 수업시간에 읽은 소설에 주인공 A와 그의 친구 B가 등장하는데, 시험문제가 이렇게 나온단 말입니다. "소설의 배경보다 5년이 지났다고 가정하여, B의 입장에서 A에게 쓰는 편지를 써라." 독후감 숙제가 아닙니다. 이게 시험이에요. 정해진 시간 동안 쓰도록 하고, 이를 나름의 기준으로 채점합니다.

서양 사람들은 이러한 교육에 어릴 적부터 길들여져 있어서, 여기에 각자 나름의 지식과 논리와 정서를 실어 답합니다. 발표와 토론, 작문, 탐구활동 등이 일상적인 교육활동의 핵심을 이루지요. 이런 교육에 비해서, 객관식 문제풀이를 '열나게' 연습시키는 우리나라 교육은 그야말로 '경쟁력이 떨어지는' 것이죠! 많은 사람들이 문제풀이를 더 빠르고 정확하게 하도록 만드는 것이 경쟁력을 높이는 교육이라고 생각하지만, 이런 생각은 교육의 본질적 목표가 경쟁력을 갖추도록 하는 것이냐는 근본적 질문은 제쳐두더라도, '경쟁력'이라는 개념을 지나치게 협소하게 생각하는 오류를 범하는 겁니다. 유명한 OECD의 PISA 평가도 역시 이러한 한계를 공유하고 있음을 잊어서는 안 돼요. 마치 우리나라 수능처럼, 정답이 딱 부러지는 문항만 출제하거든요.

물론 '정답을 빨리 찾는 능력'도 나름 경쟁력이라고 할 수 있지요. 이걸 정면으로 부인할 수는 없겠지요. 하지만 교육에 있어서 경쟁력을 이러한 요소로 한정하면, 더 중요한 경쟁력을 놓치게 됩니다. 요컨대 지금 자라나는 세대의 학생들이 선진국 학생들과 '창의성 경쟁'을 한다고 생각해보자는 말이죠. 초 · 중 · 고교 12년 동안 열심히 '정답 찾기'에만 내몰린 학생들이, 너의 견해를 말해봐라, 너의 논리를 써봐라, 너의 정서를 표현해봐라… 이런 훈련을 꾸준히 받아온 학생들과 대적할 수 있을까요?

결국 객관식 평가의 가치에 대한 믿음을 내려놓아야 할 때가 된 겁니다. 정답이 뻔히 정해져있는 시험 문항을 잔뜩 내놓고 나서 이걸 빨리 정확하게 풀어낼수록 우수한 학생으로 인정해주는 식의 교육은, 더 이상 우리 사회에 걸맞는 교육이 아닙니다. 창의력을 키우려면 자신의 아이디어를 구성해보도록 독려해야 하는데, 정답이 뻔히 정해져있는 문항만 가지고 평가해서야 어떻게 창의력을 키울 수 있겠어요?

'학력' 혹은 '학업성취도'의 위상과 가치는 근본부터 재평가되어야 합니다. 학업성취도 평가의 대표적인 예가 우리나라의 국가수준 학업성취도 평가(일제고사), 수능, SAT, PISA 평가 등이지요. 모두들 정답이 뻔히 정해져 있는 객관식 평가입니다. PISA 평가나 일제고사에는 서술형 문항이 섞여 있긴 하지만, 모두 모범답안이 정확히 정해져 있는 문항으로 한정되기 때문에 선다형 문제로 변형 가능한 것들이지요. 그런데 문제는 이런 시험이 우리나라에서는 그야말로 일면적인 '테스트'가 아니라 학업의 '목적'으로 취급된다는 겁니다.

주입식 수업과 객관식 문제풀이에 골몰한 나머지, 한국의 학생들은 심지어 명문대생들조차 '말을 잘 못 하고 글을 잘 못 쓰며 정답 찾기에만 골몰한다'는 지적을 받는 것이지요. 말을 잘 못 하고 글을 잘 못 쓰는 사람이, 어떻게 엘리트일 수가 있을까요? 조선시대에 과거시험장에서는 시를 짓도록 해서 평가했어요. 그런데 우리는 지금 도대체 뭘 하고 있는 겁니까?… 주입식 수업과 객관식 문제풀이로는 엘리트교육이고 평등교육이고를 떠나 지금 시대가 요구하는 교육이 안 되는 겁니다.

※ 서양의 최근 학교교육 트렌드를 생생하게 보여주는 책으로 『독일 교육 이야기』(박성숙 지음), 『북유럽에서 날아든 행복한 교육 이야기』(첸즈화 지음), 『열다섯 살 하영이의 스웨덴 학교 이야기』(이하영 지음) 등을 권합니다.

세 줄 요약

1. 규격화된 정답을 빨리 찾도록 요구하는 교육으로는 창의성을 키울 수 없다.
2. 정답 찾기 일변도인 한국 교육과 대조적으로 서구 선진국은 자신의 논리, 견해, 정서를 표현하도록 하는 교육을 충분히 병행한다.
3. 고등학교에서 객관식 문제집을 전혀 풀지 않는 서구 선진국 학생들에 비해 한국 학생들은 창의성 경쟁에서 불리할 수밖에 없다.

Q.043

왜 창의력을 키우지 않으면
한국 경제가 망한다는 거죠?

———→ Q042에서 박사학위 논문을 소재로 얘기를 시작했지요. 그런데 21세기 들어서면서, '창의성'의 문제는 학위논문 수준보다 훨씬 큰 외연으로 확대됩니다. 우리나라 산업계의 상황이 20세기와 확연히 달라졌기 때문이지요.

20년쯤 전 삼성전자는 사업기획이나 상품기획을 어떻게 했을까요? 소니(Sony)나 도시바(Toshiba)가 뭐 하는지를 보고 이를 열심히 모방했겠지요. 후발 주자의 입장에서는 1, 2등 업체가 하는 일을 일종의 '정답'으로 간주하고 열심히 따라하자는 전략이 나름대로 합리적인 전략일 수 있고, 실제로 20세기 세계사를 통틀어서 '추격 성장'에 가장 성공한 나라가 일본과 더불어 우리나라였습니다. 모방 또는 추격성장 모델에서는 '정답'이 존재했던 셈이지요. "1, 2등 업체가 하는 게 정답이다! 이를 따르라!" 정답을 빨리 찾아내도록 요구하는 교육은, 이러한 시대적 상황에 걸맞은 것이었을지도 모릅니다.

그런데 지금, 삼성전자는 전 세계 전자업계에서 몇 등이지요? 여러 업종에 걸쳐 1, 2등을 하고 있어요. 삼성전자뿐만이 아닙니다. LG화학, 포스코, 현대중공업, 대우조선… 전 세계에서 업종별 1, 2등을 다투는 업체가 꽤 많아졌어요. 현대자동차도 급격히 수위권 기업들과의 기술격차를 줄여가고 있습니다.

자, 이들 기업의 입장에서 더 이상 '정답'이라는 게 존재할까요? 아니겠지요. 더 이상 '정답'이란 존재하지 않습니다. 자기 자신이 1, 2등인 상황에서는, 더 이상 모방할 대상이 존재하지 않기 때문이지요. 이제 기업은 이전에 한 번도 경험해보지 못한 상황에 놓여 있는 거죠. 즉 '남들이 한 번도 안 해본 일을 해야 하는' 것입니다. 그것도 맨날, 일상적으로 말이죠.

어떤 분들은 이렇게 얘기해요. "그건 일부 잘 나가는 기업들 얘기고, 다른 업종에서는 적당히 뭔가를 보고 따라하는 것도 가능하지 않겠느냐"고 말이죠. 하지만 그럴까요? 이미 존재하고 있는 사업모델이나 제품을 보고 모방하는 방식의 게임이라면, 우리 바로 옆에 중국이라는 막강한 경쟁상대가 존재합니다.

사실 우리가 무의식적으로 중국을 낮추어 보는 경우가 많아요. 하지만 최근에는 미국과 더불어 세계 양대 강국이 되었고, 그래서 'G2'라는 표현을 쓰잖아요? 이미 중국의 산업발전의 수준이 상당한 수준에 도달해 있지요. 우리나라의 '턱 밑'까지 쫓아왔다고 할 수 있습니다. 더구나 내수시장의 규모가, 도대체 우리나라의 몇 배인가요? 인구만도 남한의 26배입니다. 우리나라 26개를 합쳐놓은 나라란 말이죠. 그런 나라가 먼 곳도 아닌, 바로 옆에 있습니다. 그런데 이미 존재하는 사업모델이나 제품을 누가 빨리 따라하느냐를 놓고 이런 나라와 경쟁을 한다? 산업계에서 오랫동안 잔뼈가 굵은 분들은 하나같이 지적해요. 이미 이런 식으로는 중국과 '게임이 안 되기 시작'하고 있고, 앞으로는 더 경쟁이 안 될 거라고 말입니다.

이래저래 우리나라 산업계 전체의 창의성이 예전에 비해 훨씬 중요해지고 있는 것이지요. 일부 잘 나가는 기업들은 자신들이 글로벌 업계에서 수위권에 놓여있으니 '남들이 한 번도 안 해본 일'을 해야 하는 거고, 다른 업종에서는 중국이라는 막강한 경쟁자가 있으니까요.

그런데 이러한 상황이 기성세대에게는 잘 와 닿지 않아요. 기성세대의 입장에서 볼 때, 과연 우리나라가 창의성을 중시하는 사회였나요? 아무리 생각해도 아니거든요. 우리사회에서 창의성이란 '있으면 좋은 것'인 정도였지, '꼭 있어야 하는 것'은 아니었어요. 오히려 창의성이 많으면 살아가기에 불편하기도 한, 심지어 그런 사회였습니다. 그런데 전 세계적으로 유례없는 성장을 수십 년간 지속해온 지금, 어느덧 예전보다 훨씬 창의성이 중요한 사회가 되어버렸어요.

최근 우리나라 기업의 경영진이나 인사 담당자들은 '회사에 들어와서 뭔가 저질러보겠다는 사람이 점점 줄고 있다'고 말하며 안타까움을 표합니다. 참으로 의미심장한 일이지요. 어떤 사람들은 '한국 교육이 기업이 원하는 붕어빵 인재를 만들어내고 있다'고 비판하기도 해요. 하지만 정작 우리나라의 기업들은 더 이상 '붕어빵 인재'를 원하는 것으로 보이지 않거든요. 한국 자본주의의 역동적 변화가, 기업이 요구하는 인재상에 변화를 초래한 것이지요. 이러한 경향은 당분간 바뀌지 않을 겁니다. 창의성에 대한 요구는 앞으로 상당 기간 동안 갈수록 심해지겠지요.

세 줄 요약

1. 한국의 기업들 가운데 일부는 글로벌 수위권에 도달하여 모방할 대상이 사라졌기 때문에 창의성이 매우 중요해졌다.

2. 글로벌 수위권이 아닌 산업영역에서도, 모방을 통한 성장전략으로는 중국과의 경쟁에서 살아남기 어렵다.

3. 2000년대 이후 한국 산업의 전체적인 상황은 이전보다 훨씬 절실하게 창의성을 요구한다.

산업계의 창의력을 높이려면
어떻게 해야 하나요?

⟶ 우리나라 산업계의 전체적인 창의성을 높이는 것이 과거와는 비교되지 않을 정도로 중요해졌고, 창의성의 중요성은 세월이 지날수록 더욱 커질 것이라고 이야기했습니다. 유례없는 초고속 성장을 수십 년간 지속한 결과, 이제 이런 상황에 도달한 거죠. 그렇다면 무엇이 바뀌어야 산업계 전체의 창의성이 높아질까요?

첫째로 기업의 조직문화가 달라져야 합니다. 우석훈 씨라고 아시나요? '88만원 세대'라는 말을 처음 만든 분이고, 박권일 씨와 함께 『88만원 세대』라는 책을 썼습니다. 이 분은 프랑스에서 경제학 공부를 하고 돌아와, 현대그룹에서 오랫동안 일했어요. 그래서 우리나라 기업 생리를 잘 아는 분이지요. 또 우석훈 씨는 『조직의 재발견』이라는 책에서 우리나라 대기업 조직 문화를 분석했습니다. 그의 지적에 따르면 우리나라 기업 조직은 '군대'를 모델로 삼았다고 해요. 그 증거가 뭐냐, 여자가 살아남기 힘들다는 것이죠.

참으로 의미심장한 증거입니다. 우리가 기업에서 경험하는 수직적인 위계질서와 철저한 상명하복은 전형적인 군대적 특성이라고 할 수 있을 겁니다. 그런데 이러한 조직문화에서는, 창의력이 발휘되기가 어렵다는 것이지요. 위에서 결정한 대로 무조건 따라야 하고 실패가 용납되지 않는 문화, 이런 문화 속에서는 당연히 창의성이 꽃피기는 쉽지 않겠지요.

개별 기업들의 조직문화가 달라져야 할 뿐만 아니라, 기업들 간의 관계도 달라져야 하죠. 최근에 이 문제를 강하게 지적한 사람이 안철수 씨입니다. 대권 주자로 물망에 오르기 전인 2011년 상반기에, 안철수 씨가 여러 인터뷰를 통해 우리나라의 기업생태계에 대하여 강경한 발언을 쏟아내기 시작했어요. 우리나라의 중소기업, 벤처기업들이 '삼성동물원, LG동물원, SK동물원'에 갇혀 있다는 표현을 반복적으로 쓰더군요. 더구나 우리나라에서 삼성을 명시적으로 비판하는 게 금기시되는 분위기가 없지 않은데… 아랑곳 않고 '동물원'이란 표현을 쓰더란 말이죠.

'동물원'이라는 표현이 왜 나왔는지 짐작이 되시죠? 우리나라에서 새로운 사업모델이나 제품으로 기업을 급속히 성장시킨다는 것이 거의 불가능하다는 겁니다. 대기업과 연관을 맺는 순간, 죄다 종속되어버린다는 거죠. 그걸 '동물원'이라고 표현한 것이고요. 그러니 벤처투자 같은 것이 제대로 될 수가 없고, 산업계의 전체적인 창의성이나 역동성을 기대하기가 점점 어려워진다는 것이죠. 우리나라 산업계가 추격자(fast follower)에서 벗어나 창조자(first mover)로 체질을 바꿔야 하는데, 지금과 같은 기업생태계로는 그게 불가능하다는 겁니다. 안철수 씨 본인이 벤처기업가였으니 특히 절절히 느낀 문제였겠지요.

그런 강경한 얘기를 쏟아놓은 배경을 살펴보면 안철수 씨가 느낀 '분노'의 수준이 일정 수준을 넘어섰겠음을 짐작할 수 있습니다. 저는 안철수 씨가 서울시장 보궐선거를 계기로 정치에 뛰어드는 것을 보고, '올 것이 왔구나'라는 생각을 했어요. 다만 저는 차차기 대권 주자 정도로 나서지 않을까 생각했는데, 어느 날 갑자기 차기 대권 주자로 뜨더군요.

사실 그것이 안철수 씨만의 생각도 아닙니다. 전통적인 민주진보 진영의 재벌개혁론도 그와 유사한 주장을 포함하고 있고, 이명박 정부에서 만들어서 정운찬 씨가 위원장을 맡은 바 있는 '동반성장위원회'라는 것도 결국은 대기업과 중소기업이 상생하는 기업생태계를 목표로 한 것이지요(법률적·행정적 강제력이 없었기 때문에 별 실효는 거두지 못했습니다만).

우리나라 산업의 전체적인 창의성을 높이려면 기업 조직문화의 혁신, 기업생태계의 혁신, 그리고 세 번째로 교육 혁신이 필요합니다. 추격성장, 모방을 통한 성장의 시대가 지났다면, 기업 내부의 조직문화와 기업들 간의 관계(기업생태계)도 바뀌어야 하겠고, 기업에서 일하는 사람들을 키워내는 과정, 즉 '교육'도 바뀌어야겠지요. 한국 자본주의는 학생들의 창의성을 북돋고, 각자의 아이디어를 만들어내도록 격려하는 교육으로의 전환을 요구하는 셈입니다.

20세기 역사를 통틀어서 '추격 성장'으로 가장 성공한 나라가 일본과 한국이에요. 이 중에서 일본은 창의성 교육으로의 전환에 실패한 것으로 보입니다. 우리가 선진국이라고 말하는 나라 중에서 사실상 유일하게 주입식 교육 패러다임을 유지하고 있거든요. 일본과 한국의 수업 장면을 보면 똑같아요. 교사는 앞에서 열심히 이야기하고, 아이들은 책과 노트를 펴놓고 선생님의 말씀을 경청합니다.

주입식 교육 모델에 갇혀있는 한, 우리는 '학습 강도의 강화'와 '학습 강도의 완화' 사이에서 진자운동을 할 수밖에 없어요. 일본이 그랬죠. 그래서 학습 강도를 강화하면 학력 수준이 올라가고, 강도를 완화해서 이른바 '유토리 교육'을 하면 학력 수준이 내려간 겁니다.

우리나라에서도 학습 강도를 완화해야 한다는 견해와, 그랬다가는 학력이 낮아질 테니 학습 강도를 완화해서는 안 된다는 견해가 충돌하고 있지요. 하지만 이런 대립은 모두 '주입식 교육'을 전제로 하는 것입니다. 이 패러다임 속에서는 미래지향적인 해결책이 나오지 않아요. 조금만 우리나라 산업의 미래를 깊이 생각해본다면, 어떻게 주입식 교육에서 벗어나 창의성을 키울 것이냐가 더 중요한 문제임을 이해할 수 있습니다.

주입식 교육 모델은 교사의 머릿속이나 책 속에 '정답'이 존재한다는 것을 전제로 하는 교육입니다. 평가도 정답이 있는 문항을 출제한 뒤, 이를 빨리 정확히 맞힐수록 우등생으로 대접하는 식이지요. 물론 정답을 빨리 찾아내는 능력도 무시할 만한 것은 아닙니다. 하지만 시급히 자신의 견해 · 논리 · 정서를 표현하도록 격려하는 창의성 교육으로 전환하지 못하면, 우리나라 '산업'과 '교육'의 부정합은 갈수록 심해질 것이고, 한국 교육은 한국 산업의 발전을 돕는 것이 아니라 오히려 그 발전을 저해하는 요소가 될 것입니다.

세 줄 요약

1. 사회 전체적인 창의력이 높아지려면 기업 조직문화, 기업생태계, 그리고 교육이 개혁되어야 한다.

2. 주입식 교육 모델 하에서는 학습 강도를 높이면 학력이 올라가고 강도를 낮추면 학력이 내려가는 진자운동이 일어난다.

3. 주입식 교육 모델은 학생들에게 정답 찾기만을 강요하므로 창의력을 키우는 데 한계가 뚜렷하다.

인터넷 강의를 들으면 되지 왜 학교에 다녀야 하는 거죠?

──→ 학교가 주입식 교육에서 탈피해야 하는 역사적 필요성은 '창의성'이라는 면에만 있는 것이 아니에요. 인터넷 강의야말로 학교의 변화를 불가피하게 만드는 역사적 요인이지요. 주입식 교육은 인터넷을 통해 언제든지 얼마든지 받을 수 있는 상황인데, 학교에서 주입식 교육을 계속할 이유가 있냐는 거죠.

저는 지난 2000년, 학원 강사로서 메가스터디 창업에 참여한 바 있습니다. 메가스터디가 기대보다 훨씬 빠른 속도로 성장하는 걸 보면서, 저는 '이제 학교는 주입식 교육을 할 필요가 없겠구나'라고 느꼈어요. 주입식 교육은 인터넷 강의로 해결 가능한 세상인데, 이제 학교에서 주입식 강의를 할 이유가 없지 않겠습니까?

이제 학교는 교사-학생 간 상호작용, 학생-학생 간 상호작용을 중심으로 하는 교육으로 전환해야 하는 거죠. 특히 체험활동과 탐구활동, 토론과 글쓰기와 말하기가 중심이 되는 교육은 인터넷 강의로 대체하기가 어려워요. 그런 방식의 교육은 오프라인에서 서로 대면하고 있어야 효과적이거든요. 주입식 교육에서 벗어난 그러한 형태의 교육을 '참여형 교육'이라고 말할 수 있겠습니다. 그러나 메가스터디가 설립된 지 10년이 넘은 지금까지, 안타깝게도 학교 교육은 그렇게 변화하지 못했어요.

특히 EBS 강의를 수능에 반영하는 정책이 2004년과 2010년 두 차례에 걸쳐 발표·추진된 바 있는데, 이러한 정책이 발표될 때마다 '그럼 학교는 뭐하란 말이냐'는 반응이 터져 나왔어요. 그런데 이러한 반응은 바로 학교 수업이 학원이나 인터넷 강의의 대체재가 되어버린 현실을 극명하게 드러내는 겁니다. 학교수업이나 학원 강의나 인터넷 강의나 모두 '객관식 문제풀이를 위한 주입식 교육'을 하고 있다면, 수험생 입장에서는 '더 효율적인 주입식 교육'이 이뤄지는 학원 또는 '수능 반영'이 보장된 인터넷 강의로 기울어질 수밖에 없는 것이죠. 그렇다면 학교는 왜 다녀야 하는 거죠?

학교 교육이 인터넷 강의로 대체될 수 있는 상황은 서구에서는 찾아보기 어려운 일입니다. 일단 유럽 국가들의 경우 대학입시가 아예 논술형이고, 논술형 시험의 특성상 학교에서의 대입 준비가 탐구활동과 토론과 작문 등을 중심으로 이뤄지지요. 물론 주입식 수업이 전혀 없다는 얘기는 아니에요. 하지만 적어도 우리보다는 참여형 수업의 비율이 훨씬 높습니다.

심지어 대학입시가 객관식(SAT)인 미국에서도 고등학교 교육은 객관식 문제풀이 위주로 이뤄지지 않습니다. 미국의 고등학교에서 정규 수업 시간에 객관식(SAT) 문제집을 풀어주는 일은 전혀 찾아볼 수 없는 일이거든요. 요새 SAT 학원이 늘어나면서 이에 대한 대응으로 사립 고등학교를 중심으로 방과후 선택수업의 형태로 SAT 대비 수업을 하는 경우가 나타나고 있습니다만, 적어도 정규수업 시간에 SAT 문제집을 푸는 일은 결코 존재하지 않습니다. 내신 평가는 논술형 시험과 수행평가를 중심으로 이뤄지지요. 그래서인지 대학에 진학할 때 내신 성적이 존중되어 높은 비중으로 반영됩니다(미국의 대입 전문가들은, 미국의 대학에 지원할 경우 내신 성적은 평균적으로 SAT 성적에 필적하는 비중을 차지한다고 말합니다).

사실 대학입시가 객관식인데 내신 평가도 객관식이라면, 대학의 입장에서 내신 성적의 가치를 특별히 존중할 이유가 없지 않겠습니까? 미국은 별도의 논술고사 또는 논술형 대학입시가 없지만, 말하자면 '내신이 논술'인 셈이고 그래서 내신 성적의 가치가 그만큼 존중될 수 있는 것이죠.

어쨌든 서구 선진국들 가운데 어느 곳에서도 고등학교에서 객관식 문제를 풀고 있지 않아요. 그러니 인터넷 강의 같은 게 퍼져도, 학교는 그 기능을 비교적 온전히 보전하고 있는 거죠. 주입식 교육은 인터넷으로 대체 가능하지만, 참여형 교육은 인터넷으로 대신하기 어려우니까요. 그런데 유독 우리나라는 객관식 문제풀이를 위한 주입식 교육이 학교교육에 만연해 있고, 이 때문에 학교 교육이 인터넷 강의로 쉽게 대체될 수 있는 것이 되어버렸어요.

어떤 사람들은 '학교가 열심히 가르치면 된다'고 이야기해요. 물론 열심히 하긴 해야겠지요. 하지만 '어떤 방향으로?'라는 문제를 빼먹은 채 '열심히 가르치면 된다'고 말하면, 결국 학교 교사들에게 주입식 수업의 최고 '달인'들인 인터넷 스타강사들과 경쟁하라는 얘기밖에 안 되는 거죠. 그 결과는 학교의 참담한 패배일 수밖에 없고, 결국 '왜 학교를 다녀야 하는가?'라는 본질적인 의문에 부딪히게 됩니다.

사실 중학교까지야 의무교육이니까 그렇다고 칩시다(전세계적으로 의무교육은 거의 다 중학교까지입니다). 그런데 그런 식으로 인터넷 강의로 대신할 수 있는 교육을 지속한다면, 도대체 왜 인문계 고등학교를 다녀야 할까요? 우리나라의 인문계 고등학교에서 입시교육이 효율적으로 되나요? 진로적성 지도가 잘 되나요? 올바른 인성의 함양에 도움이 되나요?

그래서 최근 들어 점점 두드러지는 현상이, 성적이 상당히 좋은 학생들 중에 고등학교를 미진학하거나 또는 자퇴 하고서 검정고시를 통해 대입에 도전하는 경우가 늘고 있다는 거예요. 그런 학생들을 만나서 얘기해보면, 자기가 왜 고등학교를 다녀야 하는지가 납득이 안 된다는 겁니다. 실제로 검정고시로 고등학교 졸업 자격증을 따도, 대학입시에서 특별한 불이익을 받지는 않거든요. 모든 대입전형에는 검정고시로 고졸 자격을 갖춘 사람들을 위한 규정이 존재합니다. 그게 없으면 위헌이니까요.

저명한 경영학자인 피터 드러커는 '교육과 학습은 없어지지 않겠지만, 학교는 없어질 수 있다'고 말합니다. 그는 자신의 저서 『자본주의 이후의 사회』에서 지금의 학교가 20세기가 남긴 유물이 될 수 있다고 예언하기도 했지요. 그렇다면 주입식 교육을 지속하는 우리나라의 학교야

말로, 가장 먼저 없어질 수 있는 (그리고 없어져야 마땅한) 형태의 학교이
지 않을까요?

세 줄 요약

1. 학교가 객관식 문제풀이 위주의 주입식 수업을 지속한다면, 인터넷 강의와의 경쟁에
   서 이겨내기 어렵다.
2. 학교는 체험 · 탐구 · 의사소통 중심으로 이뤄지는 참여형 교육으로 전환해야 한다.
3. 서구 선진국의 고등학교는 참여형 수업과 논술형 및 수행 평가 위주로 운영되기 때문
   에 인터넷 강의의 영향을 덜 받는다.

아이들을 경쟁시켜야
경쟁력이 높아지는 거 아닌가요?

$\longrightarrow$ 우리는 흔히 '개인 간 경쟁을 열심히 해야 조직(전체)의 경쟁력이 커진다'고 생각하곤 합니다. 아이들을 경쟁의 도가니 속에서 강하게 (!) 키워야 우리나라의 경쟁력이 유지된다고 생각하는 분들이 많이 있지요. 하지만 조직 내부에서 개인 간에 치열한 경쟁을 하도록 하는 것이, 과연 그 조직의 경쟁력을 높이기 위한 방법일까요?

기업만 봐도 그렇지 않거든요. 사장님이 사원들을 모아놓고 "옆에 있는 동료들이 어려움을 겪고 있어도 모른 척 하세요, 이들을 제치고 여러분 개인이 잘났음을 입증하기 위해 온 힘을 다하십시오!"라고 말할까요? 그런 사장이 있다면 정신 나간 사람이겠지요. 사장님은 절대로 그렇게 이야기하지 않아요. 사장님은 "옆에 있는 동료가 어려움을 겪고 있으면 잘 도와주십시오, 다른 부서와도 잘 협조하십시오, 상관과 부하 직원과 모두 한마음으로 협동하여 우리 회사 잘 나가도록 합시다!"라고 말씀하신단 말이죠.

기업 내에 본격적인 경쟁이 존재하는 경우는 일부 영업 부서 정도일 겁니다. 나머지 부서는 거의 서로 경쟁하지 않아요. 예를 들어 현대자동차에서 새 중형 승용차를 개발하려고 한다면 개발 A팀, 개발 B팀, 개발 C팀, 이런 식으로 나눠놓고 만들어서 서로 열심히 경쟁하도록 해서 그중에서 가장 잘 만든 안을 채택할까요?… 그렇지 않지요. 전 세계의 주요 자동차 업체 중에 그런 식으로 개발하는 업체는 없어요. 특정 상품을 개발하기 위한 개발팀은 단 '한 팀'인 겁니다. 물론 경쟁이 있지요. 하지만 경쟁 상대는 내부에 있는 것이 아니라, 외부에 있는 다른 기업인 거죠.

기업을 포함한 대부분의 사회조직은, 오히려 내부 경쟁은 체계적으로 통제합니다. 물론 경쟁 원리를 부분적으로 채용하는 경우도 있기는 하지요. 하지만 일반적인 사회 조직에서 경쟁력의 가장 중요한 원천은 내부 협력, 팀워크(team-work), 리더십(leadership) 등의 사회적 역량이거든요.

이게 바로 핀란드가 그토록 경쟁을 안 시키는데도 경쟁력이 강한 이유일 겁니다. 핀란드는 전 세계 최고의 교육 선진국이라고 명성이 자자한 나라지요. 그런데 핀란드 교육을 들여다보면, 민망할 정도로 경쟁을 안 시켜요. 대입 경쟁이 있기는 하지만 우리에 비하면 애교 수준입니다. 일제고사를 통한 학교별 경쟁도 없고, 교원 평가를 통한 경쟁도 없어요. 물론 교원 평가가 있기는 하지만, 성적을 공개하여 비교·경쟁하기 위한 것이 아니라 학교 교육을 내실화하기 위해서 학교별로 자율적으로 운영하는 것이지요.

하지만 이 나라의 교육 경쟁력, 기업 경쟁력, 국가 경쟁력은 모두 전세계 최상위권입니다. 집단의 경쟁력의 원천은 집단을 구성하는 개개인끼리의 경쟁이 아니라 '협력'에 있다는 것을 핀란드가 여실히 보여주고 있는 겁니다. 핀란드 사회 내의 협력과 연대가 핀란드의 경쟁력을 높인 것이지요. 핀란드의 한 학교 교장은 이렇게 말합니다. "북유럽 학교 교육에서는 협동을 강조하고, 학생들에게 그룹학습을 많이 시킵니다. 우리는 이미 경쟁을 과도하게 강조하는 것이 내부 자원만 불필요하게 소모시킬 뿐, 국가의 대외 경쟁력에 큰 도움을 주지 않는다는 것을 알고 있기 때문입니다(첸즈화 지음, 『북유럽에서 날아든 행복한 교육 이야기』, 81쪽)."

서구 국가들이 상대평가를 안 하는 가장 중요한 이유가 바로 이것일 겁니다. 사실 우리가 선진국이라고 말하는 나라 중에서 학교 성적표에 석차(등수)가 나오는 나라는 딱 한 나라밖에 없어요. 바로 일본입니다. 내신 석차 매기는 제도는 사실 일제 잔재인 것이죠. 일본에 의해 도입되어서 한 세기 동안 시행해온 겁니다. 그런데 상대평가가 좋은 제도면 선진국에서 다 하고 있어야 맞잖아요? 그런데 서구 선진국들 중에는 어느 나라에서도 안 합니다. 왜 그럴까요?

어떤 학생이 고등학교 2학년쯤 되었다고 가정합시다. 이 학생과 실력이 비슷한 짝꿍이 옆에 앉아 있는데, 이 짝꿍이 공부하다가 어려움을 겪고 있어요. 그럼 이 학생은 짝꿍을 도와줘야 할까요, 아니면 외면해야 할까요? 갈등에 빠지죠. 이게 바로 상대평가의 치명적인 문제입니다. 윈-윈(win-win), 즉 '너도 잘 되고 나도 잘 되자'는 게 불가능한 거예요. 아이들을 도가니에 가둬놓고 서로서로 제치게 만들어놓았거든요. 가장 잔혹한 경우는 여고의 이과반인데요, 여고의 경우 이과반이 한 반밖에 없는 학교가 많거든요. 30명이라고 쳐보세요. 내신 1등급은 석차 4퍼센트까지 주거든요. 그러면 1.2명, 반올림해서 딱 1명 나와요. 매 학기마다 과목별로 딱 1명씩 1등급이 나오는 거예요. 그래서 정부에서 내신 반영률을 높인다고 발표할 때마다 교실이 아주 냉랭해지고 심지어 라이벌의 노트를 몰래 찢어서 버리는 식의 일이 벌어졌던 겁니다.

학생들이 교육을 마치고 나면 사회로 진출하겠죠. 예를 들어 회사에 취직을 했는데, 회사에서 독방에서 혼자 일합니까? 아니죠. 팀 단위에서 옆 사람하고 협력하면서 일하는 거죠. 팀워크가 중요해지는 겁니다. 그런데 지금 우리나라 상대평가제도는 팀워크를 죽이죠. 우리나라 교육 시스템은 공부를 못하는 아이들만 죽이는 게 아니라 공부를 잘하는 애들도 여러 모로 불구로 만드는 셈입니다. 제가 초중고 12년 동안 학교에서 본격적인 팀워크를 경험해본 적이 있나?, 이런 물음을 던져본 적이 있어요. 그런데 아무리 기억을 뒤져봐도 없는 거예요. 고등학교 때 학교 축제에서 짧은 연극의 연출 비슷한 걸 해본 적이 있는데, 그때를 제외하고는 기억나는 게 하나도 없는 겁니다. 우리나라에서 명문대 나온 엘리트 중에 상당수가 이런 식의 청소년기를 보냈을 겁니다.

우리는 '협동'이라는 게 일종의 '동양적 덕목'이라고 착각을 하지요. 서양 사람들은 깍쟁이 개인주의자이고, 자기만 안다고 생각합니다. 하지만 팀워크가 필요하다고 판단되는 상황에서는, 그들이 우리보다 잘합니다. 왜? 어릴 적부터 많이 해봤거든요. 어디서? 학교에서 말이죠. 운동부 활동, 밴드부 활동, 각종 동아리 활동… 뿐만이 아닙니다. 정규 수업시간에도 경험하지요.

'협동학습'이라는 수업방식을 들어보셨나요? '모둠수업'이라고도 하지요. 수업시간에 선생님이 오늘은 수학 인수분해에 대해서 알아보자, 이런 식으로 주제를 소개하고 자료를 나눠주고는 슬렁슬렁 돌아다닙니다. 학생들이 테이블마다 4, 5명씩 팀을 이루고 앉아 머리를 맞대고 공동의 과제를 수행해가는 것이지요. 모르는 게 있으면 옆에서 도와주기도 하고, 즉석 토론이 수시로 벌어지기도 합니다. 심지어 인터넷에 연결된 PC를 이용하여 자료를 찾아볼 수 있게 해놓은 경우도 있습니다.

협동학습에서는 늘 '협동'이 보입니다. 예를 들어 A라는 아이가 제동을 걸었어요. 우리가 결론을 이끌어가는 과정에서 이 부분이 왜 이렇게 넘어가는지 이해가 안 되는데? 이런 의문을 제기한 거죠. 그러나 A는 그걸 교사에게 묻지 않습니다. 곁에 앉아 있는 B에게 물어보는 것이죠. 그럼 B가 자기 견해를 이야기하고, 물론 옆에서 또 다른 동료들이 지적도 하고 보완책도 내놓으면서 공동의 목표를 위해 협력하는 겁니다. 이 과정에서 중요한 게, A만 도움을 받는 게 아니에요. B도 도움을 받아요. 남에게 설명하는 과정에서 본인의 논리가 더 날카로워지고, 논리적 비약이나 모순이 자연스럽게 드러나면서 교정될 기회를 갖게 되는 것이죠.

2011년 초에 전 세계 36개국 학생들을 대상으로 협업 능력을 포함한 사회적 역량을 비교 조사한 연구가 발표되었어요. 한국 학생들이 몇 등을 했을까요? 35등 했습니다. 저는 어릴 적 어르신들한테 '조선놈들은 개개인은 잘났는데 모아놓으면 모래알이야!' 이런 말을 들은 적이 있거든요. 기성세대에 속하는 분들은 아마 이런 말을 들은 기억이 다들 있을 거예요. 그렇다면 조선 사람들은 협동이 안 되게 만드는 이상한 유전자라도 가지고 있는 것일까요?… 설마 그건 아니겠지요. 이건 분명히 교육시스템의 문제예요. 아마 일제 강점기에 시작되었을 거예요. 그래서 이게 거의 '국민성'이 되어버렸어요. 요새 학부모들 보십시오. 좋은 교육정보를 얻게 되면, 그걸 옆집 엄마나 같은 반 친구 엄마들에게 잘 얘기해 줍니까? 아니잖아요. 오히려 꼭꼭 숨겨놓는 경우가 많지요. 왜? 주변 아이들을 제쳐야 자기 자식의 석차가 올라가니까요. '국민성'이 되어버렸다는 말이 과언이 아닌 거죠.

　동료들끼리 서로 개개인 단위로 경쟁하게 만들고, 그 경쟁이 치열할수록 뭔가 사회적으로 이득이 생긴다고 착각하고, 가장 많은 동료들을 제치는 데 성공한 이를 서울대에 가게 만들고… 이런 병적인 상황에 누군가 분명히 종지부를 찍어야 했습니다. 저는 이명박 정부의 교육정책이 전체적으로 심각한 문제점을 안고 있다고 봅니다만, 이명박 정부의 주요 교육정책 중에서 가장 칭찬할만한 게 있다면 바로 고졸자 취업기회를 늘리기 위해 노력한 점과 더불어 중고등학교에서의 평가를 절대평가로 전환한다고 선언했다는 점이라고 생각합니다.

　그나마 선진국 가운데 교육에서 경쟁의 효과를 가장 강조하는 나라가 미국과 일본입니다. 그런데 공교롭게도 우리나라에 가장 큰 영향을 준 나라가 미국과 일본이지요. 사람들은 흔히 평등이 비효율을 낳는다고 믿지만, 북유럽이나 독일은 평등이 효율을 높여주는 기제가 분명히 존재함을 보여줍니다. 북유럽이나 독일은 사회가 비교적 평등하기 때문에 학생들이 자신의 관심과 재능에 따라 진로를 결정하게 되고, 특정 분야로 쏠리는 현상이 적어 사회적으로 인적 자원의 배분이 합리적으로 이뤄지는 것이지요. 우리나라는 불평등이 심각한 수준이기 때문에 사교육과잉과 출산율 저하와 같은 사회적 비용을 치르게 되고, 아울러 이공계 기피와 강력한 의대-치의대-한의대 쏠림, 청소년 장래 희망직업 1위가 '공무원'이 되는 등의 기현상이 나타나는 것입니다.

※ Q042에서 언급한 세 권의 책(『독일 교육 이야기』, 『북유럽에서 날아든 행복한 교육 이야기』, 『열다섯 살 하영이의 스웨덴 학교 이야기』)은 모두 경쟁주의에서 이탈한 북유럽·독일 교육의 모습을 보여줍니다. 미국과 유럽의 전반적인 차이가 교육에 어떻게 투영되는지는 『미국에서 태어난 것이 잘못이야』(토마스 게이건 지음)를 참조하시길 바랍니다. 우리가 지향할 교육과 사회의 모습을 무척 재미있고 실감나게 보여주는 책입니다.

세 줄 요약

1. 기업을 포함한 사회조직의 경쟁력의 원천은, 그 조직에 속한 개인 간의 경쟁이 아니라 개인 간의 협동이다.
2. 일제에 의해 도입된 상대평가가 워낙 뿌리 깊이 내면화된 바람에, 우리의 국민성에 협동·팀워크·리더십 등의 사회적 역량이 뿌리내리기 어려워졌다.
3. 북유럽과 독일은 협동을 통하여 경쟁력을 높이고 평등을 통하여 효율을 높이는 것이 가능함을 보여주는 대표적인 사례이다.

인성교육을
더 강화해야 하지 않나요?

──→ 요새 학교폭력이나 교권침해 등이 큰 이슈가 되면서, 학교에서 인성교육을 강화해야 한다고 지적하는 분들이 많습니다. 그런데 문제가 있어요. 도대체 인성교육을 강화한다는 게 뭘 의미할까요? 도덕시간을 두 배로 늘리면 인성교육이 강화될까요? 선생님의 훈화 말씀을 두 배로 늘리면 될까요?

아무리 생각해도 그건 해답이 아닌 것 같단 말이죠. 예를 들어 공자님 말씀을 외운다고 해서 유교적 인성을 갖게 되는 것이 아니잖아요.

우리는 흔히 지식교육과 인성교육을 구분해서 사고합니다. 객관적인 지식을 배우는 것이 지식교육이고, 도덕률이나 가치기준을 배우는 것이 인성교육이라고 생각하지요. 그런데 이러한 이분법은 '주입식 교육'을 전제로 하고 있습니다. 교사나 교과서 속에 이미 준비된 내용을 학생들에게 전달해주기만 하면 된다는 것이죠. 그러니까 예를 들어 지식을 전달하는 과학 시간은 지식교육이고, 규범을 전달하는 도덕 시간은 인성교육이라는 거죠.

하지만 인성이라는 것은 구체적인 삶의 방식을 통해 몸으로 익혀지는 것이잖아요. 그러니까 도덕률을 머릿속에 주입하는 방식으로는 인성교육이 제대로 되기 어려운 거죠. 삶의 방식이 바뀌어야 하고, 특히 학교라면 배움의 방식이 바뀌어야 하는 거죠.

삶의 방식, 배움의 방식을 바꿈으로써 지식교육과 인성교육을 통합하려는 시도는 전 세계 교육계에서 꽤 다양한 사례를 찾아볼 수 있습니다. 그중에서 우리와 문화적 환경이 유사한 일본에서 사토 마나부 동경대 교수가 중심이 되어 추진하고 있는 학교개혁 프로그램이 있어요. '배움의 공동체'라는 이름의 학교개혁 프로그램입니다. 이게 요새 우리나라 혁신학교에도 상당한 영향을 주고 있어요. '배움의 공동체'의 핵심은 두 가지라고 할 수 있는데, 하나는 교사 간의 수업 공개, 그리고 학생 간의 협동 학습이에요. 이를 통해 학교 구성원들 간의 관계를 근본적으로 변화시키고, 진정한 배움의 과정을 경험하도록 하자는 겁니다.

왜 교사 간에 수업을 공개하는 걸까요? 사실 교사들은 대체로 서로의 수업을 들여다보려 하지 않아요. 남의 수업을 들여다보기를 민망한 일로 여기고, 또 남이 자신의 수업을 들여다보는 것을 굉장히 부담스럽게 생각합니다. 공개수업이라는 걸 하기는 하지만 완전히 의례화 된 요식행위에 불과한 경우가 대부분이지요. 하지만 사토 마나부 교수는 일상적인 수업 공개를 매우 중시합니다. 서로의 수업을 적극적으로 참관해보지 않으면, 교사들이 서로 도움을 주거나 배우게 되기 어렵기 때문이에요. 남들이 어떻게 수업하는지 보지도 않으면서 어떻게 다른 교사에게 도움을 줄 수 있겠습니까? 자신이 어떻게 수업하는지 보여주지 않으면서 어떻게 자신이 도움을 받을 수 있을까요?

학생 간의 협동학습이 중시되는 것도 비슷한 맥락입니다. 학생들이 공통의 목표나 주제를 놓고 서로 협력하는 분위기 속에서 더 효율적이면서도 진정한 배움의 경험이 쌓여간다는 겁니다.

그런데 이런 식으로 일상적인 배움의 과정 속에서 교사들이 서로 돕고, 학생들이 서로 돕는 풍토가 확립된다면, 그것 자체가 바로 인성교육이 되는 것 아니겠습니까? 지식교육과 인성교육 사이의 구분이 무의미해지는 것이지요. 실제로 사토 마나부 교수의 학교개혁을 시행한 학교들에서 내놓는 결과 보고서들을 보면, 이지메가 얼마나 많이 줄고 히키코모리(은둔형 외톨이, 등교거부자)도 얼마나 많이 줄었는지가 꼭 주요한 성과로 소개되어 있습니다. 당연한 얘기죠. 서로 도움을 주고받으며 보듬고 가야 하는 동반자적인 관계 속에서, 누구 하나를 왕따시킨다는 것은 어려운 일이니까요.

이렇듯 서로 돕는 배움의 과정을 통해, 지식교육과 인성교육은 통합될 수 있는 겁니다. 또한 민주시민 양성과 기업인재 양성도 통합될 수 있는 것이지요. 서로 배려하고 소통하고 협력할 줄 아는 민주시민, 이게 바로 기업이 원하는 인재의 모습이거든요. 기업은 옆의 사람을 왕따시키고 주변 동료들을 외면한 채 자신만의 성과를 입증하려는 인재를 원하는 게 결코 아니잖아요. Q046에서 얘기했듯이, 기업조직의 경쟁력의 원천은 그 안에 있는 개인 간의 경쟁이 아니라 개인 간의 협력이라고 봐야 하거든요.

학교폭력과 관련하여 많은 대책이 시행되고 있습니다. 나름대로 효과를 거두는 대책도 있겠지만, 많은 대책들이 결국 무용한 것으로 드러날 거예요. 그 한계를 우리가 직시해야 합니다. 교사들 간의 관계, 학생들 간의 관계, 그리고 교사와 학생들 간의 관계가 더 민주적이고 협력적인 성격으로 재편되지 않는 한, 학교폭력은 계속 심해질 겁니다. 이에 대한 근본적인 처방은 주입식 수업에서 참여형 수업으로 전환, 동료들과 경쟁시키는 교육에서의 탈피, '전 세계에서 가장 재미없는 공부를 전 세계에서 가장 오래 하는' 상황에서의 해방입니다.

세 줄 요약

1. 인성 교육은 주입식으로는 불가능하며, 삶과 배움의 과정을 변화시킴으로써 가능하다.
2. 사토 마나부 교수의 '배움의 공동체'는 교사 간·학생 간 협력을 통해 배움의 과정이 이뤄지도록 함으로써 인성교육의 문제를 함께 해결한다.
3. 서로 소통하고 협력하는 배움의 과정을 통하여 지식 교육과 인성 교육의 통합, 민주시민 양성과 기업인재 양성의 통합이 이루어져야 한다.

의무교육 기간에 국가는
뭘 해줘야 하나요?

——→   의무교육은 정해진 기간 동안 무조건 학교를 다니게 하는 제도
지요. 영어로 'compulsory education'이니까 '강제교육'이라고 번역할
수 있는 겁니다. 그러니까 '네 아이를 이 기간 동안에 특별한 사유 없이
학교에 보내지 않으면 벌을 주겠다', 뭐 이런 제도지요. 의무교육에 대한
규정은 나라마다 차이가 있는데, 미국처럼 아이를 학교에 보내지 않고
홈스쿨링을 하는 경우가 폭넓게 허용되는 나라가 있는가 하면, 독일처
럼 홈스쿨링이 아예 법적으로 금지되어 있는 나라도 있습니다. 우리나
라의 경우 질병 등의 정당한 사유 없이 학교에 보내지 않으면 100만원
의 벌금을 반복적으로 부과 받을 수 있어요. 꽤 강하게 '강제'하고 있는
것이죠. 다만 요새 홈스쿨링을 하고 있는 분들에게 물어보면, 실제 단속
이 제대로 이뤄지지는 않는 것 같습니다만.

자, 강제적으로 교육을 받게 했으면, 그 대신 국가가 뭔가 해주는 게 있어야 하겠죠? 그게 뭘까요? 의무교육 기간 동안에 국가가 보장해야 하는 것은 두 가지일 겁니다. 첫째는 돈 낼 필요가 없게 해줘야 한다는 겁니다. 강제로 다니게 해놓고는 돈을 내라는 건 말이 안 되는 거죠. 예를 들어 병역 의무를 다하기 위해 군대에 갔는데, 군화 값이나 급식비를 내라고 한다면 말이 되겠습니까? 법적으로 국민의 의무(강제)로 삼아 놓은 일에 대해서는 거기에 필요한 경비를 국가가 대주는 게 원칙입니다. 그래서 전 세계적으로 의무교육 기간에는 등록금을 받지 않는 겁니다. 우리나라의 경우 아예 헌법에 명시되어 있죠. 헌법 제31조 3항, 바로 "의무교육은 무상으로 한다"는 조항입니다.

물론 무상의 범위가 어디까지냐는 문제는 논란의 여지가 있지요. 예컨대 급식을 무상으로 하는 게 타당하냐? 절대적으로 그렇다고 하기도 어렵고, 절대적으로 안 그렇다고 하기도 어렵죠. 하지만 학교급식법 제6조 1항은 "학교급식은 교육의 일환으로 운영되어야 한다"고 하고 있고, 교사의 경우 점심식사 시간도 교육활동의 일환으로 간주해서 근무시간에 포함합니다. 따라서 적어도 의무교육 기간의 급식은 교육활동의 일환이므로 무상이어야 한다고 주장하는 게 논리적으로 맞지요. 일각에서 왜 이건희 삼성 회장의 손자에게도 무상급식을 해줘야 하느냐고 얘기하는데, 그런 논리대로라면 이건희 손자에게는 초등학교나 중학교 등록금을 걷어야 하는 겁니다.

물론 보편적으로 모든 학생에게 무상급식을 제공하는 나라는 많지 않습니다. 선진국이라 할지라도 대체로 저소득층에게만, 또는 무상급식을 신청한 학생에게만 무상급식을 제공해요. 보편적인 무상급식 제도는 스웨덴, 핀란드 정도에서 찾아볼 수 있습니다. 하지만 그렇게 따지면, 한국에는 왜 아동수당 제도가 없는 건가요? OECD 34개국 중에서 30개국에서 국가가 아동수당을 지급하는데 말이죠(아동수당이 없는 네 나라는 한국, 미국, 터키, 멕시코입니다). 즉 우리나라는 아동에 대한 복지정책이 전반적으로 미흡한 와중에, 아동에 대한 복지정책이 무상급식의 형태로 보완되고 있는 셈입니다.

우리나라에서 진보적 교육감들을 중심으로 무상급식을 추진하게 된 또 다른 배경은, 지자체의 권한과 예산범위 내에서 교육환경을 개선할 수 있는 사업이 거의 없기 때문이에요. 사실 교육환경 측면에서 볼 때 가장 중요한 것은 학급당 학생 수라고 할 수 있는데, 이걸 개선하는 것은 교육감 권한으로 거의 불가능하거든요. 행안부가 교원 정원을 통제하고, 지경부가 교원 인건비 예산을 통제하니까요.

그런데 무상급식은 교육감과 지자체장의 의지로 시행할 수 있고, 예산상으로도 크게 부담되는 건 아니거든요. 의무교육 단계인 초등학생과 중학생 전원에게 무상급식을 실시하기 위해서는 서울시 교육청이 매년 1천 2백억, 서울시가 7백억 정도를 부담해야 하는데요, 이는 각각 서울시 교육청 1년 예산 6조원의 2%, 서울시청 1년 예산 22조원의 0.3% 수준입니다. 그리 심각한 문제는 없는 거지요. 이 정도 예산지출 때문에 "나라가 망한다"고 외친 분들이 계셨다는 점은 씁쓸한 일입니다만….

의무교육 기간에 국가가 보장해야 되는 두 번째는 바로 '기초학력'입니다. 모든 학생들이 다 공부를 잘 할 수는 없지요. 또 모든 학생들이 다 공부를 잘 할 필요는 없을 지도 모릅니다. 하지만 최소한도의 학력수준, 이건 확보되어야 합니다. 예를 들어 곱셈 나눗셈도 못하는 학생들이 중학교에 올라가서는 곤란하겠지요. 특히 형편이 어려운 계층의 아이들 가운데 그런 경우가 종종 보입니다. 결국 의무교육 기간에 최소한도의 학력수준을 확보하도록 하는 것은 국가의 중요한 책무이고, 아이들의 장래를 위해서도 꼭 필요한 겁니다.

최근 들어 일제고사(국가수준 학업성취도 평가)에 대한 반감이 확산되면서, 일제고사의 모든 기능을 부정하는 주장이 점차 힘을 얻고 있습니다. 하지만 저는 일제고사에는 분명히 순기능도 존재한다고 봐요. 일제고사는 우리나라 역사상 최초로 '기초학력 미달'이라는 문제를 사회적 의제로 부각시켰거든요. 진보적인 분들 가운데 '학력' 또는 '학업성취도'의 문제에 대해 알레르기 반응을 가진 분들이 일부 있는데, 저는 일제고사가 보편적인 학업성취도 측정 수단으로 사용되는 것은 심각한 문제가 있다고 생각하지만, '기초학력 미달'에 대한 국가적 대책이 있어야 한다는 점은 적극 지지합니다.

저도 학교와 교사 자율 책임으로 기초학력이 보장되는 핀란드가 부럽습니다. 하지만 우리나라에서는 이런 정책이 전혀 학부모의 신뢰를 얻지 못해요. 학업부진에 빠진 아이에게 '학원에 다녀라'고 말하거나 최소한의 능동적 대응도 하지 않는 교사들의 행태, 이를 방관하는 학교시스템의 문제를 정말 심각하게 받아들여야 해요(이 문제를 포함하여 일제고사의 대안적 형태에 대해서는 Q052에서 자세히 서술하겠습니다).

이게 억압적이라고요? 어차피 '의무교육'이라는 제도 자체가 강제적인 것입니다. 국가가 일정 연령대의 아동들을 무조건 학교에 다니도록 강제해놓았다면, 그 기간 동안에 최소한도의 학력 수준을 보장하는 것은 당연히 필요합니다. 이것이 국가와 국민 사이에 '교육'과 관련하여 이뤄지는 중요한 계약일 겁니다. 그리고 이러한 국가의 책무가 소홀히 취급된다면, 가장 심각하게 피해를 입는 학생들은 저소득층 맞벌이 가정의 아이들일 거예요.

세 줄 요약

1. 의무교육이란 곧 국가에 의해 이뤄지는 강제교육이다.
2. 그 기간 동안에 국가는 '무상교육'과 '기초학력'을 책임져야 한다.
3. 일제고사가 보편적 학업성취도 측정에 사용되는 것은 심각한 문제가 있으나, 기초학력을 책임지는 수단으로서 제한적으로 활용하는 것은 필요할 수 있다.

Q.049

우파는
어떤 생각을 버려야 하나요?

—→ 그렇다면 우파는 어떤 생각을 버려야 할까요? 경쟁을 시켜야 경쟁력이 높아진다는 믿음, 객관식 평가의 가치에 대한 믿음, 주입식 교육 패러다임에 사로잡혀 심지어 인성교육마저 주입식으로 해야 한다는 믿음… 그밖에도 두 가지를 더 지적해야겠습니다. 하나는 고교평준화에 대한 적대감이고, 또 하나는 대입자율화에 대한 믿음이에요.

고교평준화에 대한 적대감은 왜 포기해야 할까요? 물론, 학업능력이 서로 엄청나게 차이나는 학생들을 한 반에 모아놓다 보면 학습 효율이 떨어질 수 있기 때문에, 특히 의무교육 이후 단계에서는 주의해야 할 일이라고 봅니다(여기에 대해서는 Q050에서 자세히 논할 거예요). 하지만 문제는 고교평준화가 한 가지 의미만 가지고 있지 않다는 데 있어요. 평준화의 첫 번째 의미는 '교육과정의 획일화', 즉 수준이나 능력 차이를 불문하고 똑같이 가르친다는 것이지요. 하지만 평준화의 두 번째 의미는 1970년대 박정희 대통령이 시행한 정책의 공식 명칭에서 찾아볼 수 있어요. 바로 '무시험 고교 배정'입니다. 그리고 바로 이런 의미에서의 고교평준화를 부정하는 것은 무의미합니다. 왜냐하면 최소한의 제정신을 가진 정부라면 무시험 고교 배정 원칙을 뒤엎고 성적순 선발을 허용하는 순간, 엄청난 사교육 쓰나미가 몰려올 것을 능히 예상할 수 있거든요.

흔히 '고교평준화'라고 불려온 이 정책의 정식 명칭은 '무시험 고교 배정'이었고, 성적과 무관하게 고교를 배정하는 방식에는 근거리 학교 배정(초등학교·중학교와 같은 배정방식), 무작위 추첨 배정(이른바 '뺑뺑이'), 그리고 지원 후 추첨 배정(고교선택제) 등 크게 세 가지 방법이 있습니다. 이 세 가지 모두 성적순 선발을 배제한 고교 배정 방식이고, 그런 의미에서 아직 고교평준화가 명맥을 이어가고 있다고 말할 수 있는 것이지요. 어떤 분은 고교선택제와 고교평준화가 대립적인 것처럼 말하지만, 서울을 제외한 모든 고교평준화지역은 이미 오래 전부터 고교선택제를 시행하고 있었고, 고교평준화 지역 중에서는 서울이 마지막으로 2010학년도 고입 신입생부터 고교선택제를 단행한 것입니다. 고교선택제도 분명히 일종의 '무시험 고교 배정'으로서 고교평준화의 일종이라고 할 수 있습니다.

사실 성적순 선발을 금지하는 정책은 그것이 꼭 교육학적으로 올바른 길이어서 때문에 옹호하는 것이라기보다, 그것이 깨질 때의 위험을 감당할 수 없기 때문에 '불가피하게' 옹호하게 되는 면이 강합니다. 핀란드나 독일 같은 나라는 무슨 '고교평준화의 왕국'쯤이라고 생각하는 분들이 적지 않은데, 사실 이 나라들에서는 고등학교에서 성적순으로 학생을 선발해요. 우리나라 기준으로는 전형적인 비평준화 지역에 해당하지요. 물론 이것은 이 나라들이 근본적으로 우리나라보다 평등하고, 대학서열화나 학벌주의가 별로 없는 사회이기 때문에 가능한 겁니다. 사회적 여건이 허락한다면, 굳이 고교평준화를 고집할 이유가 없는 것이죠. 반면 우리처럼 명문 고등학교를 보내려고 기를 쓰고 사교육을 시킬 것이 분명한 사회에서, 고교평준화를 깨고 성적순 선발을 허용하는 것은 정치적 자살행위이겠지요.

대입자율화 원칙은 왜 포기되어야 할까요? 대입자율화란 대학에서 학생을 선발하는 과정에 자율권을 줘야 마땅하다는 것이죠. 하지만 그 결과는 굉장히 부정적입니다. Q024에서 언급한 우리나라 대입전형의 세 가지 속성이 있었죠? 첫째로 전 세계에서 가장 복잡한(다양한) 대입전형을 가지게 되어 학생들이 지원할 때 갈피를 잡기 위해 컨설팅을 받고 싶은 마음이 굴뚝같이 솟아오릅니다. 둘째로 한 명에게 요구하는 전형요소들이 지나치게 복합적이며 심지어 비교과영역이 많이 반영되게 되면서 부모의 지원과 배경이 중요한 작용을 하게 되었습니다. 셋째로 일부 전형요소에 정상적인 고등학교 교육과정 범위를 넘어서는 것들이 버젓이 자리 잡게 되었습니다.

사실 공교육계에서 학생을 가르치거나 상담하는 사람들의 입장에서 가장 곤혹스러운 경우는 학생에게 '학원을 다녀라'라고 얘기해야 하는 경우거든요. 그런데 지금 10개 남짓한 명문대 대학별 고사를 준비하는 학생들에게는 '학원을 다녀라'라고 말해야 하는 형편이에요. 명백하게 대학 교육과정에 상응하는 수학 문제가 논술이나 구술면접 문항으로 버

것이 출제되는 식이란 말이죠. 글로벌전형 등의 일부 전형은 토플 학원을 다니는 게 거의 필수 사항이고요.

이로 인해 가뜩이나 경쟁의 강도가 높은데 더하여 경쟁이 굉장히 '불공정'해져 버렸어요. 그야말로 '고강도 불공정 경쟁'이 되어버린 겁니다. 여기에 가장 적극적으로 대응해야 하는 곳이 어디일까요? 첫째는 한국대학교육협의회(대교협)이고, 둘째는 교육과학기술부입니다. 그런데 이명박 대통령의 대선 공약이 바로 '대입자율화'였고, 첫 번째로 한 일들 중 하나가 바로 대입 관련 업무를 교육부에서 대교협으로 이관한 것이었어요. 바통을 이어받은 대교협은 불공정 경쟁을 촉발시키는 대학의 전형에 대해 거의 아무런 통제를 하지 않았습니다. 그도 그럴 것이 대교협 회장은 명문대 총장들이 돌아가며 맡아왔고, 우리나라 명문대의 사회적 책임의식의 수준을 고려해볼 때 명문대들이 자진하여 사회적 요청을 받아들여 스스로를 규제할 가능성은 희박하거든요.

그런데 대학 자율을 강조하는 교육과학기술부가 하는 일들을 보면 대학의 자율성을 그다지 존중하는 것 같지 않아요. 대학의 정원, 편입생 규모, 총장 선발방식 등 교육과학기술부가 강하게 대학을 통제하는 것들이 한두 가지가 아니거든요. 최근에는 총장 직선제를 유지하는 대학에 정부 지원금을 줄이는 바람에 경북대에서 난리가 났죠. 이런 식으로 교육부는 필요하다고 생각하면 대학의 자율권을 제약하는 일을 적잖이 해왔습니다. 그런데 정작 가장 국민들이 민감하게 여기는 학생 선발과정은 무조건 대학 자율에 맡기는 게 좋다고요?… 심지어 사립대인 연세대나 고려대의 경우도 전체 대학 재정 가운데 국고보조금에 의존하는 비율이 20% 가량이나 되거든요. 국민들 세금을 그만큼 많이 가져다 쓰고 있단 말이죠. 그러면서 학생 선발에 있어서는 무조건 자기들 마음대로 하겠다는 게 합당한 일일까요?

세 줄 요약

1. 고교평준화라는 개념 중 '획일적 교육과정'이라는 의미는 극복되어야 하나 '무시험 학교배정'이라는 의미는 지켜져야 한다.

2. '무시험 학교 배정' 원칙은 교육학적으로 올바르기 때문에 지켜져야 하는 것이라기보다는 이를 포기하면 사교육이 폭증하기 때문에 불가피하게 지켜져야 하는 것이다.

3. 대입자율화의 결과 대입 경쟁이 상당히 '불공정'해졌으며, 이에 대한 규제 또는 새로운 차원의 사회적 합의가 절실히 필요하다.

좌파는
어떤 생각을 버려야 하나요?

──→　그렇다면 좌파는 어떤 생각을 버려야 할까요? 교육의 목적이 '기업 인재 양성'과 상관없어야 한다는 믿음, 일제고사식 개입 없이도 기초학력 보장이 가능하리라는 믿음… 그밖에도 버려야 할 것을 세 가지 지적할 수 있겠습니다.

　좌파가 첫 번째로 버려야 할 것은 '선발이 곧 차별'이라는 믿음입니다. 예를 들면 우리나라에서는 인문계 고등학교의 교육을 정상적으로 이수할 능력이나 자질이 안 되는 학생들이 너무 많이 인문계 고교에 진학합니다. 인문계 고교 진학이 적합한지를 가리는 일종의 선별과정이 필요한데, 이게 제대로 작동하지 않는 것이죠. 인문계 고교 진학률은 지역별 편차가 큽니다. 중학교 내신 성적 40% 정도까지만 인문계 고교에 진학할 수 있는 지역도 있어요. 학교 간판은 일반고인데, 학생들의 학력 수준은

자사고에 해당(?)하는 셈이지요. 반면 서울의 경우 중학교에서 거의 꼴
찌만 면하면 인문계 고등학교에 진학할 수 있어요. 특히 최근 몇 년간 실
업계 고등학교(공식 명칭은 '특성화고등학교')의 인기가 높아지면서, 인문
계보다 어지간한 실업계 진학하기가 더 어려운 실정이에요. 자연히 일반
인문계 고등학교에는 인문계 교육에 '부적격'한 학생들이 많이 다니게
되고, 그러다보니 고교평준화에 대한 공격에 방어하기도 어려워집니다.

　물론, 실업계를 기피하고 인문계 고등학교에 들어가려고 하는 경향이
학생 개인 탓이라고 할 수는 없지요. 또 단순히 실업계 교육에 좀 더 투
자하고 내실화한다고 해서 해결되는 것도 아닙니다(물론 실업계 교육 개
혁이 꼭 필요하긴 합니다만). 학력과 학벌에 따른 불평등과 차별을 줄이기
위한 강력한 사회개혁이 필요한 겁니다. 독일이나 북유럽 학생들이 스
스럼없이 실업계에 진학하는 이유는 실업계에 가도 차별받지 않기 때문
이거든요. 이와 유사한 문제가, 우리나라 대학 진학률이 80% 내외로서
세계 최고라는 점입니다. 이것은 우리 사회에 대학 졸업 여부에 따른 차
별이 엄존하기 때문이지요. 유럽은 대학 진학률이 낮아서 심지어 스웨
덴이나 스위스의 대학 진학률은 30%대에 불과한데, 이게 가능한 이유
는 실업계 교육이 충실하게 이뤄지는데다가 대학 졸업장이 없다는 이
유로 차별받지 않기 때문입니다. 반면 우리나라에서는 4년제 대학을 졸
업하고 나서 다시 전문대에 진학할지언정(최근에 이런 경우가 늘고 있습니
다), 무조건 대학에 가려 하지요. 차별받을까봐 두려운 겁니다.

　이렇듯 우리나라의 인문계 고등학교 진학률과 대학 진학률이 지나치
게 높은 것은, 실업계와 고졸자가 겪게 되는 불이익과 차별이 크기 때문
입니다. 하지만 그렇다고 해서, 학력과 학벌에 따른 불평등과 차별이 해

소되지 않는 한 지금의 상태를 방치하는 것이 합리적일까요? 또 학생과 학부모의 행복과 미래를 위해 바람직한 일일까요? 좌파가 나서서 4년제 대학 정원을 과감하게 줄여야 하지 않을까요? 실업계 고등학교(특성화 고등학교)를 늘리면서 실업계 교육에 대대적으로 투자하며 내실화해야 하지 않을까요? 이 정도 정책이 준비되어야 비로소 '포퓰리즘'이 아니라 '사민주의'로 인정받을 수 있지 않을까요? 또 불평등과 차별을 완화하기 위한 강력한 사회개혁 정책도 그만큼 설득력을 얻을 수 있을 테고 말입니다. 단번에 이렇게 바꾸기 어렵다면, 최소한 향후 이러한 방향으로 바꾸어갈 로드맵을 만들고 제시해야 합니다.

대학과 인문계 고등학교가 무분별하게 늘어난 것은 1990년대 김영삼 정부가 '학생과 학부모의 수요를 충족시킨다'는 명분으로 대학 인가를 남발하고 인문계 고교를 대폭 늘리면서입니다. 사실 우리나라 교육의 포퓰리즘은 지금이 아니라 1990년대에 극성이었던 것이죠. 이로 인해 어지러워진 교육 시스템을, 2010년대의 사회적 필요에 따라 합리적으로 재편해야 하는 것입니다. 그리고 이러한 재편을 추진할 동력은 우파가 아니라 좌파에서 나오는 것이 상식적으로 맞을 거예요.

좌파가 버려야 할 두 번째는 '입시 위주 교육'에 대한 적대감입니다. 이것은 상당히 뿌리 깊은 것이고, 여기에 대해서는 좌파가 아니더라도 적지 않은 분들이 문제를 느끼고 있는 것 같습니다. 자기도 고교 시절 입시 위주 교육을 받아보니 그리 가치 있는 것도 아닌 것 같은데 뼈 빠지게 시키는 게 이상하다는 거죠. 그런데 이 문제를 깊게 들여다보면, 이건 결국 인문계·실업계의 구분 및 인문계 고등학교의 기능을 어떻게 규정할 것이냐의 문제임을 알 수 있습니다.

다음 질문에 답해보시죠. "인문계 고등학교는 대학입시를 열심히 준비해줘야 하는가, 아니면 대학입시로부터 독립된 '정상적' 교육과정을 운영해야 하는가?" 진보적인 분들은 십중팔구 후자라고 답할 겁니다. 그런데 고등학교에서 대학입시 준비를 안 해주는 전통을 가진 나라가 있습니다. 바로 미국이지요. 이 분들은 의식적으로든 부지불식간으로든 미국식 제도를 올바른 것이라고 보는 겁니다. 하지만 유럽은 그렇지 않아요. 유럽은 인문계와 실업계를 구분하고, 인문계 고교는 대학 진학을 전제로 대학입시를 열심히 준비하는 교육과정을 운영합니다. 다만 우리와 달리 입시가 논술형이므로 수업도 그에 맞는 방식으로 이뤄지고, 공통필수과목(이른바 '국영수')이 거의 없고 지망하는 전공분야와 본인의 선호에 의해 다양한 과목 조합이 나타난다는 차이가 있긴 합니다만.

　한국은? 한마디로 '어정쩡'이죠. 명목상으로는 '정상적' 교육과정을 운영하는 것처럼 되어 있지만, 실제 고3이 되면(경우에 따라서는 고2나 고1부터도) 교과서를 제쳐놓고 수업시간에 수능 문제집을 열심히 풀거든요. 한국 고등학교 교육의 비애가 여기에 있는 것이죠. 정상적 교육과정을 운영한다고 하기에는 입시준비를 해달라는 현실적인 요구가 너무 강하고, 그렇다고 대학입시 준비를 한다고 공식화하기엔 창피하거든요. 왜냐하면 서구 선진국 어디를 봐도 고등학생이 정규수업 시간에 객관식 문제집을 책상 위에 올려놓고 푸는 경우는 없으니까요. 그들의 기준으로 보면, 이건 정상적인 학교 교육이 아니거든요.

　진보적인 성향의 분들일수록 대학입시보다 내신에 더 가치를 두는 경우가 있습니다. 그런데 이상적으로는 내신 성적이 대학입시 성적보다 우월한 가치를 가질지 몰라도, 현실적으로는 학교 시험문제의 질이 수능 문제보다 저열한 경우가 많지요. 게다가 대학입시와 달리 내신 성적은 몇 년에 걸쳐 매겨지는 것이기 때문에, 대입경쟁이 강한 환경에서 내신 성적을 반영하게 되면 그만큼 학생들의 부담이 장기에 걸쳐 지속화되기 마련이지요.

특히 우리나라의 내신 성적은 상대평가와 절대평가 사이에서 진자운동하면서 많이 망가져 있습니다. 주변의 친구들과 경쟁하도록 강요하는 상대평가는 워낙 교육학적으로 말이 안 되는 제도이기 때문에 용납되어선 안 되지요. 그런데 그렇다고 절대평가를 하자니 이른바 '내신 부풀리기'가 걱정이란 말예요. 우리나라는 학교 문화에 워낙 온정주의와 실적주의가 강하게 자리 잡고 있어서, 학생들의 진학률을 높이기 위해 고등학교에서 내신 성적을 되도록 높게 주려고 할 것이거든요. 따라서 내신 성적 위주의 대입전형은 우리나라에서 상당 기간 동안 제대로 자리 잡기 어려운 것입니다. 정원의 일부를 내신 위주로 선발한다든지 하는 것은 나름 의미가 있을 수 있겠지만, 내신 반영을 '보편화'하려는 시도는 합리적이지도 않고 현실적이지도 않다는 겁니다.

세 줄 요약

1. 실업계 출신 및 고졸자가 겪는 불평등과 차별을 보정할 강력한 사회정책을 추진함과 동시에 인문계 고교 진학 요건을 강화하고 대학 정원을 줄여야 한다.
2. 미국의 고등학교는 대학입시를 직접 준비해주지 않지만, 유럽의 인문계 고등학교는 대학입시를 대비하는 것이 주요한 존재 목적이다.
3. 입시 위주 교육은 폐기의 대상이 아니라 개선의 대상이며, 이를 개선하려면 무엇보다 대학입시를 논술형 공인시험으로 개편해야 한다.

4장

과제

한국 교육의
핵심 문제와 대안은 이것이다

앞장에서는 다소 추상적인 '지표'에 대해 얘기했는데, 이제는 구체적인 과제에 대해 정리해보겠습니다. 저는 한국 교육의 핵심 과제를 다음 세 가지로 정리합니다. 첫째, 다양화. 자유주의적 과제라고 할 수 있지요. 우리교육은 방법론상 '주입식 수업과 객관식 평가'가 지배적이고, 교육과정 내용상 '선택권이 없는 국영수 중심의 비실업계 교육'이 지배적입니다. 엄청나게 획일적이죠. 그런데 이를 고치고 다양화시키려면 여러 가지 민감한 제도들을 줄줄이 개혁해야 합니다.

둘째, 경쟁 줄이기. 사민주의적 혹은 사회주의적 과제입니다. 청소년기에 겪게 되는 경쟁이 워낙 심하다보니 사교육비와 청소년 자살률이 OECD 최고이고, 청소년 행복도는 꼴찌, 급기야 출산율도 심각한 수준이죠. 이런 상황을 개선하려면 초중고교의 개혁과 더불어 대학과 사회 개혁이 함께 이뤄져야 합니다.

그런데 '경쟁'을 해결하면 '획일화'도 자동으로 해결될까요? 내일 갑자기 프랑스나 독일처럼 대학이 평준화되고 특목고가 몽땅 일반고로 전환된다고 가정하면, 우리나라 초중고교에서 이전보다 다양한 교육이 이뤄지게 될까요?… 그렇지 않습니다. 우리교육에 다양성을 불어넣으려면 교육과정, 평가제도, 대학입시 등을 하나하나 개혁해야 해요. 그리고 이것들을 손보는 과정은 엄밀히 봐서 고교평준화나 대학평준화를 선결요건으로 삼지 않습니다. 심지어 '획일'을 조장하는 제도가 첩첩이 엄존하는데도 불구하고, 혁신학교가 나름의 성과를 보이기도 하지 않습니까?

셋째, 학교 역량 높이기. 교사가 원하는 방식으로 수업하고 평가할 권리가 없고, 승진제도와 인사제도가 기형적인데다가, 관료적인 위계질서도 심각한 수준이에요. 학교에서는 학생들을 가르치고 돌보는 일보다 교무행정업무나 위에서 내려 보내진 시책사업을 잘 수행하는 게 더 중요해요. 그래서 행정적으로는 잘 돌아가는데, 교육적으로는 말이 안 되는 상황이 늘 벌어집니다. 학교가 교육기관이라기보다 행정기관에 가까운 거죠.

다양화, 경쟁 줄이기, 학교 역량 높이기. 한마디로 우리교육이 엄청나게 획일적이고, 경쟁이 심하며, 무능하다는 얘기죠. 그 원인이 무엇이고, 뭘 고쳐야 할지 하나하나 따져보기로 하겠습니다.

교사에게 채워진 '3중 족쇄'란 무엇인가요?

──→ 획일적인 교육을 집어치우자, 다양한 교육을 하자, 이것은 한국 교육의 자유주의적 과제라고 할 수 있을 거예요. 어찌 보면 너무나 당연한 문제의식이지요. 아이들이 타고난 재능도 다양하고, 관심이나 지향이나 진로목표도 다양하잖아요. 그리고 교사들도 다양한 개성과 노하우를 가지고 있잖아요. 그러니 다양한 교육이 이뤄져야 하고 또 그럴 수밖에 없다는 건 너무나 당연한 얘기지요. 그런데 현실은 정 반대입니다. 서태지가 〈교실 이데아〉라는 노래에서 '전국 900만의 아이들의 머릿속에 똑같은 것만 집어넣고 있지'라고 일갈한 게 1994년이에요. 그런데 지금껏 상황이 별로 나아진 게 없어요. 여전히 '붕어빵 교육'이지요.

그런데 한국 교육의 획일성에는 두 가지 차원이 있어요. 하나는 수업·평가방식의 획일성이고, 또 하나는 교육과정의 획일성입니다. 여기서는 우선 수업·평가방식(어려운 말로는 '교수학습방법론'이라고 해요)의 획일화를 따져보지요.

한국 초중고교의 학교교육은 한마디로 주입식 수업에 객관식 평가입니다. 학교 시험에서 선다형 문항 이외에 서술형 문항도 출제된다고 하지만, 거기서 거기죠. 서술형 문항이라 해도 정답이 딱 정해져 있어서, 약간 변형하면 선다형 문항으로 바꿀 수 있는 문항이 대부분이거든요.

그렇다면 이렇듯 수업·평가방식이 획일적인 이유는 뭘까요? 일단 Q006에서 언급한 '3중 족쇄'가 주요한 원인으로 작용합니다. 여기서 우리나라 교사에게 채워진 3중 족쇄를 보다 자세히 다뤄보기로 하지요.

교사에게 채워진 첫 번째 족쇄는, '교사별 평가'가 불가능하고 '학년별 평가'가 제도화되어 있다는 점이에요. 예를 들어보죠. A선생님이 1, 2, 3반을 가르치고, B선생님이 4, 5, 6반을 가르치고, C선생님이 7, 8, 9반을 가르친다고 해보죠. 그러면 A선생님은 1, 2, 3반 학생들만 평가해야 맞아요. B선생님은 4, 5, 6반 학생들만 평가해야 맞고요. C선생님은 7, 8, 9반. 교육학 원론 수준의 얘기지요. 자신이 가르친 학생을, 자신이 구체적으로 마련한 평가기준에 입각하여 평가하는 게 당연하거든요. 서구 선진국들에서는 당연히 교사별 평가가 원칙이에요. 물론 학년별 평가를 하는 경우도 있지만, 학년별 평가를 하도록 의무화 해놓은 게 아니라 교사들이 특정한 필요에 의해 학년별 평가를 하기로 합의하는 경우인 거죠.

그런데 우리나라는 달라요. 무조건 학년별 평가를 하도록 되어 있어요. 특히 우리나라 중고등학교에서는 1반에서 끝 반까지 한 학년 전체에서 석차를 매긴단 말이에요. 성적표에 보면 학급별 석차만 적히는 게 아니라, 학년별 석차도 적히거든요. 그리고 내신 성적은 학년별 석차를 기준으로 매기거든요. 2012년 중1부터 석차를 기재하지 않도록 바뀌는 데, 그래도 마찬가지에요. 여전히 '학년별 평균점수'를 매기도록 요구하 거든요. 학년별 석차나 학년별 평균점수가 존재한다는 것은, 당연히 1반 에서 끝 반까지 똑같은 평가를 해야 한다는 얘기니까요.

한 학년을 A, B, C 세 명의 교사가 학급별로 나누어 임진왜란에 대하 여 가르치는 경우를 생각해보지요. C교사가 한 학급의 학생들을 여러 팀으로 나누어 조선왕조실록의 임진왜란 관련 기록을 읽고 발표를 하 도록 하고 여기서 시험문제를 출제하려 하면, 과연 가능할까요? 학년별 평가를 하게 되어있으니, A와 B 교사가 반대하면 이러한 평가는 절대로 불가능하잖아요. 십중팔구 C 교사의 새로운 시도는 A와 B 교사의 동의 를 얻지 못합니다. C가 좀 고집을 부리면, 바로 "잘났어"라는 비아냥거 림이 꽂히죠.

교사에게 채워진 두 번째 족쇄는, 교육과정에 대하여 교육당국이 지 나치게 자세하게 통제한다는 거죠. 예를 들어 교육당국에서 '두 자릿수 곱셈을 잘 할 수 있게 교육하라'는 추상적인 지침만 내리면, 교사들이 갖가지 재미있고 창의적인 방법을 고안하거나 익혀서 가르칠 수 있거든 요. 그런데 우리나라 교육당국은 두 자릿수 곱셈을 어떻게 가르쳐야 하 는지에 대한 매우 상세한 지침을, 획일적인 교과서와 함께 내려 보냅니 다. 서양에서 아이를 학교에 보낸 경험이 있는 분들 중에는 깜짝 놀라면 서 "아니, 그 나라에는 교과서도 없던데요?" 하고 말하는 경우가 있지 요. 실제로 이런 나라들이 적지 않거든요. 그런데 이런 나라들도 대개는 국가가 제정한 교육과정이라는 게 분명히 있어요. 다만 교육과정에 세부적인 사항까지 꼼꼼하게 규정하지 않고, 대략의 목표나 방향만이 담겨 있다는 점에서 우리나라의 '꼼꼼한' 교육과정과 다른 거죠.

지나치게 꼼꼼한 교육과정. 그나마 교육과정의 분량이 적으면, 교사가 수업에서 개성이나 창의성을 발휘할 수 있는 여지가 있어요. 그런데 우리나라의 교육과정을 들여다보면, 의무적으로 가르치고 배우도록 규정된 내용이 워낙 많아요. 이건 교육과정 전문가들이 이구동성으로 지적하는 것입니다. 예를 들어 Q001에서 살펴본 바 있는 전 세계 고1 학생들의 공부시간 비교를 보면, OECD 평균은 정규수업시간이 1주일에 24시간인데, 우리나라는 30시간이 넘어요. 심지어 교육과학기술부에서 스스로 2010년에 우리나라 교육과정 분량의 20%를 줄이겠다고 발표한 적도 있습니다. 실효를 거둘지는 상당히 의심스럽습니다만….

지나치게 많은 분량을 의무적으로 가르치게 만들어놓으면, 심각한 부작용이 생겨요. 진도 나가기 바빠 죽겠는데, 예를 들어 각자 글을 써와서 팀별로 토론식 수업하는 게 가능할까요? 조사하고 발표하는 연구 활동 같은 게 가능할까요? 당연히 어렵죠. 교사는 수업시간에 교과내용을 쭉 한번 선보이는 '주마간산식 수업'을 하려는 유혹에 빠지기 쉽지요.

흔히들 한국 교육을 '주입식 교육'이라고 비판합니다. '선진국에서는 학생들이 물고기를 잡는 법을 가르치는데, 우리는 물고기를 잡아서 먹여주는 주입식 수업을 한다'는 거죠. 주입식 수업이란 비유적으로 말해서 '물고기를 잡아서 요리해서 먹여주는' 수업이지요. 그런데 우리나라 많은 학교에서 벌어지는 교육방법이 과연 주입식 수업일까요?

제가 보기엔 주입식 수업의 수준에도 미치지 못하는, '주마간산식' 수업이 많아요. 즉 물고기를 '요리해서 먹여주는' 수업이라기보다, 물고기를 '뿌려주는' 수업이지요. '알아서 먹어!' 하면서 교사가 아이들에게 물고기를 팍팍 뿌려주면, 머리가 좋거나 학원 다닌 아이들은 알아서 주워먹지만, 그렇지 않은 아이들은 제대로 주워먹지도 못하고, 먹다가 토하기도 하고 체하기도 하는데, 그냥 아랑곳 않고 '내일 시험 본다!' 하고 시험보고 등수 매겨서 다음 학년으로 올려 보내요. 이런 곳을 교육기관이라고 할 수 있을까요?

그러니 지난 정부나 지금 정부나 학교에게 '주입식 수업이라도 잘 해라'라고 다그친 게 이해가 되는 면이 있어요. 제발 좀 더 친절하고 꼼꼼하게 주입식 교육을 하라는 거죠. 하지만 저는 생각이 좀 달라요. 물론 학업부진에 빠진 학생들에게는 예전보다 좀 더 친절하면서도 타이트한 보완교육이 필요하다고 봅니다.

하지만 그렇다고 해서 학교가 주입식 교육을 향해 내달으면, 과연 학원을 이길 수 있을까요?… 저는 그렇게 보지 않아요. 학교가 주입식 교육을 위한 최고의 여건을 갖춰놓은 학원하고 경쟁해서 이긴다는 건 비현실적인 목표란 말이지요. 특히 주입식 수업의 달인인 인터넷 스타강사들을 당해낼 수 있을까요? 요새는 이들의 강의를 인터넷으로 손쉽게 들을 수 있는데 말이죠. 결국 학교는 주입식 교육과는 다른 방향으로, 즉 '참여형 교육'으로 가야 하는 겁니다. 그래야 학원과 동일한 좌표로 비교되지 않을 수 있고, 공교육의 고유한 가치와 방향을 회복할 수 있는 거예요.

교사에게 채워진 세 번째 족쇄는, 평가문항들을 학교 안에 있는 '학업성적관리위원회'라는 위원회에 제출해서 사전심의를 받아야 한다는 거예요. 학교에서 이뤄지는 평가를 '지필평가'와 '수행평가'로 구분한 뒤,

각 지필평가 및 수행평가 문항 또는 과제에 대하여 '이원목적분류표'라는 걸 작성해서 이걸 심의 받아야 하도록 정해놓은 겁니다. '사후 보고'도 아니고, '사전 심의'라니… 이쯤 되면 '교권'이란 게 아예 없는 거죠. 우리나라는 한마디로 교권 침해가 제도화되어 있는 나라라고 할 수 있어요. 대학교수에게는 이런 규제가 없는데, 유독 초중고 교사에게는 이런 겹겹의 규제가 있어요. 교육에 대하여 각종 훌륭한 말씀을 하시는 대학교수님들이, 이런 상황을 상상이나 하실까요? 자기가 출제한 시험문항들을 미리 심의 받아야 하는 상황 말이죠.

이 세 가지가 바로 우리나라 교사들에게 채워져 있는 '3중 족쇄'입니다. '족쇄 3종 세트'라고 할 수도 있겠고요. 교사들은(특히 같은 학년을 가르치는 같은 과목의 교사들은) 똑같이 가르치고 똑같은 시험문제를 내도록 강요 받지요. 그런데 서로 다른 교사들이 어떻게 똑같이 가르칩니까? 교사가 녹음기인가요? 로봇인가요?… 아니잖아요. 서로 다른 인생역정을 겪어오면서 서로 다른 노하우와 선호하는 수업방식과 개성을 가지고 있잖아요. 그런데 똑같이 가르치는 게 가능할까요? 아니 바람직할까요?… 아니잖아요. 그런데 무조건 그렇게 하라고 해놓았어요. 그러니 교사들은 '그냥 교과서에 있는 내용 가르치자'고 합의할 수밖에 없어요. 그러고 나서 시험 철이 되면 '늘 봐왔던 전형적인 문제들을 출제하자'고 결정할 수밖에 없는 겁니다. 그런데 그 '전형적인 문제들'은 다 학원에서 가지고 있어요! '족보'라는 이름으로.

그러니 학생들이 수업시간에 잠을 자도, 학원에서 시험공부를 할 수 있는 거예요. 학교 교육을 매우 획일적으로 만들어놓았기 때문에, 수업에 개성과 창의성이라는 게 없고 수업과 평가간의 밀착도가 떨어지는 겁니다. 우리나라에서 내신 반영비율을 높여도 사교육 절감효과가 별로 나타나지 않는 이유는 첫째로 여태까지 내신이 상대평가여서 학생들 간의 경쟁 강도가 높았기 때문이고, 둘째로 교사의 자율성이 없다 보니 수업과 평가 사이의 밀착도가 낮아서 내신 성적을 올리기 위한 학원교육이 성행할 수 있었기 때문이지요. 정부에서 '창의·인성 교육'이니 '수학교육 선진화'니 이것저것 정책을 개발해서 시행해도 현장에서 효과가 별로 발휘되지 않는 이유가 바로 교사에게 채워진 '3중 족쇄' 때문이에요. 교사를 로봇으로 만들어 놓고 나서, 무슨 '창의'니 '선진화'니 하는 것들이 가능하겠어요?

서양에도 사교육이 있어요. 하지만 우리나라 사교육과 다른 점이 있어요. 일단 사교육에 투입하는 시간과 돈이 우리보다 훨씬 적어요. 그리고 사교육 내용이 달라요. 대부분 예체능이거나 대학입시 사교육이고, 학교평가(내신) 사교육을 찾아보기 어렵습니다.

예를 들면 요새 미국에서 대학입시(SAT) 대비 학원이 늘고 있어서 문제인데, 유독 내신 학원이 없어요. 미국에서 대학 갈 때 내신 성적이 상당히 중요한데도, 내신 학원 프로그램은 찾아볼 수가 없습니다. 예를 들어 한 학년을 A, B 두 교사가 나누어 맡아 임진왜란을 가르치는데 A 교사는 난중일기를 읽고 토론을 시키고 거기서 시험문제를 내고, B 교사는 조선왕조실록의 임진왜란 관련 기록을 정리해서 발표를 시키고 거기서 시험문제를 낸다고 가정해보세요. 수업시간에 잠을 자고 학원에서 시험공부를 하기란 원천적으로 불가능하겠지요. 그리고 수업에 열심히 참여할수록 시험에서도 높은 점수를 받기에 유리할 겁니다. 그런데 우리나라에서는 수업시간에 잠을 자도 학원가서 시험 준비를 할 수 있어요. 심지어 그 편이 더 유리하다고 주장하는 학생도 있습니다. 왜냐? 수업을 등한히 해도, 시험문제로 뭐가 나올지 대충 예측이 가능하거든요.

세 줄 요약

1. 수업·평가방식을 주입식 수업과 객관식 평가로 획일화시킨 주범은 교사에게 채워진 '3중 족쇄(학년별 평가제도, 통제 위주의 교육과정, 평가에 대한 사전심의)'이다.
2. 우리나라 교사는 자신이 원하는 방식으로 수업하고 원하는 방식으로 평가할 수 있는 '교권'이 없다.
3. 서양과 달리 내신 사교육이 횡행하는 이유는 교사별 개성과 평가권을 허용하지 않음으로 인해 수업과 평가 사이의 밀착도가 떨어지기 때문이다.

일제고사의 대안은
무엇인가요?

⟶　교사들에게 채워진 '3중 족쇄' 혹은 '족쇄 3종 세트'는, 학교를
주입식 수업과 객관식 평가로 하향평준화 시키는 주범이라고 할 수 있
어요. 그런데 엄밀히 보면 수업·평가방식의 획일성을 불러일으키는 요
인은 이 '3중 족쇄'만이 아닙니다. 우리나라에서 가장 중시되는 시험이
두 가지 있는데, '수능'과 '일제고사(국가수준 학업성취도평가)'입니다. 그
런데 이 두 시험의 유형이 여태까지 지적한 학교 시험과 똑같아요. '일
률적인 객관식 평가'라는 점에서 말이죠.

　흔히 '일제고사'라고 불리는 시험의 정확한 명칭은 '국가수준 학업성
취도 평가'입니다. 초등 6학년, 중학 3학년, 고등 2학년이 치르지요. 예
전에도 이런 평가가 있기는 했는데, 일부 표본 집단에 국한된 표집평가
였어요. 그런데 이명박 정부 들어서면서 전집평가, 즉 전국의 모든 학생

들이 한 날 한 시에 보는 명실상부한 '일제고사'로 바뀌었습니다.

물론 선진국에도 일률적인 객관식 시험을 치르는 경우가 있어요. 하지만 우리나라처럼 영향력이 크지는 않아요. 예를 들면 일제고사는 영국에서도 볼 수 있고(최근에는 많이 축소되어서 잉글랜드 지역의 초등학교에서만 시행), 스웨덴에서도 볼 수 있고(5학년과 9학년에 시행), 미국은 주(州)에 따라 다른데 일부 주에 이런 일제고사가 있어요(캘리포니아, 플로리다 등에서 시행).

하지만 선진국 중에 일제고사가 있는 경우라 할지라도, 일제고사의 영향력은 우리보다 상당히 작아요. 일단 유럽 국가들은 대학입시가 논술형이에요. 그러니까 일제고사가 시행되어도, 그 영향력은 자연히 제한될 수밖에 없어요. 고등학교쯤 되면 객관식 시험이라는 걸 찾아보려야 찾아볼 수가 없습니다.

미국에는 SAT라는 객관식 대학입시가 있고, 일부 주에서는 일제고사도 봐요. 하지만 고등학교에서의 평가는 모두 논술형이거나 수행평가예요. 말하자면 대입 논술고사의 구실을 하는 것이 바로 내신 성적인 셈이지요. 이걸 잘 모르는 분들이 많은데, 미국의 고등학교 정규수업 시간에 SAT 문제집을 푼다는 건 상상할 수 없는 일입니다. 이게 미국 교육에서 나타나는 특이한 이중성이에요. 유럽은 대학입시가 논술형이고 이 대학입시 준비를 인문계 고등학교에서 체계적으로 해주는 반면, 미국은 대학입시가 객관식이고 이 대학입시 준비를 고등학교에서 직접적으로 해주지 않습니다.

결국 우리나라처럼 내신-대입-일제고사의 문제 유형이 똑같은 삼위일체(?)를 이루고 있는 나라는 서구 선진국에서 찾아볼 수 없습니다.

다음의 표를 보시면 일목요연하게 이해할 수 있을 겁니다.

[고등학교에서의 평가, 대학입시, 일제고사]

	유럽	미국	한국
고교에서의 평가	논술형	논술형	객관식
대학입시	논술형	객관식(SAT)	객관식(수능)
일제고사 유무	일부 국가에 있음	일부 주에 있음	전국적으로 시행

▶ 음영으로 처리한 부분이 '일률적인 객관식 평가'에 해당하는 일제고사 유형의 시험이다. 수행평가
는 편의상 제외하였다. 한국의 평가가 '삼위일체'로 가장 획일적임을 알 수 있다.

일제고사는 우리나라의 '수업·평가방식의 획일화'에 정점을 찍고 있다고 볼 수 있지요. 이런 시험은 '정답'이 정확히 정해져있는 질문밖에 할 수가 없고, 따라서 창의적 인재를 키워야 하는 우리 교육의 임무에 부적합하다고 볼 수 있습니다.

그렇다면 일제고사는 왜 도입했을까요? 일제고사 찬성론자들의 근거는 일제고사를 통해 현재의 학업성취도를 알아볼 수 있고, 아울러 학습부진 여부를 판단할 수 있다는 데 있습니다. 반면 일제고사 반대론자들의 근거는 일제고사로 인해 경쟁이 심해지고 교육이 획일화된다는 것이지요.

그렇다면 우리는 일제고사의 장점을 보존하고 단점을 제거하는 대안을 구성할 수 있어요. 사실 학습부진(기초학력 미달)에 대한 가장 이상적인 대안은, 교사들이 자발적으로 학생들의 기초학력 부진을 파악하고

대응하는 것입니다. 하지만 이것이 과연 설득력 있는 대안일까요? 이러한 정책이 현실성 있을 것이라고 생각하는 사람이 있다면 그는 분명히 교사일 겁니다. 학부모들은 그렇게 생각하지 않아요. 학부모들은 기초학력 미달이 확실하거나 그 경계선에 놓인 학생들을 보고도 별다른 조치를 취하지 않는 교사들을 적잖이 목격해왔기 때문에, 이런 정책을 도저히 지지할 수가 없는 겁니다. 예를 들어 우리 아이가 p발음과 f발음을 거꾸로 하고 있으면, 학교에서 알아서 챙겨서 바로잡아줄까? 우리아이가 두 자릿수 이상의 나눗셈을 하는데 애를 먹는데, 학교에서 좀 보완해주려나?… 대부분 꿈에도 이런 기대 안 합니다.

우리나라 현재 여건에서는 국가가 보다 직접적으로 나설 수밖에 없는 겁니다. 그렇다면 '대안적 일제고사'를 생각해볼 수 있겠지요. 지금의 일제고사는 난이도 높은 문제, 중간 문제, 낮은 문제를 적당히 섞어놓아서 예쁘게 분포곡선이 나오게 하는 시험이거든요. 그래서 학생의 과목별 성적을 우수-보통-기초-기초미달 네 가지로 분류하여 판정합니다. 일종의 '모의 수능'이라고 할 수 있는 형태의 시험인 것이죠. 이런 유형의 일제고사는 당장 폐지(또는 예전처럼 표집평가로 전환)해야 마땅합니다. 학생들의 학업 수월성을 평가하려면 논술형 평가 및 수행평가로 해야 마땅하지요. 객관식 위주의 일제고사는 오로지 '기초학력 도달 여부'만 판단할 수 있는 낮은 난도의 문제들로 간소화시켜 치르면 됩니다. 이런 목적의 일제고사라면 지금처럼 하루 종일 시험을 볼 필요도 없고, 한두 시간이면 간단히 치를 수 있지요.

이렇게 '기초학력 도달 여부만 판정하는 간소화된 일제고사'라면, 오히려 지금처럼 띄엄띄엄 보는 게 아니라 의무교육 기간인 중학교 3학년까지 매년 또는 매학기 치르는 것도 좋을 겁니다. 지금도 학년 초에 '진단평가'라는 걸 보기는 하는데, 제가 지금 말하는 목적의 일제고사는 학년 초보다는 학기말 또는 학년말에 이뤄져야 할 겁니다.

그리고 교사들은 일상적으로 쪽지시험 등을 통해 기초학력 미달 또는 경계선상에 있다고 판단되는 학생들은 지체 없이 '보완교육'을 시켜야겠지요. 독일이나 핀란드에서처럼 이런 아이들을 일상적으로 방과후에 남게 해서 '될 때까지' 나머지 공부를 하도록 하든가, 아니면 효과적인 온라인 교육프로그램을 고안하여 학업부진학생의 이수 여부 및 목표 도달 여부가 담임에게 자동으로 보고되도록 하든가, 지역사회에 위치한 교육센터를 통해 적절한 멘토로부터 도움을 받게 하든가, 그 밖의 어떤 수단이든 동원해서 말이죠.

세 줄 요약

1. 대입-내신-일제고사 '3위 일체'로 일률적 객관식 평가가 이뤄지는 현상은 서구 선진국에서 찾아볼 수 없는 한국 교육의 독특한 특징이다.
2. 일제고사(국가수준 학업성취도 평가)의 기능 가운데 기초학력 미달 판별기능은 유지하되, 일반적인 성취도(또는 수월성) 평가 기능은 지양해야 한다.
3. 현행 일제고사의 현실적 대안은 일제고사의 폐지가 아니라, 기초학력 미달 여부만을 평가하는 간소화된 일제고사로의 전환이다.

학교가 입시교육을 하는 건 필요악인가요?

────→　고등학교는 입시교육을 적극적으로 해야 할까요, 아니면 입시교육에서 해방되어야 할까요? 정답은 없습니다. 시스템을 어떻게 설계하느냐에 따라 답이 달라지거든요. 거칠게 구분해보자면 미국과 유럽이 서로 상당히 다른 고교시스템을 가지고 있고, 미국의 고등학교와 유럽의 고등학교는 대학입시에 대하여 상반된 태도를 취합니다.

　유럽은 고등학교 때부터(독일 같은 경우는 그 이전부터) 인문계와 실업계를 구분합니다. 그리고 인문계 고등학교에 진학하는 것은 곧 4년제 대학 입학을 준비하는 것이라고 전제하고, 학교에서 열심히 '입시 위주 교육'을 하지요. 다만 우리의 입시교육과 큰 차이가 두 가지 있는데, 하나는 대학입시가 모두 논술형이기 때문에 우리처럼 객관식 문제집을 열심히 푸는 교육을 하지 않는다는 것이고, 또 하나는 무조건 국영수를 요구하는 우리와 달리 '공통 필수과목'이라는 게 거의 없고 지망하는 대학 전공분야에 따라 입시과목들의 조합이 다양하게 나타난다는 겁니다.

미국은 인문계와 실업계 구분이 없고, 고등학교까지를 보편적인 시민 교육으로 간주합니다. 거칠게 말하자면 모든 학교가 인문계 교육을 하는 거죠. 미국 고등학생의 중도탈락률이 높은 이유 중 하나가 여기에 있어요. 그리고 대학입시가 객관식(SAT)입니다. 그런데 학교에서는 대학입시 준비를 직접적으로 해주지 않아요. 그야말로 대학입시에 종속되지 않은 '정상적' 교육과정을 운영하는 것입니다.

자세히 들여다보면 다소 예외적인 부분도 있긴 합니다. 미국에서도 사립학교를 중심으로 대입을 위해 AP(Advanced Placement: 대학 학점 선이수 프로그램으로 출발했으나 지금은 명문대에서 아예 실질적인 입학 요건으로 요구하고 있음) 프로그램을 본격적으로 운영한다든지, 아예 IB 과정(International Baccalaureate: 스위스에 본부를 두고 운영되는 국제공인교육과정으로서 대학에서 이 교육과정의 성적만으로 학생 선발을 하도록 설계되어 있음)을 운영한다든지, 심지어 최근에는 한국식 SAT 학원에 대한 대응의 일환으로 SAT 준비과정을 선택형 보충수업의 형태로 제공하는 경우가 있으니까요. 하지만 미국 고등학교 교육의 원형은 바로 대학입시에 얽매이지 않은 자율적 교육과정을 운영한다는 데 있습니다.

우리나라는 어떨까요? 미국처럼 '대학입시와 무관한 이른바 정상적인 교육과정을 운영'하고 있나요, 아니면 유럽처럼 '대학입시 준비를 체계적으로 해주는 교육과정을 운영'하고 있나요? 한마디로 어정쩡하지요. 겉으로는 '정상적 교육과정'의 운영을 강조하지만, 실제로는 대학입시 준비를 열심히 시키기도 하는 이중플레이를 하고 있어요. 게다가

Q006에서 지적한 것처럼 '대학입시는 미국식, 교육과정은 일본식'이라는 모순까지 겹쳐 있어요. 그러니 죽도 밥도 잘 안돼요.

[미국, 유럽, 한국의 고교 교육과 대학입시의 연관성]

		인문계/실업계 구분	내신-대학입시 연관성	대학입시 유형	내신 반영 여부
미국		미구분	낮음	객관식	반영
유럽	독일	구분	높음	논술형	반영
	프랑스			논술형	미반영
	영국			내신-입시일체형 (논술형+수행평가)	
한국(현재)		구분	애매함	객관식	반영
한국(대안)		구분	높음	논술형	미반영

▶ 유럽의 특징은 고교교육과 대학입시의 연계성이 높다는 것입니다. 제가 제안하는 제도는 유럽의 제도와 유사합니다.

저는 유럽처럼 인문계 고등학교에서 대학입시를 준비해주는 게 맞는 방식이라고 봐요. 이렇게 판단하는 근거가 세 가지 있는데요, 첫째로 우리나라는 유럽처럼 고등학교에서 인문계와 실업계를 구분하고 있다는 것이죠. 따라서 인문계 고등학교에 지원하는 학생들은 대학 진학을 예정으로 교육받는 게 당연하다고 보는 겁니다. 둘째로 만약 미국식 모델을 받아들여서 학교 수업시간에 직접적인 대학입시 준비를 하지 않도록 한다면, 사교육이 팽창할 것이 불 보듯 뻔한데다(요새 미국에서도 SAT 준비학원이 늘고 있습니다) 학생·학부모의 요구가 빗발칠 것이므로 현실적으로 이 제도가 유지되기 어렵다는 거죠.

마지막으로 대학입시를 없애거나 최소한의 자격만 심사하는 기능으로 만들어야 한다는 주장을 검토해보지요. 이건 결국 대입 전형을 내신 성적 위주로 하자는 건데요, 우리나라 여건상 현실적으로 불가능하고 또 바람직하지도 않다고 봅니다. 우리나라는 앞으로 상당 기간 동안 상대평가-절대평가 내신 딜레마에서 빠져나오기 어렵거든요. 상대평가는 교육학 원론상으로, 또는 인성교육의 측면을 볼 때 전혀 용납될 수 없는 제도이고요(이에 대해서는 Q064에서 자세히 설명하겠습니다), 절대평가는 '내신 부풀리기'로 귀결될 위험이 너무 크거든요. 심지어 대학이 평준화된 극단적인 상황을 가정한다 할지라도, 내신 성적으로 대학 진학 여부가 결정된다면 진학 실적을 높이기 위해 내신 성적을 부풀릴 가능성이 큽니다. 서구에서는 온정적 평가를 용납하지 않는 전통이 강하지만, 우리는 온정주의와 실적주의의 문화가 너무 강하지요.

그렇다면 논리적 결론은 내신 성적을 반영하지 말아야 한다는 것입니다. 대입전형에서 내신 성적을 반영하지 않으면, 평가와 관련된 교권이 오히려 확 살아날 겁니다. 교사로서는 대입 실적을 위해 성적을 올려줄 이유가 없어지고, 오히려 학생의 현재 상태를 냉정하게 진단해주는 게 그 학생을 위하는 길이 될 테니까요. 제가 생각하는 대안은 대학입시는 국가고시 또는 공인시험 형태의 논술형 평가로 하되, 인문계 고등학교에서 학생들은 대학입시를 치를 과목 위주로 과목을 선택하여 수강하는 겁니다. 쉬운 과목으로 몰릴 가능성은 대학 전공분야에 따라 필수로 요구하는 과목들을(또는 선택 가능한 과목들의 범위를) 지정함으로써 예방하고요. 그러면 오히려 지금처럼 물리를 공부하지 않고도 공대에 진학할 수 있는 불합리한 상황을 바로잡을 수 있습니다.

서구 선진국 가운데 이런 제도를 운영하는 나라가 바로 프랑스입니다. 프랑스의 대학입시인 바칼로레아는 과목별로 치러지는 논술형 시험이 죠. 내신 성적은 전혀 반영하지 않고 이 시험 성적만으로 대입이 결정됩니다. 프랑스는 대학이 평준화되어 있기 때문에 바칼로레아가 일종의 자격고사 기능만 수행하는 줄 아시는 분들이 많지만, 대학에 입학하기 위한 점수가 20점 만점에 12점이므로 상당한 변별력을 갖춘 시험입니다. 독일의 대입전형은 아비투어(내신과 논술형 시험을 통칭하는 명칭)를 통해 이뤄지는데, 이중에서 논술형 시험만 떼어놓고 보면 바칼로레아와 유사하다고 할 수 있겠습니다.

대학입시가 아예 없고 고교 내신 성적만으로 대학에 진학하는 나라도 있습니다. 영국과 캐나다가 대표적이지요. 스웨덴에서도 내신 성적만으로 대학을 갈 수는 있는데, 자신의 내신 성적에 불만이 있으면 별도의 대학입시(국가고시)를 신청해서 내신 성적을 대체할 수 있어서 상당수 학생들이 이런 방법을 택합니다. '이중 트랙' 제도라고 할 수 있는 거죠. 그래서 영국과 캐나다만 꼽은 겁니다.

그런데 영국의 인문계 고등학교 과정(sixth form이라고 불리는 2년제)의 내신은, 우리가 흔히 생각하는 내신과 많이 달라요. 내신은 내신인데 대학입시의 기능을 완벽하게 수행할 목적으로 체계적으로 설계되어 있어요. 위에서 잠깐 언급한 IB와 유사합니다. 그러니까 엄밀히 보면 영국의 인문계 고등학교 내신(A-level이라고 부릅니다)은 내신과 대학입시의 기능을 체계적으로 통합해놓은 것이죠. 결국 내신 성적만으로 대학에 진학하는 고전적인 모델은 주요 선진국 가운데 캐나다 정도만 남습니다.

우리는 여기서 내신 성적 위주로 대입전형이 이뤄져야 공교육이 강화된다는(또는 진보적이라는) 잘못된 관념에서 벗어나야 합니다. 캐나다에서는 내신 성적만으로 대학에 진학하고, 프랑스에서는 내신 성적 반영 없이 대학입시로만 대학에 진학합니다. 그래서 캐나다는 공교육은 건실하고 프랑스 공교육은 부실한가요? 캐나다는 진보적 교육시스템이고 프랑스는 보수적 교육시스템인가요?… 절대로 이렇게 이분법적으로 말할 수는 없는 겁니다. 각국의 상황과 필요에 따라 여러 가지 제도들의 조합이 가능한 것이죠. 우리는 우리의 여건과 필요에 의해 새로운 제도를 고안해야 합니다. 이럴 때 '무조건 내신을 반영해야 공교육이 산다'는 식의 통념은 부작용을 초래하지요. 굳이 내신 성적을 대입에 반영하지 않아도, 자신이 치를 입시 과목 위주로 선택하여 학교수업을 수강하는 제도라면, 수업시간에 엎드려 자는 식의 일은 자연스럽게 예방될 수 있습니다.

세 줄 요약

1. 고교 교육이 대학입시로부터 독립되어야 한다는 주장은 미국식 고교 모델의 경우에만 타당하다.

2. 우리나라 여건에서는 인문계 고등학교에서 체계적인 대학입시 준비가 이뤄지는 유럽식 모델이 적합하다.

3. 대학입시는 과목별 논술형 고사로 전환하되, 지망하는 전공 분야에 따라 다양한 과목 조합이 가능하고, 인문계 고교 교육은 입시를 치를 과목 위주로 내신 과목을 선택 수강하는 방식으로 전환해야 한다.

대학입시는
왜 논술형으로 바뀌어야 하나요?

→ 인문계 고등학교가 입시 위주 교육을 진행하는 것을 용인한다면, 그 입시의 형태가 객관식이 아니라 논술형이 되어야 함은 너무나 당연한 겁니다. 서구 선진국의 고등학교에서 정규 수업시간에 객관식 문제집을 푸는 일은 찾아볼 수가 없어요. 왜냐? 그것은 누가 봐도 정상적인 학교 교육이 아니기 때문이에요. 더구나 요새 그런 교육은 인터넷 스타강사들이 훨씬 잘 하거든요.

결국 객관식으로 치러지는 현행 수능을 폐지하고, 새로운 논술형 대학입시를 마련해야 합니다. 예고 및 준비기간을 넉넉히 5~6년 정도 잡아야 할 것으로 보이는 만만치 않은 일입니다만, 우리나라 교육 개혁에 가장 핵심적인 과제 중 하나입니다.

논술형 입시의 결정적 장점은, 객관식에 비해 평가 가능한 역량의 범위가 훨씬 넓다는 데 있어요. 일단 수험생 본인의 견해나 논리를 구성하도록 요구할 수 있고, 따라서 정답이나 모범답안이 정해져 있지 않은 문항도 출제가 가능하거든요. 수능과 같은 객관식 시험에서는 정답이 뻔히 정해져 있는 문항만을 출제할 수 있기 때문에 '창의력' 같은 핵심적인 미래 역량을 키우는 것은 거의 불가능한 반면, 논술형 시험은 부분적으로 이러한 한계를 돌파할 수 있는 것이지요. Q003에서 제가 보여드린 현행 논술 예시 문제 중에서도 모범답안이 없고 창의적 답안이 가능한 문항이 섞여 있었음을 보셨을 겁니다.

논술형 입시가 가지는 또 하나의 결정적 장점은, 초중고교 수업의 개선에 지대한 영향을 미칠 거라는 겁니다. 제아무리 주입식 수업에서 참여형 수업으로의 전환을 외쳐도, 대학입시가 수능과 같은 객관식 시험으로 되어 있는 한 이를 바꿀 동력이 생기기 어렵거든요. 심지어 우리와 교육의 전통이 굉장히 다른 미국에서조차, 대학입시(SAT)가 객관식이다 보니 최근 한국식 입시학원이 인기를 끌고 있지 않습니까? 더구나 미국보다 훨씬 주입식·문제풀이식 수업이 지배적인 우리 풍토에서, 대학입시가 객관식으로 되어 있는 한 수업방식의 변화를 꾀하자는 주장은 뚜렷한 한계를 가질 수밖에 없지요. 요새 창의적 체험활동이나 비교과영역 활동을 반영하는 입학사정관제가 도입되고 있는데요, 사실 교과영역에서는 열심히 객관식 문제집을 풀어대면서 비교과영역을 통해 뭔가 개선을 해보겠다는 발상은 한계가 너무 뚜렷한 것이죠. 교육의 중핵(hard core)은 교과영역이지, 결코 비교과영역이 아닙니다.

논술형 평가가 수업 개선의 동력이 될 수 있음을 보여주는 증거가, 바로 논술 비중이 높아질 때마다 이를 계기로 수업 방식을 개혁하려는 움

직임이 호응을 받았다는 점입니다. 일선 교사들의 증언을 종합해보면, 책도 읽고 토론·발표도 하고 글도 써보자는 교사의 제안에 학생들이 가장 적극적으로 호응하는 경우는 바로 대입에서 논술이 강조되는 시기였다는 거예요. 논술 비중이 높아진다고 하면 학생들이 자연히 다양하고 깊이 있게 사고하고 토론하는 식의 교육에 관심을 보이게 되는 겁니다. 수능 비중이 높아진다고 하면 정 반대의 반응이 나타나고요.

만일 객관식 대학입시가 없어지고 논술형으로 대체된다면, 초중고교에서 객관식 문항의 정답을 빨리 찾도록 요구하는 식의 교육은 거의 일소할 수 있습니다. 그리고 초중고교에서의 평가도 학생들 개개인의 견해와 논리와 정서를 담도록 하는 논술형으로 변모시킬 수 있는 강력한 계기가 생기는 것이지요.

논술형 입시는 대학에서도 환영할만한 일입니다. 책을 거의 안 읽고, 자기 생각을 정리해서 말할 줄 모르고, 글도 잘 못 쓰는 학생들이 대량으로 대학에 들어가고 있는 실정이거든요. 대학 교육에 필요한 기본기가 너무 허약한 학생들이죠. 대학들에서 요새 부랴부랴 '기초교육원' 등의 기구를 만들어서 토론과 글쓰기 교육을 시키고 있는데, 사실 따지고 보면 대학 입장에서 불필요한 지출을 하고 있는 셈입니다. 원래 토론이나 글쓰기 능력 등은 초중고 교육에서부터 기본기를 닦아야 하는 것인데, 이게 전혀 안 된 상태로 대학에 들어온 학생들에게 뒤늦게 토론과 글쓰기 능력을 배양하려니 힘겨운 것이죠.

제가 말하는 논술형 대학입시는 현행 논술고사와 유사점이 있지만, 무엇보다 대학별 출제가 아니라는 차이가 있습니다. 현행 논술고사는 대학별로 출제하다보니 관리도 잘 안 되고, 전문성도 떨어지거든요. 무엇보다 논술고사 출제가 교수들의 기피 대상인 경우가 많아요. 입학원서 판매수입이 많은 서울지역 유명 사립대의 경우 출제 수당을 꽤 주기는 합니다만, 근본적으로 자신의 연구나 교육활동에 아무런 도움이 안 되는 일이다보니 이를 좋아할 교수가 많지 않은 겁니다. 그러다보니 고등학교에서 뭘 배우는지를 제대로 알지도 못하는 분들이 출제에 참여하여 2~3년 출제하다가 다시 출제위원이 바뀌는 식의 악순환이 계속되고, 급기야 고등학교 교육과정을 명백히 넘어서는 문항이 출제되기도 하는 것이죠.

제가 제안하는 논술고사는 현행 논술고사와 달리 과목별 시험이고, 그리고 대학별로 출제하는 것이 아니라 공통된 공인시험의 형태입니다. 국가고시의 형태를 취할 수도 있겠지요. 저는 예를 들어 대교협 등에서 주관하는 공인시험의 형태도 검토해볼만 하다고 생각합니다. 사실 미국의 SAT도 '칼리지 보드(College Board)'라는 대학들의 협의체에서 주관하는 시험이거든요. 일부 논술 출제와 관련된 논란은 출제를 합리적으로 관리 가능한가의 문제이지, 시험을 어디서 주관하느냐의 문제는 아니에요. 수능의 경우도 출제위원들은 대학 교수이지만 검토위원으로 고교 교사들이 참여합니다. 그런 것처럼 논술형 대학입시에 검토위원으로 고등학교 교사들이 참여하여 출제 과정이 합리적으로 관리되기만 한다면, 이게 국가고시의 형태이든 대교협에서 주관하는 공인시험의 형태이든 별 상관없다고 생각합니다.

대학입시가 논술형으로 바뀌면 가장 중요한 기술적 문제는 채점이 될 겁니다. 이 문제에 대한 가장 합리적인 답은 채점을 대학별로 하는 것이죠. 대학은 교수 및 강사진 등 채점에 참여할만한 인력 풀을 폭넓게 가지고 있거든요. 그리고 자기 대학에 지원한 학생들만 채점하는 겁니다. 그리고 불합격자들의 답안지는 응시자가 2지망, 3지망으로 지정한 대학으로 스캔하여 보내는 등 불합격자를 위한 다양한 보완책을 마련할 수 있을 겁니다.

시험이 논술형으로 치러지면 수험생이 채점 결과에 승복하겠느냐고 묻는 분들이 계십니다. 하지만 지금까지 꽤 오랫동안 대학별 논술고사를 치렀지만, 그 채점 결과에 대하여 문제가 제기된 경우를 본 적이 있나요? 전혀 없어요. 우리나라 사람들은 대입전형제도에 대하여 많은 불만을 가지고 있지만, 불행인지 다행인지 구체적인 불만이 여론화 되어본 적은 몇 년 전 고려대의 고교등급제 의혹 파동 및 수능 물리 문항 오류 사건의 경우를 제외하고는 한 번도 없었어요. 그런데 고교등급제 의혹은 출신학교에 따른 차별 여부가 문제였지 시험과는 상관이 없었고, 수능 문항 오류는 아예 출제를 잘못한 경우였습니다. 물론 중·고등학교의 학교 시험에서는 성적을 놓고 항의와 시비가 벌어지기도 하지요. 이건 친구들과 채점 결과를 놓고 비교하게 되기 때문입니다. 여태까지의 논술고사처럼 채점 결과를 비공개로 처리하면, 별 문제가 없을 겁니다.

물론 논술형으로 변화한다 해도 사교육이 반응하겠지요. 논술형 대학입시로의 전환은 우리나라 초중고 교육을 미래지향적으로 개편할 수 있는 중요한 계기이긴 하지만, 이것 자체로서 사교육을 줄일 수 있는 방법은 아닙니다. 하지만 지금처럼 '학교에서 수능 대비만 해주니 논술은 학원으로 가야 하는' 상황은 크게 바뀝니다. 대학입시가 논술형으로 바뀌는 데 조응하여 중고등학교에서의 평가도 모두 논술형 및 수행평가로 바꾸고, 학교 교육이 일상적으로 글을 읽고 쓰고 토론하고 발표하는 식으로 진행되도록 하는 것이죠. 우리나라에서 수능 같은 객관식 대학입시가 있는 상황에서는 학교 교육이 다각적이고 깊이 있는 사고력을 키우는 방향으로 진화하는 게 어려웠는데, 대학입시가 논술형으로 바뀌면 이런 방향으로 바뀔 수 있는 강력한 추동력이 생길 수밖에 없는 것이죠. 여기에 더하여 학년별 평가를 교사별 평가로 바꿔서 교사별로 다양하고 창의적인 방식으로 논술형 대학입시에 대응하도록 하면, 지금보다 대입 사교육을 줄일 가능성도 있습니다. 물론 중고등학교가 이런 방향으로 충분히 적응할 수 있도록, 제도 도입 이전에 5~6년가량의 충분한 예고ㆍ준비 기간을 둬야 할 것입니다.

세 줄 요약

1. 논술형 평가는 자신의 견해, 논리, 정서를 정리하고 표현하도록 할 수 있다는 점에서 객관식 평가에 비해 훨씬 폭넓은 역량을 측정할 수 있는 방법이다.
2. 객관식 수능을 폐지하고 논술형 대학입시로 전환하는 것은 초중고 교육개혁의 계기이자, 대학이 원하는 기본기를 확보한 학생들을 받아들일 수 있는 방법이다.
3. 대학별로 치러지는 현행 논술고사와 달리, 과목별로 치르는 논술형 공인시험을 고안하여 수능을 대체해야 한다.

Q. **055**

왜 다들 '인문계' 고교에 가서 '국영수'를 공부해야 하는 거죠?

——> 지금까지는 '수업·평가방식'의 획일성의 원인과, 그에 대한 현실적 대안을 살펴보았습니다. 이제부터는 '교육과정'의 획일성을 살펴보기로 하죠. 우리나라 교육과정의 획일성에는 세 가지 차원이 있어요. '인문계' 획일성, '국영수' 획일성, 그리고 '선택권 없음'으로 인한 획일성입니다.

첫 번째로 꼽은 '인문계' 획일성. 우리나라에서는 학생들이 왜 실업계를 가지 않고 인문계로만 진학하려 할까요? 그것은 실업계로 가면 돈도 못 벌고 사회적으로도 차별받고 한마디로 '2등 국민' 취급받는다고 생각하기 때문이지요. 인문계·실업계 구분은 유럽에서 유래한 전통인데 (미국의 경우 실업계 고등학교가 사실상 없습니다), 대개의 유럽 국가 학생들은 고등학교 진학할 때 인문계·실업계로 나뉩니다. 독일은 극단적으

286

로 일찍 나눠요. 초등학교 5학년 때 벌써 나누기 시작해요. 물론 강제적인 것은 아니고, 설령 교사가 실업계를 권한다 해도 본인과 학부모가 인문계를 고집하면 인문계 교육을 받을 기회를 줍니다. 그리고 도중에 전학을 통해 실업계·인문계를 바꿀 기회를 주기도 합니다. 하지만 대부분의 학생과 학부모들은, 교사가 실업계를 권유하면 실업계 적성이라고 여기고 그 길로 갑니다. 그게 어떻게 가능할까요? 그만큼 학력이나 직업에 따른 차별이 적은 사회이기 때문이지요. 실업계 진로를 택한 학생들을 지원하기 위한 제도도 잘 되어 있습니다. 실업계 학교교육의 수준과 질이 높을 뿐만 아니라, 졸업 이후 진로에 대한 사회적 뒷받침도 우리보다 잘 되어 있지요. 심지어 독일의 경우 일부 업종은 실업계 교육을 받은 사람들에게만 창업을 허용합니다. 우리나라처럼 실업계 교육을 받는다고 해서 천시하거나 차별하는 사회가 아니라, 오히려 사회에서 적극적으로 실업계를 택한 학생들의 진로를 열어주고 보호하는 거죠.

참고로 대학에 많이 간다고 해서 그 나라가 부유해진다는 법은 없어요. 1인당 국민소득이 7만 불인 스위스나 5만 불인 스웨덴의 대학진학률은 30% 안팎에 불과해요. 대학진학률이 낮다는 것이 유럽식 사민주의 사회경제체제의 중요한 특징입니다. 대신 이런 나라들에서는 실업계에 대한 사회적 차별이 없고, 실업계 교육의 질이 높으며 실질적으로 직업을 구하는 데 도움이 되는 기능을 배울 수 있지요. 우리나라는 대학진학률이 80% 안팎으로 세계 최고 수준이지만, 정작 4년제 대학을 나오고 나서 전문대에 다시 들어가거나 대졸자가 고졸자에게 적합한 일을 하는 일이 비일비재합니다. 심지어 실업계 고등학교(최근의 공식 명칭은 특성화고등학교)를 다니면서도 자격증을 따기 위해 학원을 다니는 어처구니없는 일이 벌어지고 있고요. 사회적으로 낭비와 비효율이 심각한 수준이지요.

결국 '인문계 획일성'의 문제는 우리 사회가 보다 평등해지고 실업계 교육이 내실화되어야만 해결될 수 있습니다. 직업과 학력에 따른 소득 차이, 직장에서 승진과정에서 겪는 불이익, 문화적인 차별 등이 모두 완화되어야만 다들 인문계 고등학교로만 가려는 경향이 완화되겠지요. 다른 한편으로는 실업계에서 진짜 직업세계의 전문가들에 의한 고급 교육이 이뤄질 수 있도록 제도가 정비되어야 하고요. 즉 엄밀하게 보면 '인문계 획일성'은 교육계 자체의 힘으로 해결할 수 있는 성질의 문제라기보다, 국가와 사회 전체의 변화가 실업계 교육의 혁신과 병행되어야 해결가능한 문제인 거죠.

사실 저도 저의 자녀들 중에 누군가가 예를 들어 '미용사가 되겠다'고 하면 어떻게 해야 할지 작년에 몇 달 동안 생각해본 적이 있어요. 특히 고등학교 때부터 실업계 진로를 택하겠다고 하면 어떻게 할 것이냐… 물론 미용사가 나쁜 직업인 것은 결코 아니지만, 부모들이 선호하거나 선망하는 직업도 아니잖아요. 미용계로 진출해서 업계의 거물이 될 수도 있겠지만, 현실적으로 가장 확률이 높은 건 동네 미용실 주인 정도일 것이고… 세 달 정도 고민하고 나서야 겨우 '잘 해봐라'라고 격려해줘야겠다는 결론을 내릴 수 있었어요. 이런 문제를 놓고 이렇게 오랫동안 고민하도록 만드는 현실, 이것이 바로 우리가 극복해야 하는 사회적 불평등이겠지요.

둘째로 꼽은 '국영수' 획일성. 우리나라에서는 초등학교 1학년 학부모에게 '앞으로 12년 뒤 아이가 치를 대학입시 과목이 뭘까요?'라고 물어봐도 다들 잘 대답하세요. '국영수'라고 말이죠. 참 이상한 현상이죠.

이런 의문 가져보지 않으셨나요? 예를 들어 대학 가서 영문학을 전공하고 싶어 하는 학생이 왜 고등학교 3학년 마지막 순간까지 수학을 100점 받으려고 노력해야 할까요?

사실 서구 선진국에서 교육과정과 대학입시가 이렇게 '국영수' 중심으로 굳어져 있는 나라를 찾아보기란 불가능합니다. 서구 선진국의 대학입시 제도를 보면, '공통필수 과목'이라는 개념 자체가 없는 경우가 많습니다. 예를 들어 영국의 대입제도(A-레벨)에서 공통필수과목은 하나도 없어요. 독일의 대입제도(아비투어)에서는 대부분 공통필수과목이 하나도 없고, 일부 주에서 딱 한 과목 있는데 이게 독일어, 즉 독일의 국어지요. 그렇다고 아무 과목이나 선택하게 해놓으면 대학에 와서 학업을 따라가기 어려울 수가 있으니까, 대학 전공에 따라 일부 과목은 의무로 규정하고(예를 들어 경제학을 전공하려면 어느 수준의 수학시험을 꼭 치러야 한다든지 하는 식으로) 나머지는 일정 범위 내에서 학생들이 선택하도록 하는 경우가 많아요. 그리고 학생들은 내신과목 선택권을 폭넓게 가지고 있으니까, 대학입시 과목을 염두에 두고 내신 수강과목을 정합니다.

미국의 경우도 크게 다르지 않아요. 선진국 중에서 대학입시가 객관식인 경우는 흔치 않은데, 바로 미국에 SAT라는 객관식 대학입시가 있지요. 그런데 SAT는 '공통필수'과목의 비중이 작아요. 흔히 SAT Ⅱ이라고 불리는 선택과목이 20과목이나 있습니다. SAT Ⅰ라고 불리기도 하는 필수과목은 거칠게 분류해보자면 언어영역과 수리영역으로 구성되어 있는데, 언어영역에는 문학은 없고 비문학만 있어요. 문학은 선택과목이죠. 수리영역의 경우 우리나라 중학교 2학년 수준이에요. 중3 때 배우는 2차 함수부터 안 나옵니다. 우리나라 중3 및 고교 수준의 수학 내용은 심화수학Ⅰ, 심화수학Ⅱ 이런 식의 이름으로 선택과목(SAT Ⅱ)에 배치되어 있어요.

선진국 가운데 대학입시에 공통필수과목을 여러 개 두고 있는 나라는 프랑스가 유일한 것 같습니다. 프랑스의 대입인 바칼로레아 시험을 보면 프랑스어, 외국어(수험자가 택1), 역사&지리, 수학, 철학 등 다섯 개의 공통필수과목이 존재하거든요. 그런데 이렇게 공통필수과목이 많은 것은 프랑스의 대학 학생선발이 평준화 되어있어 일정 점수 이상만 얻으면 대학에 입학할 수 있기 때문입니다. 바칼로레아가 일종의 '자격고사'라고 알려진 것이 바로 이런 성격 때문이지요. 따라서 공통필수 과목이 여러 개 있어도 크게 부담스럽지 않고, 사회적으로 용인될 수 있는 것이죠.

결국 매우 특수한 제도적 배경을 가진 프랑스를 제외하면, 공통필수는 전혀 없거나, 있다 할지라도 최소화되어 있다는 공통점을 발견할 수 있습니다. 그에 견줘 보면 무조건 국영수를 요구하는 우리나라의 전통은 굉장히 비합리적인 거죠. 우리나라에서는 보수적인 분들이든 진보적인 분들이든 간에 '고등학교까지는 기본기를 익혀야 하고, 기본기는 국영수'라는 통념에 푹 젖어 있어요. 하지만 고등학교는 어차피 의무교육도 아니고(전 세계적으로 의무교육은 중학교까지입니다), 고등학교 시기는 본격적으로 향후 직업과 진로, 전공 등이 분화(分化)되는 시기이거든요. 심지어 인문계·실업계도 나누고요. 그러니 대학입시에서 공통필수(국영수) 과목들이 절대적인 영향력을 발휘하는 것은 참으로 이해할 수 없는 현상이라고 할 수 있지요.

이명박 정부가 만들어놓은 2014학년도 수능제도 개편안을 보면, 국영수의 비중을 오히려 더 높여놓았어요. 과목수를 줄여야 학생들의 부담이 줄어든다나요. 참으로 이해하기 어려운 사고방식입니다. 대학 측이 전공별 의무선택과목을 지정하도록 하고, 학생들에게 일정 수준 이상의 고교 이수과목 선택권을 부여하면, 1인당 응시하는 과목수를 줄이면서도 다양한 과목들의 조합이 가능하게 만들 수 있거든요. 오히려 획일적인 '국영수' 위주의 입시는 사교육비 절감에 역행합니다. 예를 들어 수학이 많이 필요한 분야에 지원하는 학생들을 보면, 수학 사교육 의존도가 평균보다 낮아요. 수학에 상대적으로 자신감이 있으니까 그런 학과에 지원하는 거거든요. 그런데 그런 학생들을 보면 대개 언어나 외국어영역 사교육을 많이 받습니다. 반면, 어문계열에 지원하는 학생들은 수학 사교육을 받는 비율이 평균보다 높아요. 향후 전공과의 연관성이 낮은 과목은 과감하게 반영 과목에서 배제해야 하고, 다소 애매한 과목은 상당히 낮게 설정된 최저학력기준만 요구하는 방향으로 변경돼야 합니다.

※ 대학진학률이 높은 미국과 대학진학률이 낮은 유럽의 교육시스템이 어떻게 다른지를 실감나게 보여주는 책으로 『미국에서 태어난 게 잘못이야』(토마스 게이건 지음)를 읽어보기 바랍니다. Q046에서 이미 한번 추천한 책인데요, 교육뿐만 아니라 사회 전반적인 모습에 있어 유럽이 왜 우리가 주목할 만한 모델인지를 보여줍니다. 케임브리지대 장하준 교수의 『그들이 말하지 않는 23가지』에도 과잉교육 현상에 대한 비판을 찾아볼 수 있고, 교육에 대한 여러 통찰을 발견할 수 있습니다.

세 줄 요약

1. 대학진학률을 낮춰 과잉교육으로 인한 사회적 낭비를 막으려면, 실업계 교육을 내실화함과 동시에 실업계 출신자가 겪는 사회적 차별을 철폐하는 사회 개혁이 필요하다.
2. 대입에서 공통필수과목은 없거나 최소화되고, 지망하는 전공 및 본인의 선호에 의해 과목들이 다양하게 조합되는 것이 정상이다.
3. 획일적으로 '국·영·수'를 요구하는 것은 사교육비 절감에도 불리하다.

학생과 교사에게
어떤 선택권을 줘야 하나요?

$\longrightarrow$ 이제 슬슬 '선택권'에 대해 얘기해야 하겠습니다. 우리나라 교육 과정 획일성의 세 번째 측면은 바로 '선택권 부재'라는 데 있습니다. 가 장 심각한 점은 학생들에게 수강과목 선택권이 없고, 교사들에게 교과 서 선택권 및 집필권, 그리고 교과목 개설권이 없는 거죠.

학생들이 인문계 고등학교에 진학할 경우, 선택할 수 있는 것이라고 는 문과 · 이과를 나누는 것밖에 없어요. 그 밖의 과목 선택권은 거의 주 어지지 않아요. 교육당국과 학교에서 몇 학년 몇 학기 때 이걸 배워라, 이렇게 정해놓으면 거의 그대로 따르는 수밖에 없어요.

그래도 문과 · 이과라도 선택하지 않느냐고요? 문과 · 이과 구분은 전 형적인 일제 잔재이고, 지금 시대에는 별로 필요 없는 일이란 말이죠. 예 를 들어 심리학과는 문과로 분류되지만 어떤 면에서는 굉장히 자연과학적인 분야이고, 경제학을 전공하려면 어지간한 이과 전공보다 수학 공부를 많이 해야 하며, 통계 전공을 이과로 분류하는 대학도 있지만 문과로 분류하는 대학도 있어요. 건축학이 문과인지 이과인지 예체능 계열인지를 논하는 건 사실 쓸데없는 일이지요. 지리학? 해양학? 이쯤 되면 문과·이과 구분이 무의미해질 지경이에요.

황당한 건, 우리나라 고등학교 교육과정에 공식적으로 문과·이과 구분이 폐지된 지 오래되었다는 거예요. 7차 교육과정(2002년 고1)부터 문과·이과 구분이 없어졌어요. 하지만 현실적으로는 문과·이과 구분이 여전하지요. 고등학교에서는 다들 문과·이과를 나눠서 반을 편성하거든요. 또 수능시험을 보면 사회탐구와 과학탐구를 같은 교시에 치르기 때문에, 사회탐구 과목과 과학탐구 과목을 섞어서 응시하는 게 원천적으로 불가능해요. 대학들은 다들 문과·이과를 구분해서 선발하고요. 그런데도 공식적으로 문과·이과 구분이 없다니… '눈 가리고 아웅'이라고나 할까요.

유럽 국가들은 학생들 개개인들의 의사에 의해 과목 선택권을 발휘하도록 제도를 만들어놓았어요. 세계 최고의 교육선진국으로 꼽히는 핀란드의 예를 보면, 핀란드 학생들은 중학교 시절에 이미 교육과정의 20% 정도를 학생 개인별 의사에 의해 선택하고, 고등학교에 가면 75학점(공식 명칭은 '단위')을 이수하면 졸업인데 45학점은 필수과목, 30학점은 선택과목이에요. 어떤 학생은 2년 반 만에 75학점을 다 이수해서 졸업하지만 좀 여유 있게 공부하고자 하는 학생들은 고등학교를 4년 동안 다니기도 해요. 프랑스, 독일 등도 구체적인 면에서는 서로 차이가 있지만 공통적으로 학생들에게 상당한 수준의 교과목 선택권을 인정합니다.

영국의 대학입학을 준비하는 고등학교 과정(sixth form이라고 불리는 2년제)을 예로 들어보죠. 자신이 대학에서 어떤 분야를 전공할 예정인지를 정하면, 전공 성격에 따라 4~5개 과목을 선택하게 됩니다. 예를 들어 대학에서 경영학을 전공하고 싶으면 회계, 경영, 컴퓨터, 영문학, 통계학, 경제, 수학, 정보 기술, 대중매체학, 사회학… 등 열 개 남짓한 과목들 가운데에서 4~5개를 학생이 선택하게 해요(같은 전공이라 할지라도 대학마다 제시하는 과목에는 조금씩 차이가 있습니다). 어쨌든 그 핵심은 선택과목의 폭을 대학이 전공별 특성을 고려하여 제시하고, 그 범위 안에서 구체적인 과목 선택은 학생 개인이 하는 겁니다. 그리고 학생들은 자신이 대입 과목으로 선택한 과목을 고등학교에서 수강 신청하여 이수합니다. 아예 고등학교를 지원할 때부터 자신이 대입과목으로 선택할 과목을 개설하는지 여부를 살펴서 지원하는 경우도 많아요. 결국 원하는 대학 전공에 따라 선택 가능한 교과목의 범위가 전혀 달라져요. '공통필수과목'이라는 개념은 전혀 없습니다.

서구 선진국들은 학생들에게 폭넓은 과목 선택권을 부여하는 것과 비례하여 교사들에게 수업 운영에 있어 자율성을 인정합니다. 가장 교사 자율성이 큰 나라는 미국일 겁니다. 미국은 지역마다 편차가 있지만 학교 및 교사에게 주어진 교육과정 운영상의 자율권이 굉장히 커요. 캘리포니아 주에 있는 한 공립 고등학교(Dunn Highschool)의 사례를 보면, 영어(우리로 치면 '국어') 과목들의 이름이 다음과 같이 되어있어요. 다음은 이 학교에서 11, 12학년(우리나라의 고2, 고3)이 선택 가능한 영어 교과목의 이름입니다.

독해 · 작문 / 작문 / 창작작문 / 고급작문 / 셰익스피어 / 디킨스와 하아디 / 단편소설 / 공상과학소설 / 영화문학 / 추리문학 / 마크 트웨인 / 성경 / 명작 고전 / 스타인벡과 헤밍웨이

어떻습니까? 얼핏 보면 대학의 커리큘럼을 보는 것 같죠? 이렇게 다양한 교과목이 개설될 수 있는 것은, 교사들이 교육과정을 해석하고, 운영하고, 교과목을 개설하고, 교재(교과서)를 선정하거나 집필할 수 있는 권한을 가지고 있기 때문입니다. 교육과정과 관련된 권한에 있어 교사와 대학교수 사이에 큰 차이가 없는 거지요. 대학교수들이 대학에서 교과목 개설하는 것과 비슷한 방식과 절차를 거쳐, 교사들이 교과목을 개설하는 겁니다.

유럽의 경우 교사가 새로운 이름의 교과목을 창안해낼 권한까지는 없는 경우가 많아요. 하지만 교과서 선택권은 물론이고 심지어 집필권까지 공식적으로 부여받는 경우가 많습니다. 역시 대학교수들과 유사한 권한을 가지는 거지요. 대학교수들은 교재를 자신이 정하거나 심지어 자신이 집필할 수 있잖아요. 그런데 교사는 그래서는 안 된다? 말이 안 되는 얘기죠. 교사들 중에 석사나 박사학위를 가진 분들도 꽤 되는데다가, 초 · 중 · 고등학교에서의 교육 내용은 대학만큼 전문적인 내용은 아니기 때문에, 학위를 가지고 있어야만 교과서를 집필할 수 있다는 식의 주장은 말이 안 됩니다.

우리나라 교사들은 어떤가요? 한마디로 '자유'가 없지요. 교사들은 자

신이 어떤 텍스트로 수업을 할 수 있을지 결정할 수 없어요. 학교에서 전체적으로 '우리는 이 과목은 무슨 출판사 교과서를 쓰기로 한다'고 정하면, 그냥 그 교과서를 모든 교사가 써야 해요. 우리가 워낙 익숙해져서 그렇지, 이거 굉장히 쓸데없는 제도예요. 더구나 요즘은 '다품종 소량인쇄'가 얼마나 쉬운데 말이죠. 교재용으로 편집한 파일을 가르치는 학생 수만큼 인쇄하여 책으로 만들도록 주문하면 되거든요. 교과서를 분실하는 학생을 위해서는 파일을 제공하면 되고요.

이미 Q051에서 '3중 족쇄'에 대해 설명 드렸듯이, 우리나라 교사에게는 자신이 원하는 방식으로 수업하고 평가할 수 있는 권한이 없어요. 그래서 교사들의 책무성을 강조하는 글을 보면 저는 동의하면서도 늘 마음이 불편해요. 책무성이라는 건 자유인에게 요구할 수 있는 것이지, 노예에게 요구할 수 있는 건 아니거든요. 일단 '교사 해방'부터 되어야 책무성을 논할 수 있는 것이거든요.

이명박 정부는 기업 활동과 관련해서는 '규제 완화'를 입버릇처럼 외쳤어요. '전봇대 뽑기'로 대표되는 이명박 정부 초반의 캠페인을 기억하실 겁니다. 그런데 일상적인 교과 교육과 관련해서는 규제를 절대 완화하지 않더군요. 학교자율화 정책을 무려 4회나 발표했지만, 그중 교사 및 학생 개개인의 자율권을 넓혀준 내용은 전혀 없었습니다. 추상적인 '학교'의 자율화였을 뿐, 구체적인 '교사'의 자율화, '학생'의 자율화가 아니었던 겁니다. 교사들의 다양한 교육활동을 가로막는 규제를 본질적으로 포기하지 않은 거죠. 교사들을 구속하고 교육활동을 규제함으로써 구체적인 이득을 얻는 세력이 우리나라 교육계 안팎에 도사리고 있는 겁니다. 따지고 보면 이명박 정부만의 문제가 아니지요. 이들이 우리나라 교육계에서 최고의 철밥통이었습니다.

물론 표면적으로는 우리나라 교육과정에는 별 문제 삼을 요소가 없어 보여요. 공식적인 교육과정 지침서에는 이렇게 쓰여 있거든요. '교과서는 하나의 사례로 간주할 것, 교사의 재량에 따라 재구성하여 가르칠 수 있음' 등등. 하지만 이거 하나마나한 말이죠. 교사 개개인의 교재 선택권, 집필권, 평가권, 교과목 개설권 등을 모조리 부정하면서, 도대체 뭘 '재구성'하란 말입니까?…

세 줄 요약

1. 시대에 맞지 않는 문과 · 이과 선택은 폐기하고, 학생 개인별로 향후 진로 · 전공 및 본인의 선호에 따라 다양한 이수과목 및 대학입시 과목 선택이 가능하도록 해야 한다.
2. 서구 선진국에서는 교사의 자율권을 존중하여 교과목을 개설할 권리를 부여하거나(미국) 최소한 교사별 교과서 선택권 내지 집필권을 인정한다(유럽).
3. '학교' 자율화를 넘어서 '교사' 자율화, '학생' 자율화가 추진되어야 한다.

Q. **057**

교과교실제와 집중이수제는
선진적인 제도 아닌가요?

→　우리나라 교육당국에서 최근에 '교과교실제'라는 걸 추진하고 있지요. 교과별로 마련된 전용 교실이 있고, 학생들이 시간표에 따라 이동하면서 수업을 받는 겁니다. 교과별로 특화된 교실의 시설 등을 활용하여 교육 효과를 높인다는 취지에서 나온 제도죠. 교과교실제를 운영하는 학교들에서 들려오는 얘기를 들어보면 좋다는 얘기도 있고 그렇지 않다는 얘기도 있는데, 전반적으로 비교적 괜찮은 평을 듣고 있습니다.

　하지만 '교과교실제'가 최종 목표인 것으로 착각해서는 대단히 곤란합니다. 교과교실제는 일종의 중간 기착지 정도의 의미가 있을 뿐이죠. 최종 목표는 학생 개개인에게 적극적인 교과목 선택권을 부여하고, 이를 통해 학생 개인의 선호나 원하는 진로에 따라 교육과정(교과목의 조합)이 달라질 수 있도록 하는 것입니다.

이렇게 되면 수업시간에 잠자는 현상도 크게 줄일 수 있지요. 왜냐하면 수업시간에 잠자는 현상은, 본인의 수준에 안 맞거나 필요를 느끼지 못하는 경우에 가장 심하게 나타나거든요. 게다가 학생들에게 과목 선택권을 부여하면, 학생들은 이 과목 저 과목 수강하면서 자신의 적성이나 향후 전공을 탐색해볼 기회를 가질 수도 있어요. 저는 중학교와 고등학교를 통합하여 무학년 학점제로 운영하는 것이 가능하고 또 바람직하다고 생각합니다. 일정 학점을 따면 중학교 졸업장을 주고, 또 일정 학점을 추가로 따면 고등학교 졸업장을 주는 거지요(이에 대해서는 Q058에서 자세히 설명하겠습니다).

학생들이 쉬운 과목만 선택할 것 같다고요? 이를 막기 위해 적절한 규제조항을 만들면 되지요. 대학에서 전공별로 고교 필수과목을 지정하는 것도 좋은 방법입니다. 이렇게 되면 물리를 공부하지 않고 공대에 들어오거나, 고급 수학을 공부하지 않고 경제학과에 들어오는 사태를 예방할 수 있으니 일석이조입니다. 유럽 국가들을 보면 이러한 보완장치들이 제도화되어 있기 때문에, '쉬운 과목'에 몰린다든가 하는 현상은 찾아보기 어려워요.

또한 얼마 전부터 우리나라에서는 '집중이수제'라는 제도를 실시하고 있습니다. 학교별로 일정 범위 내에서 교과목별로 시수를 늘리거나 줄일 수 있게 해준 거죠. 그리고 그랬더니 학교들이 너나 할 것 없이 국영수 과목의 시수를 늘리는 부작용이 나타나고 있어요. 대학입시에서 '국영수'가 차지하는 막강한 비중을 생각해보면, 당연한 일이죠.

그렇다고 해서 예전으로 돌아가는 게 바람직하냐? 그것도 아니에요. 개인별 선택권을 폭넓게 인정하면 '집중이수제'같은 개념이 아예 필요가 없거든요. 그러니까 집중이수제는 오히려 확장되어서, '학교별 집중이수'가 아니라 '개인별 집중이수'가 가능하도록 발전해야 하는 겁니다. 그리고 '개인별 집중이수'를 허용하는 가장 유연한 제도는 '무학년 학점제'이고, 이쯤 되면 외국어고 같은 건 별도로 존재할 필요가 없어지지요. 누구나 원하는 외국어를 선택하여 배울 수 있게 하면, 외고가 별도로 있어야 할 이유가 어디에 있습니까?

학생들에게 선택권을 적극적으로 부여해서 이를테면 무학년 학점제 방식으로 운영하면, 학교의 모든 학생들이 획일적으로 '집중이수'를 하는 게 아니라, 학생 개개인이 본인의 필요에 의해 선별적으로 다양한 형태의 '집중이수'를 하게 될 겁니다. 즉 집중이수제를 둘러싼 논란은 단순한 찬반 논쟁으로는 올바른 결론에 도달할 수 없는 것이고, 궁극적으로 어떤 학교에 들어갔다고 해서 모든 학생들이 똑같은 시기에 똑같은 교과목을 배워야 하는 제도를 뒤집어엎고 '개인별 집중이수'를 포함한 다양한 교육과정 편성이 개인별로 가능하도록 바꿔나가야 한다는 것이지요.

세 줄 요약

1. 교과교실제는 개인별 교과목 선택제로 발전해야 한다.
2. 집중이수제는 '학교 단위' 집중이수제에서 '학생 단위' 집중이수제로 발전해야 한다.
3. 무학년 학점제는 진로·진학상의 필요 및 본인의 선호, 탐색 등의 목적으로 다양한 이수과목 선택권을 보장하는 방법이다.

고교평준화와 특목고 문제,
어떻게 해결해야 하나요?

──→ 저는 과학고 초기 세대입니다. 전국에 과학고가 4개밖에 없을 때, 경기과학고를 졸업했지요. 제가 중3이던 1984년에는 전두환 정권이 학원교습과 개인과외를 금지하고 있었기 때문에(오직 재수생과 예체능계 사교육만 허용되었습니다), 저는 과학고 입시 공부를 혼자서 했습니다. 특목고 대비 사교육이라는 건 애초에 있을 수 없는 일이었지요.

그리고 일단 과학고에 들어가면 대입 경쟁이 그리 치열하지 않았어요. 제가 입학할 당시 경기과학고는 서울 · 경기 · 인천 · 강원 전 지역에서 모인 지원자 가운데 60명만 선발했습니다. 전국 4개 과학고 모두 합쳐서 정원이 240명에 불과했어요. 그러다보니 일단 과학고에 들어가면 대부분 KAIST 진학이 가능했고, 실제로 그렇게 했습니다. 저는 서울대에 진학하려고 고3까지 다니며 대학입시(대입학력고사)를 치렀습니다만,

동기들은 대체로 고2를 마치고 KAIST에 진학했어요. 대입경쟁이 존재하기는 했지만 별로 심각하지 않았던 거죠.

그런데 지금 전국의 과학고 정원이 1,500명이 넘고, 별도로 전국에 4개 지정된 영재학교(예를 들어 현재 서울과학고나 경기과학고는 이름은 과학고이지만 영재학교로 분류됩니다) 정원만 해도 제가 고교 다닐 때의 전국 과학고 정원보다 많아요. 과학고 외에 영재학교를 따로 두는 것도 우습고, 전국에 별도의 학교에서 가르칠만한 영재가 그렇게 많은 건지 의아합니다. 이제 과학고 및 영재고생들 사이에도 치열한 대입 경쟁이 존재합니다.

이보다 심각한 게 외국어고와 국제고입니다. 지금 전국의 외고·국제고 정원은 8천명이 넘어요. 정말 황당한 일이지요. 유럽에 가보면 외국어를 두세 개 씩 하는 사람들이 있습니다. 어디서 배웠냐고 물어보면, 대개 그냥 학교에서 배웠다고 해요. 본인이 배우길 원하는 외국어를 선택해서 배웠다는 거예요. 외국어를 가르치기 위해 '외국어고등학교'가 필요하냐고 물어보면, 이 사람들은 이해가 안 된다는 표정으로 쳐다봅니다. 그냥 보통 학교에서 외국어를 배우게 하면 되지, 왜 별도의 학교를 세우냐는 거죠.

우리나라 특목고 문제의 핵심이 바로 여기에 있어요. '다양한 교육'이라는 것은(또는 심지어 '수월성 교육'도) 소수의 학교나 기관에서 독점할만한 가치가 아니라, 일반적인 학교와 교육기관이 추구해야 할 보편적인 목표이거든요. 그런데 우리나라는 참으로 이상하게, 일반 고등학교는 획일적 틀에 묶어놓고선 별도로 '특목고'라는 걸 만들어서 '다양한 교육'이라는 이상을 독점하게 만들어요. 특목고를 옹호하는 사람들이 맨

날 내놓는 논거가 '평준화를 보완하기 위해 특목고가 필요하다'는 거예요. 그러니까 특목고 문제의 해법은 단순히 특목고를 없애는 데 있는 게 아니라, 일반 학교에 충분한 다양성이 자리 잡을 수 있도록 해서 특목고가 필요 없도록 하는 데 있는 겁니다.

헌법 31조 1항은 "대한민국 국민은 능력에 따라 균등한 교육의 권리를 가진다"라고 규정하고 있어요. 최대한 균등한 교육의 권리를 보장하기 위해서는, 획일적으로 똑같은 교육을 제공하는 방법도 있지만, 누구에게나 동등한 무제한 선택권을 보장하는 방법도 있습니다. 이를 통해 일반 학교에서도 최대한 다양한 교육이 가능하도록 하는 것, 이것이 바로 고교평준화를 둘러싸고 벌어지는 논쟁을 발전적으로 종결할 수 있는 대안입니다. 우리가 지향하는 '평준화'는 무엇보다 '획일화'가 아니라는 점에 유의하고, 학생들에게 균등하면서도 최대한의 교육 기회를 부여할 수 있는 수평적 고교시스템으로 그 의미를 업그레이드시켜야 한다는 얘기지요.

자, 중·고등학교에 최대한 다양한 교육이 꽃피도록 하려면 어떻게 해야 할까요? 앞에서 설명한 '다양화'를 저해하는 제도들을 혁신하는 것이 필요하겠지만, 거기에 더하여 특히 특목고 문제를 해결하기 위해 다음 세 가지를 핵심으로 하는 '중·고 개혁 프로그램'을 제기하고 싶습니다. ① 학년제를 학점제로 바꾸고 ② 중학교와 고등학교를 연계 운영하고 ③ 소속 학교 밖에서도 학점을 이수할 수 있게 하는 것입니다.

무학년 학점제의 핵심은 학생 개개인의 과목 선택권을 적극적으로 보장해주는 것입니다. 법률적으로는 이미 우리나라에서도 학점제 운영이 가능하도록 되어 있어요. 다만 세부적인 제도와 여건이 정비되지 않은 것이지요. 중·고 연계 학점제란 필수과목 몇 학점, 선택과목 몇 학점을 따면 중학교 졸업장을 주고, 여기에 더하여 역시 필수·선택과목을 각기 일정 학점 따면 고등학교 졸업장을 주는 겁니다. 그리고 중학교와 인문계 고등학교를 통합 운영할 수 있도록 하는 거죠. 중학교·고등학교 과정을 함께 운영하는 학교를 원칙으로 하되 지역 사정을 고려하여 일부 예외를 허용하는 방안도 있고, 지금처럼 중학교·고등학교를 구분하되 중학교에 다니면서도 충분히 다양한 선택과목을 이수할 수 있게 하는 방안도 있어요. 물론, 중학교 졸업장을 받은 이후 실업계 진로를 원하는 학생은 실업계 고등학교(공식 명칭은 특성화고등학교)로 진학하게 되겠지요.

여기에 더하여 자신이 속한 학교에서 이수하기 어려운 과목도 얼마든지 타 학교 및 교육기관, 또는 온라인 프로그램으로 이수할 수 있도록 해 주는 거죠. 예를 들어 프랑스어를 배우고 싶은데 자기 학교에 프랑스어 선생님이 없으면 다른 학교나 기관에서, 또는 온라인 프로그램을 통해 학점을 이수할 수 있도록 해주는 겁니다. 요새는 온라인으로 사이버 대학을 다녀 대학 졸업장까지 취득할 수 있는 세상이잖아요? 이를 잘 활용하면 최소한의 비용으로 다양한 교과목을 제공할 수 있어요.

이미 앞에서 소개한 핀란드의 제도를 기억하시나요? 중학교 때 이미 학생이 이수하는 교육과정의 20%가 학생 개인의 재량에 의해 선택하는 과목이고, 고등학교에 들어가면 필수과목 45학점, 선택과목 30학점 도합 75학점을 이수하면 졸업합니다(엄밀하게는 '학점'이 아니라 '단위'라는 표현을 씁니다만 내용상 동일한 뜻입니다). 그래서 고등학교를 2년 반 만에 졸업하는 학생이 있는가 하면, 좀 여유 있게 이것저것 탐색해가면서 이수해서 4년 만에 졸업하는 학생도 있어요.

제가 제안하는 제도는 핀란드식 제도를 중·고 연계하여 운영하고, 여기에 학교 외 기관이나 온라인을 통한 학점 이수까지 인정하자는 거죠. 이렇게 되면 능력이 아주 빼어나거나 학력 지향적 성향이 강한 학생·학부모들은 중·고 과정을 6년이 아니라 4년이나 5년 만에 졸업하려 할 수도 있고, 좀 여유 있게 이런저런 과목들을 탐색하며 공부하고 싶다면 6년보다 오래 걸려서 졸업할 수도 있을 겁니다. 이렇듯 유연한 보편적 제도를 만들어서, 최대한 다양한 교육적 지향들이 공존할 수 있도록 하자는 것이지요. 교육과정 전체를 한꺼번에 무학년 학점제로 전환하기가 어렵다면, 몇몇 분야(외국어, 문학, IT, 예체능 등)에 국한하여 먼저 도입하는 것도 생각해볼 만하겠고요. 특히 중고등학교에서 일정 수준 이상의 진로체험에 대하여 학점으로 인정하는 것도 매우 중요한 일입니다.

무학년 학점제가 도입되면, 외국어고가 별도로 있을 필요가 없어요. 본인의 의향에 의해 여러 유형과 수준의 외국어과목을 이수할 수 있는 길이 확보되니까요. 여기에 더하여 대입시험에서 제2외국어 외에 제3외국어까지 더 치를 수 있게 하는 보완책이 필요합니다. 이런 방식으로 중·고등학교 교육과정을 개혁함과 동시에 외국어고를 일정한 예고기간 이후 일반 학교로 전환하면 되는 겁니다. 이러한 개혁에 3년 정도의 준비기간이 필요할 거예요.

과학고와 영재학교는? 일단 과학고와 영재학교로 2원화시킬 필요가 없으니 통합해야 한다고 봅니다. 그리고 이 학교들은 졸업장을 주는 정식 학교의 형태를 유지할 수도 있겠지만, 연구에 대한 열의가 탁월한 학

생들을 위한 위탁교육기관 정도로 전환하여 활용하는 방안도 검토해볼
만해요. 만약 졸업장을 주는 정식 학교의 형태로 존속시킨다면 정원은
지금보다 줄여서 질 관리를 해야 하겠고요.

세 줄 요약

1. '다양한 교육'이라는 이상은 특목고의 독점적 목표가 아니라 일반 학교에서 보편적으로 추구해야 하는 교육 목표이다.
2. 평준화란 '획일적' 교육을 제공하는 게 아니라 학생들에게 '동등한' 선택권을 보장함으로써 교육기회를 극대화하는 개념으로 적극적으로 해석되어야 한다.
3. 중 · 고 연계 무학년 학점제 및 타학교 · 공인기관 · 온라인 학점취득제를 활용하면 외고가 별도로 있을 필요가 없을 정도의 다양한 교육이 일반 학교에서 가능해진다.

자사고를 포함한 전반적인 고교체계는
어떻게 바로잡는 게 좋을까요?

———→   우리나라 고교체계는 이명박 정부 들어 상당히 복잡해졌어요. 고교평준화 지역의 고등학교 시스템을 보면 '전기고'와 '후기고'라는 범주로 고등학교들이 묶여 있습니다.

전기고에 특목고와 자사고(자율형사립고)와 특성화고(과거에 실업계고 또는 전문계고라고 불렸던)가 속하고, 후기고에 자공고(자율형공립고)와 각종 중점학교와 기타 일반고가 속해요. 학생들은 전기고 가운데 한 학교에 지원 가능하고, 여기서 떨어지거나 전기고에 지원하지 않은 학생들은 후기고에 지원할 수 있는 것이죠. 후기고 중에도 자공고와 중점학교에 먼저 선지원 추첨배정을 하고, 여기서 배정받지 못한 학생들이 최후로 일반고에 선지원 추첨 배정됩니다.

[우리나라 고교평준화 지역의 고등학교 체계]

전기고	후기고
− 특목고(외국어고, 국제고, 과학고) − 자사고(자율형사립고) − 특성화고(실업계고)	− 자공고(자율형공립고) − 중점학교(과학·예술) − 일반고

이런 서열화 된 고교체제가 자리 잡히면서 특히 서울에는 자사고가 27개나 지정되었죠. 자사고에 지원 가능한 학생들은 중학교에서 성적 상위 50% 내에 드는 학생들이기 때문에, 성적 좋은 학생들이 일반고에 가는 비율은 예전보다 상당히 낮아졌습니다. 그러면서 예전과 확연하게 달라진 게 있어요. 학부모들이 이렇게 말하는 겁니다. "예전에는 일반고 가는 게 아무렇지도 않았는데, 지금은 일반고에 배정되면 뭔가 창피하거나 뒤처지는 느낌이다."

요새는 특목고에 더해서 자사고까지 생기는 바람에, 고등학교 체계 문제를 해결하기가 좀 더 어려워졌다고 생각하는 분들이 많더군요. 하지만 특목고를 일반고로 전환하는 것보다, 자사고를 일반고로 전환하는 것이 더 간단합니다. 자사고의 설립목적은 어학·수학·과학 등 특정 분야의 교육을 강화하기 위해서가 아니거든요. 실제로 운영하는 교육과정이 일반고와 별로 다르지 않습니다. 그러니 일반고로 전환하기가 더 쉽지요.

사실 모든 자사고가 다 일반고로 전환해야만 하는 것도 아닙니다. 혹시 자사고로서의 지위를 꼭 유지하고 싶은 학교가 있다면, 자사고로서

부여받은 교육과정상의 자율권은 허용하되, 학생배정상의 특권(전기고로서 중학 내신 성적 상위 50% 이내인 학생을 우선적으로 배정받을 수 있는)만 배제하는 것도 대안이 될 수 있습니다.

저는 최대한 다양하고 유연한 교육이 이뤄질 수 있는 중·고교 시스템을 구성해 가면서, 고등학교 학생 배정은 수평적이고 일률적인 선지원 추첨배정 방식(고교선택제)으로 가는 게 바람직하다고 봅니다. 지금처럼 전기고·후기고에 따라 지원 시기와 방식을 구분하는 복잡한 체계를 허물고, 수평적인 관계 속에서 보편적인 고교선택제(선지원 추첨배정)를 운영하자는 것이지요. 이것은 교육시민단체 '사교육 걱정없는 세상'에서 주장하는 고교체계 대안이기도 합니다(Q058에서 제안한 중·고 통합 무학년 학점제가 시행된다면, 중학교 졸업장을 취득하는 시기에 고등학교 과정에 대한 지원 기회를 주면 되겠고요).

그리고 서울에서는 중학교 내신 성적 98% 안에만 들면 인문계 고등학교를 갈 수 있게 되어 있는데요, 이렇듯 전국에서 가장 관대한(!) 정책으로 인하여 인문계 고교 교육에 적합하지 않는 학생들이 대거 인문계 고등학교에 들어갑니다. 자사고를 없애거나 자사고의 특권을 없애는 것 못지않게, 인문계 고등학교의 문턱을 합리적인 수준으로 관리하는 것이 서울지역에서 고교체계와 관련하여 시급히 해결해야 할 과제일 것입니다.

진보적인 분들 가운데에는 고교선택제가 신자유주의적 제도라고 공박하는 분들이 계신데요, 하지만 학생이나 학부모가 선택권을 가지는 게 꼭 나쁜 일은 아니지요. 물론 학교선택권으로 인해 고교 서열화와 양극화가 나타날 우려가 있습니다. 하지만 학교선택권이 없다면 결국 거주지에 의해 학교가 결정되기 때문에, 경제적으로 풍족한 사람들만 (선호하는 학교가 있는 지역으로 이사 감으로써) 선택권을 행사할 수 있게 됩니다. 선택권을 무조건 막는 것이 오히려 더 불공평한 제도가 될 수 있는 것이지요.

미국의 맥락에서는 학교선택권이 일제고사와 더불어 신자유주의적 교육정책의 핵심이었다고 볼 수 있는 것 같습니다. 하지만 고교선택제가 무조건 신자유주의의 '증거'라고 보는 것은 지나친 단순화지요. 특히 서울에서 최초로 고교선택제를 도입하려 시도했던 시기는 지금으로부터 20년도 넘은 1980년대 후반인데, 이때는 미국에서도 신자유주의적인 맥락의 학교선택제 논의가 본격화되기 이전이었어요. 참고로 당시에는 고교선택제를 도입하면 강남지역 고교의 교실 수가 부족하다는 예측 결과가 나와서 시행할 수가 없었어요. 이후 서울을 제외한 전국의 모든 고교평준화 지역에는 예외 없이 고교선택제가 도입되었지요. 서울만 예외적으로 고교선택제가 막혀 있다가, 2000년대에 새로 시뮬레이션해본 결과 서울에도 고교선택제를 도입할 수 있다는 결론이 내려진 겁니다.

또한 고교선택제를 도입했다가 돌이키는 것이 현실적으로 가능하냐는 것도 고려해봐야 해요. 스웨덴은 1990년대 초반 잠깐 동안 우파가 집권했을 때 고교선택제를 도입했는데, 다시 좌파가 집권한 다음 이를 되돌리지 못했어요. 왜냐하면 고교선택제에 찬성하는 여론이 압도적이었기 때문입니다. 사람들은 한 번 부여받은 권리를 빼앗기는 것에 대하여 매우 민감하거든요. 서울 지역에서도 설문 조사를 해보면 교사들은 고교선택권에 대하여 반대 여론이 우세하지만, 학생·학부모의 경우는 찬성 여론이 훨씬 높습니다.

특정한 '제도'와 '사상'을 등치시키는 것은 신중해야 할 일입니다. 선택권을 신자유주의적인 것이라고 등치시킨다면, 선택권을 극대화하여 아예 무학년 학점제를 운영하는 핀란드의 고등학교는 슈퍼-신자유주의 정도 되고, 고교선택제에 더하여 아예 성적순으로 고등학교 입학생을 선발하는 독일의 제도는 울트라-신자유주의 정도 되는 걸까요?

선택권은 신자유주의의 부분집합이 아닙니다. 선택권은 신자유주의 이전에, 고전적 자유주의 이념에 의해서 충분히 정당화될 수 있는 것이거든요. 고전적인 자유주의 입장에서 본다면 '선택권 없는 자유'라는 표현은 성립 불가능한 개념, 일종의 형용 모순이니까요. 다만 신자유주의는 선택을 단순히 자유의 증거가 아니라 '경쟁'을 위한 수단으로 간주하고, 경쟁의 수준을 자유의 수준과 등치시키며, 경쟁을 격발시키기 위해 국가권력이 개입하는 것을 긍정한다는 점에서 고전적 자유주의와 다릅니다. 신자유주의 이념에서 특별한 지위를 가진 개념은 '선택'이라기보다 '경쟁'인 것이죠.

물론 고교선택제가 실시되면 대입 경쟁이 조장되는 측면도 있습니다만, 꼭 그렇기만 할까요? 특히 어른들이 선택제를 보는 시각과 학생들이 보는 시각이 많이 달라요. 학생들은 고교선택제를 왜 지지할까요? 단순히 대입 실적이 우수한 고교에 진학할 기회를 확보하기 위하여? 구체적으로 학생들의 의견을 들어보면 그리 단순하지 않습니다. 친한 친구들끼리 함께 고교생활을 하고 싶어서일 수도 있고, 집과의 교통이 편리해서일 수도 있으며, 그 학교의 특정한 정책이나 프로그램이 마음에 들어서일 수도 있고, 교복이 멋있어서일 수도 있습니다(교복 같은 것도 그리 사소한 문제가 아닙니다). 저는 이러한 바램을 충족시켜주는 것도 교육의 중요한 부분이라고 생각합니다.

세 줄 요약

1. 복잡해진 고교체계를 전면적으로 재구성하여, 고등학교들 간의 관계를 수평화시키고 보편적인 선지원 추첨배정(고교선택제)을 시행해야 한다.

2. 자사고는 아예 지정을 해제하거나, 아니면 교육과정상의 자율성은 인정할지라도 최소한 성적 상위자를 우선적으로 배정받는 특권은 배제해야 한다.

3. 서울의 고교선택제는 신자유주의 정책이라고 보기 어려우며, 학생들의 다양한 요구가 드러나고 충족되는 순기능도 가짐을 고려해야 한다.

입학사정관제가 곧 대입전형의 '대세'가 되지 않을까요?

⟶ 입학사정관제는 입학자를 선발할 때 성적 이외의 요인(흔히 '비교과영역'이라고 부르는)까지 종합적으로 고려하여 학생을 선발하는 제도라고 말씀드린 바 있습니다. 한마디로 사람의 총체적인 됨됨이를 보고 선발하자는 취지인 것이죠. 입학사정관제를 놓고 흔히 '잠재력'을 본다, '인성'까지 본다더라 등의 얘기가 나오는데요, 이것은 우리의 역량 가운데 상당 부분은 성적으로 드러나지 않는 것들인데 입학사정관제는 이런 면까지 보는 제도이기 때문입니다. 예를 들어 '성실성'이나 '리더십', '소통능력' 같은 건 시험 성적으로 드러난다고 보기 어려운 것들이고, 일종의 인성적인 속성이라고 말할 수도 있지요.

다음 그림은 Q009에서 한번 봤던 그림이지요. 사람이 가진 전체 역량 가운데 시험(객관식이든 논술형이든)을 통해 드러나지 않는 역량, 즉 그림에서 빗금 친 부분까지 종합적으로 보고 선발하자는 제도입니다.

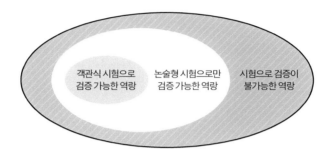

객관식 시험으로 검증 가능한 역량 / 논술형 시험으로만 검증 가능한 역량 / 시험으로 검증이 불가능한 역량

▶ 입학사정관제는 성적뿐만 아니라 성적으로 드러나지 않는 역량(빗금 친 부분)까지 포함하여 가장 포괄적인 됨됨이를 평가하자는 취지의 제도입니다. 객관식 및 논술형 시험으로 검증 가능한 역량이 교과영역과 관련된 것이라면(대학입시이든 내신이든), 빗금 친 부분은 교과 외 활동, 즉 '비교과'라고 불리는 부분입니다.

그런데 과연 입학사정관제가 대세일까요? 2013학년도 대입전형을 기준으로 보면, 전국 모든 대학 정원 가운데 입학사정관제 정원의 비율은 12% 정도입니다. 서울 지역 유명 대학들로 한정하면 대략 20% 가량이구요. 전체적으로 그리 높은 비율이 아니지요. 그런데 이것이 앞으로 급속히 확장되어 조만간 '대세'의 수준에 도달할 수 있을 것이냐?… 여기에 대해서는 저는 회의적입니다.

입학사정관제가 급속히 보편화되기 어렵다고 보는 근거는, 무엇보다 입학사정관제가 고비용 제도이기 때문입니다. 입학사정관제는 교수가 학생을 선발하는 제도가 아니라(교수가 관여하는 경우도 있지만 예외적입니다), 교수 이외의 선발업무 전문가(입학사정관)들을 별도로 두는 제도이거든요. 그런데 이 입학사정관들이 나름 고급 인력이거든요. 그러니 월급도 많이 줘야 겠죠. 게다가 대학마다 입학사정관을 한두 명 정도만 두고 있으면 될까요? 우리나라 대입전형은 지원자가 한꺼번에 쏟아져 들어오잖아요. 한꺼번에 많은 지원자를 심사하려면 입학사정관도 적잖은 숫자가 필요하단 말이죠.

제아무리 좋은 제도라 할지라도 정부에서 이런 제도를 도입하라고 유도하면 대학들이 피 같은(!) 돈을 써가면서 앞다퉈 도입하려 할까요?… 설마 그럴 리가 없는데 말이죠. 그런데 지금까지 왜 이렇게 많은 대학들이 이렇게 돈이 많이 드는 제도를 앞다퉈 도입해 왔을까요? 교육과학기술부가 입학사정관제를 도입하는 대학들에 공식적으로 지원금을 나눠주고 있거든요. 2012년의 경우 60개 대학에 391억 원을 지원합니다.

그렇다면 간단한 비례식을 세워보지요. 전국 대학 정원의 12%를 입학사정관제로 선발하는 데 391억 원이 들어간다면, 만약 전국 대학 정원 가운데 더도 덜도 말고 딱 절반, 즉 50%를 입학사정관제로 선발하려면 얼마가 들어갈까요? 간단히 천 억대의 돈이 필요하다는 계산이 나옵니다.

그런데 지금 대학 재정문제 가운데 가장 중요한 이슈는 무엇인가요? 등록금이죠. 대학등록금 문제를 간단히 이해시켜 드리겠습니다. 우리나라 1인당 국민소득은 세계 30위 수준입니다. 그런데 등록금은 세계 3위예요. 미국이 1등, 일본이 2등, 우리나라가 3등입니다. 가끔 언론에 우리나라가 2등이라는 보도가 나오는데, 일반 환율로 계산하면 3등이지만 구매력환산지수(PPP)라는 일종의 보정 환율로 계산하면 미국 다음가는 2등이거든요. 하여튼 소득과 등록금 사이의 불균형이 엄청나게 심각한 거죠. 어떻게 1인당 국민소득은 30등인데, 등록금은 3등이냔 거죠. 그러다보니 웬만한 중산층도 자녀를 대학에 보내면 집안이 휘청하는 거죠.

이처럼 심각한 불균형에 대하여 우리가 상대적으로 무감각했던 이유는 무엇일까요? 한편으로는 자녀의 학업을 위해 희생하는 것을 무조건 미덕으로 여겨왔던 우리의 전통 때문일 것이고, 또 한편으로는 우리가 모델로 상정해온 선진국이 바로 등록금이 비싸기로 유명한 미국과 일본이었기 때문일 겁니다.

사실 과거 100년 동안 우리에게 가장 영향을 크게 미친 나라가 미국과 일본이잖아요. 그런데 미국과 일본은 대학 간 격차(서열)이 상당히 크고, 사립대가 많고, 등록금이 비싸며, 대학진학률이 높거든요. 반면 유럽은 대학 간 격차가 작고, 사립대가 거의 없으며, 등록금이 싸고, 대학진학률이 낮지요. 유럽에서 대학 등록금이 제일 싼 나라는 독일, 스웨덴, 핀란드 등인데, 등록금이 0원이에요. 무상이죠. 얼마 전부터 독일의 일부 주에서 등록금을 받기 시작했지만 1년에 100만원이 안 됩니다. 프랑스도 1년에 100만원 미만이에요. 유럽은 전체적인 대학교육의 시스템이, 그리고 대학교육의 기능에 대한 사회적 합의가 미국·일본과는 전혀 다릅니다.

유럽의 사민주의적 사회경제 시스템의 특징 중 하나가 대학이(그리고 심지어 부분적으로 고등학교도) 평생교육기관으로서 기능한다는 점이거든요. 고교에서 대학으로 바로 진학하는 비율은 낮지만, 뒤늦게 대학 교육을 받는 비율까지 더하면 일생 중 한번 이상의 대학교육을 경험하는 비율은 우리나라 못지않게 높아요. 그런데 이처럼 평생교육기관으로서 구실하려면 무엇보다 등록금이 낮아야 하겠지요. 일을 하다가 말고 재교육을 위해 대학을 다니는데 등록금이 비싸면 곤란하니까요.

어쨌든 곪고 곪아왔던 우리나라 등록금 문제가 최근 들어 중요한 정치적 이슈로 부각이 되었습니다. 정치권에서도 발 벗고 나섰으니, 몇 년 안에 등록금 문제가 좀 개선되지 않을까 조심스럽게 기대해봅니다. 그런데 등록금을 낮추려면 정부 재정을 대학에 쏟아부어야 하거든요. 그럼 한번 이런 상황을 가정해보세요. 돈을 끌어와서 어디에 어떤 기준으로 나눠주느냐를 가지고 골몰하고 있는데, 옆에서 "입학사정관제 늘려야 하니까 우리한테 천억 원 더 배분해 줘" 하는 거죠. 이게 잘 될까요?… 더구나 입학사정관제가 심각한 부작용을 가지고 있다는 얘기가 터져 나오고 있는 상황에서 말이죠. 부작용이 뭔지는 곧이어 Q061에서 설명 드리죠.

세 줄 요약

1. 입학사정관제는 대학 측이 많은 비용을 부담해야 하는 고비용 제도이다.
2. 정부에서는 입학사정관제를 확대하기 위해 입학사정관제를 도입하는 대학에 보조금을 지급하고 있다.
3. 대학등록금 인하에 정치적 관심이 집중되고 있는 상황에서, 그 효과가 의심스러운 입학사정관제 확대를 위해 막대한 추가 재정을 쏟아붓기는 어려울 것이다.

Q. 061

선진국에서는 다들 입학사정관제로 선발한다고 하던데요?

⟶ 입학사정관제가 급격히 보편화되기 어렵다고 보는 첫 번째 이유는 Q060에서 설명한 것처럼 이것이 고비용 제도이기 때문입니다. 그런데 이것이 '현실적 여건'의 문제라면, 지금부터 이야기할 두 번째 이유는 '가치판단'에 해당합니다. 즉 바람직하지 않은 면이 있는 거죠. 입학사정관제에는 상당히 심각한 부작용이 수반되거든요.

입학사정관제는 벌써 정치인들의 촉수에 걸려들었어요. 새누리당의 정두언 의원은 2012년 1월에 자신의 18대 국회 상임위(교육과학기술위) 활동을 정리하면서 '교육개혁 7대 과제'를 발표했는데요, 그중 하나가 '입학사정관제 폐지'였습니다. 야권의 경우 정동영 의원이 2012년 4월 총선에서 강남 을 선거구에 출마하면서 공약으로 내세운 것 중 하나가 '입학사정관제 폐지'였어요. 또 새누리당 정몽준 의원이 2012년 5월 말

대선 후보로 나설 작정으로 발표한 교육정책이 두 가지 있는데, 하나는 특목고와 자사고의 단계적 폐지였고, 또 하나는 '입학사정관제 폐지'였어요.

정두언-정동영-정몽준으로 이어지는 여·야 혼성 '정 트리오'(?)가 하나같이 입학사정관제 폐지를 주장한 이유가 무엇일까요?… 위에서 말씀드린 것처럼, 입학사정관제는 성적으로만 평가하지 말자는 제도거든요. 교과 성적(내신 및 대학입시 성적)과 비교과 활동(학생부에 적히는 항목 및 그 밖의 항목까지 통칭)을 종합적으로 보고 선발하자는 겁니다. 그런데 한번 생각해보세요. '교과'와 '비교과' 중에서 어느 쪽이 부모의 영향력이 더 크게 작용할까요?… 당연히 '비교과'란 말이죠. 부모의 학력, 소득, 문화 등에 의한 영향은 교과에도 미치지만 비교과에 더 크게 미치거든요.

벌써 입학사정관제로 인해 서울 강남 지역에서 일어나는 현상들을 관찰해보면, 이 제도가 초중고교 교육의 정상화와 사교육 절감에 도움이 되리라고 느껴지지 않습니다. 갖가지 고액 컨설팅이 판을 치고, 불안감을 조장·편승하는 사교육업계의 마케팅이 횡행하며, 비교과영역의 각종 스펙 쌓기가 아이들을 더 피곤하게 만들거든요. 학생부에 적히는 비교과영역은 교내 수상경력 및 봉사·탐방활동 정도로 한정되고, 대개 수시 일반전형에서 반영하는 비교과영역은 학생부에 적히는 것으로 제한되는 추세입니다. 하지만 입학사정관 전형이나 그 밖의 각종 특별 전형들의 경우, 지원할 때 학생부 이외의 자료들도 제출할 수 있게 되어있거든요.

흔히 '스펙'이나 '비교과'라고 간단히 언급되지만, 그 안에는 엄청나게 다양한 활동과 실적이 포함될 수 있습니다. 예를 들어 YTN에서 주관하는 영어 토론(debate) 대회를 한번 보십시오. 도대체 고등학생이 어떻게 저 정도로 잘 할 수 있는지 입이 안 다물어질 지경이에요. 그 배경에는 고강도 사교육이 있지요. 뿐만 아니에요. 심지어 집안 배경이 좋은 학부모들끼리 계를 짜서 서로서로 아이들에게 추천서를 써주기도 하고, 개인적 연구 활동의 일환으로 일반 학생들은 상상도 못하는 거물급 인물을 만나 인터뷰를 해오기도 해요.

사실 대학에서 어떤 전형방법을 사용하든 간에, 강남 지역 학생들이 타 지역보다 유리할 가능성이 큽니다. 강남 지역은 평균적인 학부모의 소득과 역량이 높고, 전문화된 프로그램을 제공하는 사교육이 발달되어 있거든요. 그런데 교과영역보다 비교과영역에서 보다 충격적인(!) 세태가 발견되는 이유는, 교과영역은 뭔가 공식적으로 배우는 것을 기반으로 하는 데 반해 비교과는 쉽게 말해서 '밑도 끝도 없는' 것이어서 부모와 사교육의 영향력이 더 크게 나타날 수 있기 때문이에요.

그럼 입학사정관제가 강남 학생들에게 유리하니 강남 학부모들은 이 제도에 찬성할까요? 그렇지도 않습니다. 강남 지역 학부모들도 입학사정관제를 달가워하지 않아요. 그저 도입된다니까 거기에 적응할 뿐입니다. 강남에서도 다들 입학사정관제가 귀찮고 짜증나며 피곤하기 이를 데 없는 제도라고 말합니다. 예전에는 성적으로만 경쟁하면 되었는데, 지금은 성적 경쟁에 더하여 비교과 경쟁이 더해졌거든요. '강남에 유리하다'고 해서 '강남이 찬성한다'는 법은 없는 거죠.

이명박 정부에서는 입학사정관제가 세계적 추세이고, 선진국에서 보편화된 제도인 것처럼 선전해왔습니다. 하지만 그것은 명백히 사실을 호도한 겁니다. 대부분의 선진국에서 대학에서 학생을 선발할 때, 아예 비교과를 안 보거든요. 선진국 중에서 대학에서 학생을 선발할 때 비교과를 고려하는 나라는 딱 두 나라밖에 없어요. 바로 미국과 영국입니다. 일본의 일부 대학에도 입학사정관제가 있다고 하지만 도입 비율이 10%도 안 되어 미미합니다. 대략 미국과 영국을 제외하면 선진국의 대학들은 모두 성적만으로 선발한다고 볼 수 있지요. 대학입시 성적이든(프랑스), 내신 성적이든(캐나다), 입시-내신 합산이든(독일), 입시-내신 양자택일이든(스웨덴) 하여튼 성적만을 유일한 기준으로 사용하는 것이죠.

왜 그럴까요? 얼핏 보면 최대한 다양한 요소들을 종합적으로 고려해서 뽑는 게 더 합리적일 것 같은데 말이죠. 예를 들어 기업에서 사원을 뽑을 때 이것저것 다각적으로 살펴보고 뽑잖아요. 그런데 왜 대부분의 선진국에서 학생을 선발할 때 '성적'만 볼까요? 그것은 '교육'이 가진 특수성을 고려해야만 이해될 수 있을 겁니다. 비교과를 반영함으로써 부모의 영향력이 보다 크게 작용하게 되면 교육의 '공공성', '기회균등' 등의 원칙이 위협받잖아요.

그리고 성적만으로 선발해도, 선진국 운영하는데 별 문제 없어요. 다만 그 성적이라고 하는 게 우리나라처럼 '국영수' 식으로 과목이 획일화되어 있지 않고, 빠른 속도로 객관식 문제풀이를 해야 하는 게 아니며, 석차에 기반한 상대평가 성적이 아니라는 차이가 있는 것이죠. 저는 우리나라 교육을 개혁하려면 교과영역을 개혁해야지, 비교과를 덧붙여서 뭔가 개선해보려는 시도는 진정한 문제의 핵심을 희석하고 오히려 경쟁을 확산시키는 결과를 초래한다고 봅니다.

그렇다면 미국과 영국은 왜 하필 이러한 희한한 제도를 가지고 있나고요? 미국에서는 20세기 초 아이비리그 대학 신입생 중에서 유대인이 차지하는 비율이 높아지자, 이에 위협을 느낀 미국의 주류(WASP; 앵글로-색슨계 혈통의 개신교 백인)가 그에 대한 대응으로 마련한 게 입학사정관제였어요. 성적순 선발에서 유대인이 워낙 강세를 보이자, 이를 보정할 목적으로 비교과를 도입한 겁니다. 1960년대 이후 여성이나 소수인종에 대한 적극적 우대법률(Affirmative Action)이 시행되는 등 부분적으로 그 성격이 변화되면서 오늘에 이른 것이죠.

심지어 미국의 사립대들은 입학사정관제 특유의 불투명성을 활용한 일종의 학벌장사를 하고 있어요. 바로 기여입학제(legacy admission)입니다. 아이비리그 대학들의 기여입학제 비율이 13%로 추산되는 정도입니다(「매일경제」 2007년 11월 29일자). 동문과 기부금을 많이 낸 사람들의 자녀에게 혜택을 주는 것이지요. 기여입학제가 전 세계적으로 많이 볼 수 있는 제도라고 생각하는 분들이 계신데요, 사실 미국에서만(그것도 사립대에서만) 볼 수 있는 극히 예외적인 제도입니다. 고교등급제 또한 입학사정관제의 우산 아래 있습니다. 명문 사립고등학교에 다니면 명문 사립대에 입학하기에 유리합니다. 우리가 정서적으로 받아들이기 힘든 이런 제도들이 '전통'이라는 이름으로 확립되어 있는 나라가 바로 미국입니다.

미국에서도 이러한 선발제도의 문제에 불만을 제기한 사람들이 많았어요. 다만 연방대법원까지 올라간 소송들에서 사법부가 일관되게 '대학의 자유재량권'에 손을 들어주었기 때문에 이 제도가 지금까지 유지되고 있는 겁니다. 확실히 좀 이상한 제도죠. '기회 균등'보다 '대학 자율'이 우위에 있는 제도이니까요.

영국은 미국에 비해서는 양반인 편입니다. 비교과를 보긴 하지만 미국만큼 많이 보지는 않고, 그래도 2년간의 고등학교 성적(A-level)이 제일 중요하거든요. 케임브리지와 옥스퍼드만 예외적으로 학생을 면접할 수 있는 특권을 가지고 있습니다. 기여입학제는 없습니다. 하지만 미국과 마찬가지로 명문 사립고등학교 출신을 우대하는 경향이 있습니다. 그 명분은 이 학교들의 교육이 우수하다는 것인데, 미국보다 훨씬 오래된 '전통'으로 확립되어 있습니다. 수백 년씩 뿌리박힌 관계들인 거죠. 이를 개혁하기가 매우 어렵습니다. 마치 영국의 왕실과 귀족제도와 상원의원제(세습제입니다) 등이 불합리하다고 생각하는 사람들이 많음에도 불구하고 꿋꿋이 유지되고 있는 것과 비슷하다고 할까요.

＊ 미국 대입제도의 문제점에 대한 책이 두 권 번역되어 있습니다. 『누가 선발되는가?』(제롬 카라벨 지음)와 『왜 학벌은 세습되는가?』(대니얼 골든 지음)입니다.

세 줄 요약

1. 비교과영역은 교과영역(성적)에 비해 부모의 영향이 더 크게 드러나므로, 이를 반영하는 입학사정관제는 기회균등 또는 공정경쟁 원칙을 해치는 속성이 있다.
2. 미국과 영국을 제외한 대부분의 선진국은 입학사정관제를 채택하지 않으며 대학에서 성적만으로 학생을 선발한다.
3. 미국과 영국의 입학사정관제는 특별한 역사적 배경 속에서 성립된 제도로서, 공통적으로 사회적 기득권을 학벌을 통해 재생산하는 기능을 가진다.

학벌주의가 심해지고 있는 건가요, 약해지고 있는 건가요?

——→ 이제 한국 교육의 좌파적 과제, 즉 '경쟁 줄이기'를 위해서는 뭘 해야 할지 살펴보기로 하죠. 무엇보다 우리 교육에 경쟁이 극심한 이유가 무엇인지를 살펴볼 필요가 있어요.

우리나라 교육에서 경쟁이 심하게 나타나는 첫 번째 요인은 뭐니 뭐니 해도 학벌주의가 강하다는 데 있습니다. 우리나라에서는 도대체 무슨 대학 출신인지가 죽을 때까지 따라다니는데, 이런 현상은 우리처럼 대학이 서열화된 미국이나 일본보다도 심한 것 같아요. 어느 대학 출신이냐에 따라 자동적으로 주어지는 사회적 이익/불이익의 구조를 학벌이라고 할 수 있는데, 사실 학벌주의는 좌파적(평등주의적) 시각에서 비판할 수도 있지만, 우파적(시장주의적) 시각에서 비판할 수도 있어요. 학벌주의라는 게 굉장히 반(反)시장주의적인 것이라고 할 수 있거든요.

철저한 시장주의의 입장에 따른다면, 예를 들어 어떤 사람을 고용할지 여부를 결정할 때 그 사람의 현재 시장가치를 기준으로(이를테면 업무 적합도를 기준으로) 판단해야 하잖아요. 그런데 어느 대학 출신인지에 따라 자동으로 프리미엄이나 불이익을 준다면… 당연히 이것은 시장주의에 반하는 행태라고 할 수 있겠지요. 실제로 우리나라에 학벌주의에 반대하는 주요 단체가 두 개 있는데, 하나는 좌파적인 단체('학벌없는 사회')이고 또 하나는 자유주의적인 단체('학벌없는 사회 만들기')입니다.

우리나라에서 학벌주의가 깊게 뿌리박힌 이유는 무엇일까요? 우리나라는 과거제 이래로 고급 국가 관료들을 시험(고시)을 통해 선발하는 전통이 있었어요. 우리에게는 이게 당연해 보이지만, 시험을 통해 고급 관료를 선발하는 나라는 그리 많지 않습니다. 그런데 우리는 박정희 정권부터 오랫동안 국가가 주도하는 발전 모델을 유지했었지요. 그러니까 시험을 잘 보는 SKY(서울대·고려대·연세대) 출신이 국가의 고급 관료가 되어서, 나라 전체의 발전을 이끌어간 겁니다.

그런데 이 모델 하에서는, 민간기업의 입장에서 볼 때 고급 관료들과 친분을 맺고 있으면 사업에 유리해진단 말이지요. 아니, 유리·불리 여부를 떠나서, 심지어 정부가 기업에 대한 생사여탈권을 행사하기도 했단 말이에요. 그러니 정부 관료와 동기동창이라거나 선후배 관계인 사람들이 회사에 있다면 더 바랄 나위가 없겠지요. 오랫동안 '정경유착'이 당연시되어온 사회에서, 시험성적이 좋은 명문대 출신이 관(官)을 장악하는 것에 비례하여 민간기업도 장악하게 된 것은 당연한 일일 겁니다. 기업 입장에서 명문대 출신을 뽑으면 그 친구나 선후배 가운데 고급 관료가 있을 확률이 높고, 그럴수록 회사 경영에 이득을 보게 될 테니까 말이죠. 요새 들어 수출 중심 기업에서는 이러한 특성이 약해지고 있지만, 내수 중심의 기업은 여전히 고급 관료들과의 관계가 중요하고 이것이 학벌주의를 유지시키는 중요한 요인이 되고 있습니다.

그럼 학벌주의는 지금 약화되고 있을까요, 아니면 강화되고 있을까요? 일단 학벌주의가 약화되는 경향이 있어요. 우리나라 경제성장에서 국가 주도성이 예전보다 현저하게 약해졌거든요. 위에서 말한 것처럼, 순수한 시장주의에 입각해보면 학벌이 중요하지 않거든요. 특히 내수 비중이 낮고 해외사업이나 수출 비중이 높은 기업의 입장에서는 더더욱 그렇지요. 그래서 인사 혁신이 가장 빠른 속도로 이뤄지는 곳이 바로 삼성이죠. 사업 구성을 보면 내수 비중이 낮거든요.

삼성그룹이 굉장히 다양한 대학 출신의 신입사원들을 채용하고, 지방대 출신도 많이 뽑으며(2012년 하반기 공채에는 지방대 출신 채용 비율을 35% 이상으로 하겠다고 발표했습니다), 고졸자 채용도 앞장서서 늘리고 있다는 보도를 들어보셨을 겁니다. 삼성그룹 내의 관계자들 얘기를 들어보면, 이미 그룹 내에서 고학벌 · 고스펙인 사람을 뽑았다가 다른 회사로 이직하거나 조직에 별로 도움이 안 되는 경우가 많다는 공감대가 있다고 합니다. 물론 이직하는 사람을 도덕적으로 비난할 수는 없지요. 요새 '평생직장'이라는 걸 기대하기 어려우니까요. 하지만 어쨌든 기업의 입장에서는 금세 이직을 생각할만한 배경과 성향을 가진 사람(최악의 경우는 강남 출신의 SKY 나온 '부잣집 도련님 · 공주님'형 인재)을 기피할 수밖에 없죠. 기업이 노동자를 부려먹기만 하는 게 아니고, 직무능력을 익히고 교육시키는 데 나름대로 시간과 투자가 필요한데 이직을 해버리면 상당한 손실이거든요.

KBS에서도 노무현 정부 시절인 2004년부터 5년간 정연주 사장의 주도로 신입사원을 공채할 때 출신 대학을 지역별로 할당하여 선발하도록 한 적이 있었습니다. 그랬더니 SKY 출신 비중이 20%대로 줄고 지방대 출신이 30%를 넘어섰어요. 물론 이것은 KBS가 공기업이어서 공공성을 우선시했기 때문에 가능했다고 할 수 있겠지요. 하지만 최근 삼성의 변화는 좀 더 의미심장합니다. 정연주 사장 시절의 KBS는 공공성을 명분으로 출신 대학을 보지 않고 선발한 반면, 삼성은 이윤논리에 충실한 민간기업이거든요. KBS와는 또 다른 의미가 있는 것이죠. 경제의 국가주도성이 약화된 환경이 학벌주의를 완화시킬 수 있음을 보여주는 실례라 할 것입니다.

이렇듯 한편으로는 학벌주의를 약화시키는 요인이 있는가 하면, 다른 한편으로는 학벌주의를 강화시키는 요인도 있어요. 그건 바로 1997년 IMF 외환위기 이후 한국 사회가 급속히 고용안정성이 떨어지고 경제의 대기업 집중도가 더욱 높아진 것과 관련이 있습니다. 좋은 일자리와 나쁜 일자리 사이의 편차가 심해지고, 상대적으로 좋은 일자리의 비율이 낮아진 거죠. 그러자 고용시장에 진입할 때 조금이라도 더 나은 스펙을 확보하기 위하여 명문대 간판을 중시하는 경향이 2000년대 내내 강해졌습니다. 그 전주곡이 바로 99학번부터 본격적으로 나타난 이공계 기피현상, 극단적인 의치한(의대 · 치의대 · 한의대) 및 약대 쏠림 현상이었고요.

이러한 경향은 미국에서도 나타나고 있어요. 미국도 대학서열화는 상당한 수준이지만, 학벌주의는 우리나라보다 약했던 나라예요. 그런데 2008년 금융위기 이후 양극화가 심해지고 청년실업이 심각해지자, 고용시장에 진입할 때 명문대 간판을 이용해서 본인을 돋보이게 해보자는 심리가 강해진 거죠. 그래서 최근 미국에서 명문대 지원경쟁률이 날로 높아지고 있어요.

무엇보다도 사회 전체적으로 불평등과 차별이 심해질수록 학벌주의를 제어하기 어렵다는 공감대가 필요합니다. 저는 교육 문제를 해결하려고 하는 사람은 진보적 입장에 설 수밖에 없다고 보는데, 그 이유는 사회적 양극화가 심해질수록 소수의 좋은 직업·직장을 얻기 위한 경쟁이 심해질 것이고, 이것이 더 격렬한 교육 경쟁을 불러일으킬 가능성이 높기 때문입니다.

하지만 학벌주의 강화 경향이 구직자들의 '주관적 심리'로 인한 것인 반면, 학벌주의 약화 경향은 기업의 '객관적 조건'으로 인한 것임에 유의해야 합니다. 따라서 냉정하게 살펴볼 때 학벌주의의 영향력은 갈수록 감소할 수밖에 없다고 봅니다. 지금이 기회입니다. 구직자들의 '주관적 심리'를 진정시키고 학생·학부모의 불안감을 낮추려면, 시급히 '학력(學歷)·학벌 차별 금지법(가칭)'을 제정하는 게 필요합니다. 학벌(출신대학)이나 학력(중졸·고졸·대졸·대학원졸 여부 등)에 따른 고용·승진상의 차별을 아예 법적으로 금지하는 거죠.

물론 민간 기업에서 이를 따르지 않을 때 현실적으로 이를 단속하고 처벌할 방법이 있겠냐는 반론이 바로 튀어나올 겁니다. 하지만 학력·학벌에 따른 차별을 금지한다고 해서 기업의 이윤추구 활동이 방해받는 건 아니거든요. 그런 점에서 최근에 논란이 된 '상생법(대·중소기업 상생협력 촉진에 관한 법률)'이나 '이익공유제(대기업이 협력업체와 함께 달성한 이익을 협력사와 공유하도록 하는 제도)' 같은 것보다 갈등의 소지가 훨씬 적지요.

심지어 기업의 이윤추구 활동을 보다 효율화 · 합리화하는 측면도 있고요. 따라서 기업들이 여기에 극력 반대할만한 상황은 전혀 아니고, 오히려 일종의 문화적 캠페인과 병행하여 단계적으로 추진하면 기업 경영진들도 큰 무리없이 동참할 가능성이 충분하다고 봅니다.

세 줄 요약

1. 우리나라는 국가 주도의 경제성장에 더하여 고급 관료를 시험으로 선발한 전통이 겹쳐 학벌주의가 심각한 수준으로 나타났다.

2. 최근 경제의 국가주도성이 떨어지면서, 내수 비중이 낮은 기업을 중심으로 채용 시 학벌을 중시하지 않는 트렌드가 시작되었다.

3. 지금은 채용 · 승진과정에서의 차별을 철폐하기 위해 '학력 · 학벌 차별 금지법'을 제정하고 강력한 사회적 캠페인을 벌일 수 있는 호기이다.

학벌주의를 줄이려면
대학을 손봐야 하지 않나요?

——→ '학벌주의'와 '대학서열화'는 서로 관련을 가지고 있기는 하지만 기본적으로 서로 다른 층위의 개념입니다. 대학서열화가 학벌주의의 필요조건이기는 하지만, 충분조건이라고 보기는 어려워요. 대학서열이 상당히 벌어져 있으면서도 학벌주의는 약한 나라도 있거든요. 사실 미국을 보면 대학서열은 엄연히 존재하지만 학벌주의는 그리 강하지 않은(적어도 우리보다는 약한) 편이거든요. 특히 채용 여부를 판단할 때 주로 업무적합성을 보지, 출신대학 간판을 우리만큼 중시하지는 않습니다.

어쨌든 대학서열화는 학벌주의의 필요조건이기 때문에, 만약 대학평준화가 이뤄진다면 학벌주의는 거의 자동으로 없어질 겁니다. 그런데 하필이면 우리나라에 영향을 많이 준 미국·일본 등이 대학서열화가 심한 나라에 속하죠. 그래서 우리는 대학서열화를 당연한 일로 여깁니다. 하지만 유럽은 많이 달라요. 대학평준화가 이룩된 대표적인 경우가 프랑스와 독일입니다.

프랑스는 가장 극단적인 대학평준화 모델입니다. '선발' 또는 '입학'의 수준까지 평준화를 시켜놓았거든요. 대학입시(바칼로레아)에서 일정 수준 이상의 성적을 받으면 거주지 주변 어느 대학이든 입학할 수 있는 권리가 주어지거든요. 그런데 대학들이 모두 국립대이고 정부에서 균등 지원하기 때문에 그 수준에 별 차이가 없어서, 학생들은 대개 자기 집에서 가까운 대학으로 진학해요. '지방대' 개념 자체가 없는 건 말할 것도 없고요. 파리에 대학이 11개 있는데 이름이 '파리 1대학' '파리 2대학' '파리 3대학'… 이런 식이에요. 그런데 한국 사람들은 꼭 이렇게 물어본답니다. "파리 1대학이 제일 좋은 대학이죠?"

물론 프랑스에는 그랑제콜(Grandes Écoles)이라는 별도의 고등교육 기관이 있고 그랑제콜 중 일부 명문학교에서는 매우 높은 수준의 엘리트 교육이 이뤄진다는 사실이 알려져 있습니다. 하지만 이러한 일류 그랑제콜에 들어가려면 대학에 들어가지 않고 그랑제콜 준비반에서 2년을 더 보내야 하고, 그랑제콜은 분야별로 전문화된 교육기관이기 때문에 그 권위나 영향력을 놓고 대학(university)과 수평적으로 경쟁하는 일은 벌어지지 않아요. 그랑제콜은 분야별로 전문화되어 있다는 점에서 서울대나 동경대, 하버드대 등과는 전혀 다른 성격을 가지고 있습니다.

프랑스는 대학을 '선발' 수준까지 평준화시켰다는 점에서 매우 특이한 사례입니다. 독일이나 스웨덴 등은 선발 수준까지 평준화시키지는 않았어요. 선발은 대학별로 따로따로 이뤄집니다. 지원자들이 입학을 원하는 대학을 정하여 미리 입학원서를 접수해야 하고, 대학은 지원자들을 성적순으로 줄 세워서 합격자를 선발해요. 그럼에도 독일도 프랑스와 마찬가지로 '대학평준화'가 이뤄져 있다고 표현되곤 합니다. 프랑스처럼 선발 수준까지 평준화된 건 아니지만, 역시 정부에서 비교적 균일하게 지원해주기 때문에 대학들 간에 별다른 수준의 차이가 없고, 그런 의미에서 '대학평준화'인 거죠. 그러니 프랑스와 마찬가지로 출신 대학을 따질 이유가 거의 없는 거지요. 경쟁은 있어요. 하지만 대학 단위로 운동경기 하듯이 경쟁이 이뤄진다기보다, 분야 단위로 교수들의 연구업적을 놓고 경쟁이 이뤄지는 것이지요. 무엇보다 대학들이 정부로부터 비교적 균등하게 지원받는 공립대(주립대)이기 때문에 대학 간 경쟁이 격렬하게 이뤄지기 힘든 구조입니다.

그래서 독일 사람에게 '너희 나라에서는 출신 대학을 안 따지면, 도대체 뭘 따지느냐?'고 물으면, 뒤통수를 치는 답변이 돌아와요. '학부 졸업 논문의 주제'가 중요하다는 거예요. 특히 학부과정 졸업 논문을 평가해서 특출 난 논문을 써낸 사람에게 우수논문상(쿰 라우데, cum laude)이나 최우수논문상(숨마 쿰 라우데, summa cum laude)을 주는데, 최우수논문상을 받으면 사회에서 상당한 권위를 인정해준다는 거예요. 이 사람은 학부만 졸업했지만 해당 분야에서 상당한 실력과 연구능력을 가진 사람, 이렇게 인정해주는 겁니다. 정말 우리와는 '다른 세계'인 거죠.

학벌주의를 가장 확실하게 제어할 수 있는 방법은 대학을 프랑스 또는 독일 방식으로 평준화하는 겁니다. 그런데 우리나라 여건에는 이런 방식의 보편적 대학평준화는 거의 불가능해 보여요. 프랑스식 또는 독일식 평준화는 사실상 모든 대학들이 국립대 또는 공립대(주립대)이기 때문에 가능한 것이거든요. 반면 우리나라는 대학들 가운데 사립대가 차지하는 비율이 OECD에서 제일 높아요. 2011년 기준 무려 86.1%입니다. 그러다보니 대학 시스템을 손봄으로써 학벌주의를 제어하기란 매우 어려운 일이 되어버렸습니다.

하지만 길이 아주 없는 것은 아니지요. 크게 두 가지 방안이 제기된 바 있어요. 일단 국립대를 중심으로 공립대 및 동의가 이루어지는 사립대들을 통합하는 방안이 있습니다. 이른바 '국·공립대 통합' 안입니다. 물론 이 통합 대학은 학생도 공동 선발하고, 졸업장도 공동으로 주는 것이지요. 어느 캠퍼스를 졸업하든 동일한 학교 이름으로 졸업장을 받는 겁니다. '부분적인' 대학 평준화 방안이라고 할 수 있겠지요. 통합에 동의하지 않는 사립대를 강제로 편입시킬 수는 없으니까요.

그러면 서울대는 어떻게 되느냐, 통합네트워크의 한 캠퍼스가 되어 자연히 서울대라는 이름이 없어지게 될 수도 있겠고, 일종의 절충안으로 서울대 대학원은 그대로 두되 학부는 학생을 선발하지 말고 다른 국립대에 입학한 학생 중에 일부를 선별하여 위탁 교육하는 방안을 장회익 교수 등 서울대 교수 20명이 일찌감치(2001년에) 제시하기도 했습니다. 서울대 연구력의 핵심은 교수진과 대학원이기 때문에, 학부를 손보더라도 적어도 대학원은 건드리지 않는 것이 바람직해 보입니다.

대학시스템을 손보는 또 하나의 방안은 이른바 '혁신대학' 안입니다. 경기도 김상곤 교육감이 2012년 2월에 제기한 방안인데, 국립대 비율을 늘리면서 전국에 권역별로 혁신대학을 지정하고, 혁신대학에는 서울대 못지않은 투자를 해서 말하자면 서울대 급 대학을 여러 개 만들자는 것입니다. 혁신대학안에는 학생선발방식이 언급되지 않았는데, 따라서 혁신대학안은 공동으로 선발하는 프랑스식 대학평준화 뿐만 아니라 대학별로 선발하는 독일식 대학평준화도 포괄하고 있는 것이지요.

물론 국·공립대 통합안과 혁신대학안 모두 명문 사립대를 직접적으로 제어하기는 어렵기 때문에, 만일 이런 방안이 추진되면 명문 사립대들이 자신에 대한 지원이 줄어들 것을 우려하여 반발하거나, '공공성'과 정 반대 방향으로 강하게 반작용할 가능성을 배제할 수 없습니다. 사립대가 많은 우리나라 여건에서 불가피한 일일지도 모릅니다. 하지만 사립대가 몽땅 국립대로 바뀌는 혁명이 기적적으로 일어나지 않는 한, 대학시스템의 수준에서 학벌주의를 제어하는 방법은 국공립대 통합과 혁신대학 육성이라는 두 가지 방안밖에 없다고 봐야 합니다.

자세히 살펴보면 각기 장단점이 있습니다. 프랑스식 평준화가 좀 더 강력해 보이지만, 통합국립대는 명문 사립대들과 경쟁하는 관계에 놓이게 될 것이고 결국 통합국립대의 서열(대학평가 서열과 입학성적 서열 모두)이 명문 사립대들보다 낮아질 가능성이 있습니다. 즉 최상위 명문대의 지위를 사립대들이 독차지하고 있는 미국과 같은 상황이 초래될 수도 있고, 이렇게 되면 학벌 경쟁의 강도가 기대만큼 많이 약해지지 않을 겁니다.

독일식 평준화는 이러한 부작용의 가능성은 적지만, 어딘가 뜨뜻미지근한 느낌이 듭니다. 결론적으로, 명문 사립대를 어쩌지 못하는 한 프랑스식 또는 독일식 대학평준화의 효과는 우리나라에서 제한적일 수밖에 없고, 따라서 대학시스템을 개혁한다 할지라도 학벌주의 제어를 위한 특단의 조치(이를테면 Q062에서 제안한 학력·학벌 차별 금지법)가 반드시 병행되어야 하는 것입니다.

※ 국공립대 통합안과 관련해서는 경상대 정진상 교수가 이미 2004년에 『국립대 통합네트워크』를 펴 냈고, 2012년에 진보적 교육운동가들이 모여 펴낸 『대한민국 교육혁명』에도 잘 드러나 있습니다.

세 줄 요약

1. 독일식 대학평준화는 대학들을 균등 지원하여 대학 간 격차를 제어하는 것이고, 프랑 스식 대학평준화는 거기에 더하여 학생선발까지 평준화시키는 것이다.

2. 국립대 통합안은 프랑스식 대학평준화 방안이고, 혁신대학안은 독일식 대학평준화 방 안을 포괄한다.

3. 우리나라는 사립대 비율이 높고 명문사립대를 제어하기 어렵기 때문에, 국립대 평준 화만으로 학벌주의를 해소할 수 없으며 대학 개혁과 더불어 학력·학벌 차별 금지법과 같은 별도의 조치가 병행되어야 한다.

Q.064

왜 서양에서는
상대평가를 안 하나요?

⟶ 우리는 내신도 상대평가, 대학입시(수능)도 상대평가입니다. 서
구 선진국들은 내신도 절대평가, 대학입시도 절대평가이죠. 예를 들어
우리는 성적표에 석차(등수)가 적히는 상대평가 제도를 당연한 것으로
받아들이지만, 이게 전 세계적으로 보면 참으로 특이한 제도입니다. 사
실 선진국 중에서 성적표에 석차(등수)가 적히는 나라는 딱 한 나라, 일
본밖에 없어요. 일본은 공식적으로는 절대평가라고 주장하는데, 성적표
를 들여다보면 버젓이 석차가 표기됩니다. 중국도 일부 지역의 성적표
에 석차가 적힙니다. 그리고 인도가 혹독한 상대평가 제도를 가지고 있
지요.

우리나라에서 석차를 매기고 상대평가를 하는 것은 '일제 잔재'라고
할 수 있는 것이고, 일종의 아시아적 현상입니다. 인도의 명문대학에서

상대평가로 인해 벌어지는 이야기를 담은 〈세 얼간이들〉이라는 영화가 있는데요, 이걸 우리가 보면 재미있는데, 서양 사람들은 전혀 이해를 못합니다. 서구 선진국의 성적표를 보면 예외 없이 평점(A, B, C…)이나 점수만 나오거든요. 절대로 석차를 매기지 않아요.

수능도 마찬가지에요. 우리나라 수능이 미국의 SAT를 본떠 만든 건데, 문제의 유형은 비슷한 면이 많지만 기본 기능은 크게 달라요. 무엇보다 SAT는 절대평가 기능을 가지고 있거든요. SAT를 1년에 일곱 번이나 실시합니다. 아무 때나 가서 자신이 원하는 과목을 응시하면 되는 겁니다. 굳이 고3 때 보지 않고 미리 봐도 그 성적이 인정돼요. 표준화가 잘되어 있어 절대평가 기능을 가진 시험이거든요. 하지만 수능은 상대평가 기능밖에, 즉 '줄 세우는' 기능밖에 없어요. 그래서 수능 성적을 딱 그해 대입에서만 써먹을 수 있고, 그 다음해에는 못 써먹는 거잖아요. 매년 수능 난이도 가지고 이러쿵저러쿵 논란이 벌어지는데, 사실 난이도가 높아야 하느냐 낮아야 하느냐는 건 어찌 보면 본질적인 문제가 아니고, 시험의 난이도가 표준화되지 않았다는 것이 더 큰 문제인 겁니다.

상대평가에 어떠한 문제가 있기에 서양에서는 이토록 상대평가를 외면(?)할까요? 이것은 상대평가가 가진 치명적인 결함들 때문이지요. 상대평가는 아주 중요한 결함을 네 가지나 가지고 있습니다.

첫째, 상대평가 제도는 근대적 개인주의와 상충합니다. 서양 사람들이 상대평가를 이해하지 못하는 근본적인 이유인데요, "나에 대한 평가는 내가 해낸 것 자체에 의해 이루어져야지, 왜 주변 동료들이 어떻게 했는지에 따라 나에 대한 평가가 달라지느냐?"는 거지요. 그래서 서양 사람들한테 우리나라 중고등학교 성적표를 보여주면 이들은 '석차'란에 적힌 숫자의 의미를 이해하지 못 해요. 한참 설명해서 겨우 이해시키면 곧바로 이렇게 되묻습니다. "그런데 이거 뭐 하러 매기니?"

둘째, 상대평가 제도는 '교권 침해'입니다. 교사는 나름의 평가 기준을 가지고 학생들을 평가하는 게 정상이죠. 물론 이 기준이라는 게 완전히 자의적으로 만들어지는 건 아니고, 교육과정상의 목표를 고려해야 하기는 하지만, 어쨌든 구체적인 기준 설정은 가르치는 사람의 몫인 게 당연합니다. 그런데 상대평가가 도입되면, 자신이 설정한 기준에 의하여 평가하는 게 불가능해져요. 예를 들어 어떤 교사나 교수가 자신이 설정한 기준에 의해 A를 40명, B를 30명, C를 30명에게 줘야겠다고 판정했다고 해봅시다. 그런데 학교당국에서 일종의 상대평가 규정, 즉 'A는 상위 30%로 제한한다'는 규정을 강요한다고 가정해보지요. 그러면 원래 A를 주려고 했던 학생 40명 중에서 10명을 추려내서 이들에게는 B를 줘야 합니다. 우리나라에서는 요새 심지어 대학에서도 상대평가를 도입하는 경우가 꽤 있더군요. 정말 황당한 교권 침해지요. 상대평가를 도입하는 이유를 들어보면 교수들이 온정주의에 빠져 학생들에게 너무 높은 성적을 주는 현상(이른바 '성적 부풀리기') 때문이라고 하는데, 그건 그 자체로 대책을 세워 막아야 할 일이지, 어떻게 일률적으로 상대평가를 강요할수 있는지 황당할 따름입니다.

셋째, 상대평가 제도는 교육과정의 다양성을 해칩니다. 가장 극명하게 드러나는 게 수능 국사와 수능 물리 기피현상입니다. 2004학년도 수능까지는 국사가 공통 필수과목이었는데, 2005학년도부터 문과 사회탐구 선택과목으로 바뀌었습니다. 그래도 첫 해인 2005학년도에는 수능 국사를 선택한 학생이 전체 문과생의 47% 정도였는데, 2012학년도에는 12%로 급감했어요. 왜 이런 일이 벌어졌을까요? 바로 서울대가 수능 국사를 문과 필수과목으로 지정했기 때문이에요. 서울대가 수능 국사를 요구하니, 서울대에 지원할 가능성이 있는 상위권 학생들은 수능 사회탐구 과목들을 선택할 때 국사를 포함시켰지요. 하지만 그렇지 않은 학생들은 적극적으로 국사를 기피한 거죠. 왜냐? 절대평가 기능을 가진 SAT와 달리, 수능은 절대평가 기능이 없고 상대평가(줄 세우기) 기능만 있거든요. 그러니까 섣불리 국사를 선택했다가 서울대에 지원하는 공부 잘하는 학생들에게 밀려서 낮은 등급(석차등급)을 받게 될까봐 기피한 거죠.

비슷한 일이 수능 물리에서도 벌어졌어요. 지금 수능 과학 과목 가운데 가장 인기가 없는 과목이 물리인데, 이렇게 된 데에는 과학고 학생들이 물리를 많이 선택한다는 풍문이 크게 작용했습니다. 과학고생들은 실제로 생물처럼 암기할 게 많은 것보다 물리를 더 선호하는 경향이 있거든요. 그러니까 일반고에서 꽤 공부 잘하는 학생들조차 '과학고생들이 물리로 몰린다'는 얘기를 듣고는 물리를 기피하게 된 거죠. 그나마 물리 I 은 좀 나은 편이고, 물리 II 쯤 되면 아예 처다볼 생각도 안 합니다. 이렇듯 상대평가 제도는 과목선택제와 서로 강하게 충돌합니다. 한마디로 교육의 다양성을 해치는 제도지요.

넷째, 상대평가 제도는 학생들 간의 우애를 방해하고 협력을 해쳐, 학업 효율을 떨어뜨리고 협동능력, 팀워크, 리더십 등의 사회적 역량이 성장하는 것을 방해합니다. Q046에서 지적했던 문제이지요. 상대평가는 일본 영화 〈배틀 로얄〉에서 묘사한 상황, 즉 '남을 죽여야 내가 살아남는' 제도입니다. 역대 정부에서 대입에서 내신 성적 반영비율을 높인다는 발표를 할 때마다, 교실 분위기가 냉랭해지고 심지어 자기 경쟁자의 노트나 책을 몰래 찢어버리기도 하는 황당한 일들이 벌어지지 않았습니까? 차라리 수능은 전국의 수십만 명 가운데 벌어지는 상대평가이기 때문에 바로 옆의 친구들을 이겨야 한다는 생각을 유발하지는 않지만, 내신 상대평가는 자기가 매일 대면하는 바로 옆자리의 동료들을 이겨야 한다고 요구하기 때문에 '체감 경쟁 강도'가 매우 높지요.

우리나라에서 사교육의 주요한 주범으로 '내신'이 꼽히는 것도 이런 요인 때문이지요. '수능, 내신, 논술 중에 가장 사교육을 크게 유발하는 게 뭐냐?'는 설문조사를 하면, 교사들은 '수능'이라고 답하지만 학부모들은 '내신'이라고 답해요. 수능 사교육은 고2~3 때 집중되는 반면, 내신은 중고등학교 6년간 줄곧 상대평가를 통해 사교육 수요를 조장하거든요.

교육부도 내신 상대평가의 문제를 알고 있는지라, 2012년 중1부터 내신 성적을 상대평가에서 절대평가로 전환하기로 했습니다. 고등학교에는 2014년 고1부터 적용되고요. 하지만 개편안을 들여다보면 반쪽짜리 정책이에요. 고등학교 성적표에 여전히 '평균점수'와 '표준편차' 등을 적게 되어 있거든요. 대학들에서는 이를 이용하여 '표준점수'라는 지표를 간단히 산출해낼 수 있어요. 표준점수란 평균과의 차이를 이용하여 이 학생의 '상대적' 위치를 알려주는 지표입니다. 전형적인 상대평가 지표지요. 이런 게 어떻게 '절대평가'일 수 있을까요?

자, 이제 상대평가가 왜 비합리적인 제도인지 이해가 되시나요? 물론 고교 내신 성적을 절대평가로 바꾸면 특목고와 자사고가 이전에 비해 상대적으로 유리해진다는 지적이 있습니다. 하지만 그것은 고교체계 전반의 개편 작업을 통해 대응해야 할 문제이지, 이것 때문에 교육적으로 전혀 불합리한 상대평가 제도를 계속 유지해야 한다고 주장해서는 곤란합니다.

세 줄 요약

1. 상대평가는 '나에 대한 평가가 주변 동료들에 의해 달라지는' 상황을 초래한다는 점에서 근대적 개인주의와 상충한다.

2. 상대평가는 평가에 관한 교권을 침해하고, 다양한 선택과목의 공존을 어렵게 만들며, 동료들 간의 경쟁을 유발하여 협동능력의 발달을 방해한다.

3. 2012년부터 연차적으로 중고등학교 성적표에서 석차가 사라지지만, 성적표에 평균과 표준편차를 적도록 한다는 점에서 엄밀한 의미의 절대평가라고 보기는 어렵다.

카이스트와 로스쿨에서는
왜 상대평가를 도입했나요?

$\longrightarrow$ 2011년 상반기에 KAIST 학생 4명이 연쇄 자살하는 사건이 일
어나서 사람들에게 큰 충격을 주었습니다. 그 원인으로 영어로 강의를
진행할 것을 의무화한 것과 더불어, 성적이 낮을수록 많은 등록금을 내
도록 한 '징벌적 등록금' 제도가 도마에 올랐죠. 그런데 정작 KAIST의
서남표 총장이 의무화한 '상대평가'에 대해서는 거의 논의가 이뤄지지
않았어요. 우리나라에서 상대평가에 대한 문제의식이 얼마나 희박한지
를 보여주는 일이었습니다.

특히 KAIST의 서남표 총장이 미국의 MIT에서 기계공학과 학과장을
하던 분이니, 이 제도가 미국에서 시행하는 제도이기라도 하나보다고
착각을 많이 한 것 같아요. 하지만 미국의 대학에서 상대평가를 한다?
그건 미국 교육을 몰라도 한참 모르는 거죠. 고등학교에서도 상대평가

를 하지 않는 나라인데, 어떻게 대학에서 상대평가를 하겠습니까? 일부 대형 교양강좌에 예외가 있을 뿐입니다. 'A를 상위 몇 % 이내로 할 것을 권유한다'는 식의 규정이, '의무'가 아니라 '권고' 조항으로 되어 있는 경우가 있을 뿐입니다. 상대평가 개념 자체가 희박한 사람들에게, 더구나 전공과목에서조차 상대평가를 강요한다? 미국의 교수들이라면 도저히 이해하지 못하고, 절대로 받아들이지 않을 정책이지요.

그렇다면 서남표 총장은 왜 이런 제도를 만들었을까요? 그것은 교육적 효과와는 아무 상관이 없는, '돈 문제'를 해결하기 위한 것이었습니다. KAIST에서 학생 정원을 늘려 달라고 정부에 요청했는데, 정부가 반대했었어요. 원래 KAIST는 등록금이 거의 없는 학교이니까, 학생이 늘면 그만큼 정부가 더 많은 예산을 지원해야 하거든요. 그런데 서남표 총장이 새로운 제안을 합니다. '학생 정원을 늘려주면, 그로 인해 필요한 추가의 재정은 KAIST에서 자체적으로 해결하겠다'고 한 거죠. 그걸 정부에서 덥석 받아들였어요. 그래서 학생 입학정원을 늘렸고, 성적이 낮은 학생들에게 등록금을 걷기로 한 거죠. 그런데 '절대평가'를 해서 평균평점 3.0 이하의 학생들에게 등록금을 걷기로 한다면, 문제가 생깁니다. 절대평가 3.0 이하의 학생이 몇 명이 나올지를 미리 예측하기란 불가능하고, 따라서 예산 계획을 세우기가 어려워지는 거예요. 그래서 서남표 총장은 상대평가를 도입한 거죠. 상대평가제를 도입하면 3.0 이하의 학생이 몇 명이 나올지 미리 예측할 수 있고, 따라서 등록금을 얼마를 걷을 수 있을지를 미리 알 수 있고, 예산 계획을 세울 수 있거든요.

서남표 총장이 사상 유례 없는 해괴한 이 제도를 도입한 이유에는 '교육'이 아니라 '돈' 문제가 도사리고 있습니다. 돈 문제를 해결하기 위해 학생들을 무한경쟁의 구렁텅이로 몰아넣은 것, 이게 바로 우리나라 최고의 대학이라는 곳에 총장으로 재직하는 사람의 행태였던 거죠. KAIST 사태를 바라보던 많은 사람들도 뭔가 해결해야 한다는 생각은 했지만 유효적절하게 대응하지 못하고 결국 사태는 미봉되고 말았습니다. 다들 워낙 상대평가에 찌들어 있어서, 문제의 핵심이 뭔지를 놓치고 있었던 거죠.

요새 로스쿨(law school, 법학전문대학원)에서 상대평가를 의무화하고 있는 것도 정말 황당한 일이죠. 2011년 '학사관리 엄정화 방안'이라는 걸 발표해서 상대평가를 의무화했거든요. A^+는 정원의 7%, A^0는 8%⋯ 이런 식으로 아주 자세하게 규정을 정해놓았어요. 네 명 가운데 한 명은 C 이하의 성적을 받아야 합니다. 그래놓고는 4.3점 만점 기준으로, 매 학기 평점이 C^0(2.0점) 이하인 경우는 학사경고를 내리고 2학기 평점 합계 C^0(2.0) 이하를 받으면 유급이에요. 연속 3회 학사경고를 받거나 통산 2회 유급되면 제적됩니다. 학사경고나 유급도 문제이지만, 졸업 후 취업할 때 로스쿨에서 받은 성적이 중요한 역할을 하기 때문에, 학생들은 성적 관리에 온 신경을 써야 합니다. 그러기 위해 동료들을 열심히 제쳐야 하니, 강의노트를 빌려주거나 시험 준비를 도와주면 안 되는 겁니다.

[로스쿨(법학전문대학원)에서 시행 중인 상대평가 규정]

평점	A			B			C			D
	A^+	A^0	A^-	B^+	B^0	B^-	C^+	C^0	C^-	
비율	7%	8%	10%	15%	20%	15%	9%	7%	5%	4%

이로 인해 매 학기 학사경고나 유급을 받는 비율이 5~10% 정도 되는

것으로 추정됩니다. 그러다보니 앞서 언급한 상대평가로 인한 문제가 그대로 드러나지요. 동료들과 서로 도와가며 공부하는 분위기는 실종되고, 공부를 잘 할 것 같은 학생들이 많이 선택하는 과목은 학생들이 적극 기피하여 결국 폐강이 됩니다. 저소득층으로 등록금 혜택을 받아 입학했다가도, 성적을 유지하지 못하여 높은 등록금을 부담할 처지에 놓인 학생들도 속출하고 있습니다.

이게 너무나 황당한 것이, 로스쿨 졸업 후에 어차피 변호사 시험을 치러서 합격해야 변호사 자격증을 받거든요. 학업에 소홀한 학생들은 변호사 시험에서 걸러내면 된단 말이죠. 저는 오히려 이 과정은 충분히 엄격하게 할 필요가 있다고 봅니다. 하지만 왜 로스쿨에서부터 상대평가를 하냔 말이죠. 로스쿨은 '선발제도'가 아니라 엄연히 '교육과정'인데, 왜 여기에 상대평가를 의무화하냐는 말이죠. 벌써 서울대 로스쿨에서 두 명이 자살했고, 다른 로스쿨에서도 자살 사건이 일어나고 있어요. 왜 우리나라 최고의 지성인들이라고 할 수 있는 로스쿨 교수와 학생들은 이 제도를 거부하지 못할까요? 몇 명쯤 더 자살하면 이 제도가 바뀔까요?

세 줄 요약

1. 카이스트의 상대평가 제도는 교육적 목적에서가 아니라 등록금 수입을 미리 계산할 수 있도록 고안된 창의적(?) 제도이다.
2. 로스쿨 졸업자들이 변호사 자격시험을 치름에도 불구하고 로스쿨 재학 시절 교육과정에서 상대평가를 받아야 하는 것은 불합리하다.
3. 한국 사회는 상대평가에 너무 길들여진 나머지, 이러한 불합리한 제도가 최고 수준의 교육기관에서 행해져도 교수나 학생들이 제대로 항의조차 하지 못한다.

Q. 066

노무현 · 김대중 정부의 교육정책은 왜 실패했나요?

——→ 김대중, 노무현 정부는 '좌파' 정부라고 불려왔습니다. 이들보다 더 왼쪽에 해당하는 진보정당 수준의 정치적 입장을 가진 사람들은 이 두 정부에 대해 '저게 무슨 좌파냐?'라고 힐난했지요. 하지만 주류 보수 언론은 김대중 · 노무현 10년 집권기를 '좌파'가 득세한 시기라고 낙인 찍어왔습니다.

그런데 그 10년 동안 한국 교육의 좌파적 과제, 즉 '경쟁 줄이기'에 진전이 있었나요? 아닙니다. 오히려 반대였죠. 대학 서열화와 학벌주의는 더욱 기승을 부렸습니다. 정부는 대학 서열화를 진정시키거나 완화하려고 노력하기는커녕, 교육부가 직접 대학들에 대한 평가를 실시하여 서열을 발표하는 등 대학들 간의 경쟁을 부추겼습니다. 학벌이나 학력(學歷)에 따른 차별을 줄이기 위한 실효성 있는 대책은 사실 전무했습니다.

또 '고교평준화를 보완한다'는 명목으로 그 10년 동안 자립형사립고가 인가되었고, 특목고가 대폭 증가했지요. 교육부 장관들은 특목고를 없애거나 확산을 저지하는 데 노력을 기울이지 않았고, 심지어 사교육을 통해서만 준비할 수 있는 특목고 입시 제도를 계속 용인했습니다. 결과적으로 2000년대 초·중반은 특목고 사교육의 전성기였죠.

2004년에 노무현 정부는 이른바 '2008 대입제도 개혁안'을 발표합니다. 이 방안의 핵심은 수능의 영향력을 줄이고(수능 성적표에 점수는 안 나오고 등급만 표기되도록 했지요), 내신 성적 위주로 대학을 가도록 한 것입니다. 그런데 이 방안은 엄청난 위험을 안고 있었지요. Q064에서도 지적했듯이 우리나라 내신은 상대평가이기 때문에, 내신 반영비율이 높아질수록 체감 경쟁강도가 높아진다는 치명적인 문제가 있었어요. 이 제도는 2005년 고1 학생부터 적용되었는데, 수능을 치르고 자살하던 선배들의 전통(?)과는 달리, 고1 중간고사를 보고 자살하는 사건들이 발생했지요. 그래서 학생들이 광화문광장 한 편에서 촛불집회를 하기도 했어요. 가슴 아픈 일은 이때 일부 진보적 교육단체들이 이 정책을 지지하였고, 대표적인 진보적 언론에서 학생들의 항의를 제대로 보도하지 않았다는 사실입니다.

그 이유가 무엇이었는지 아십니까? 내신 반영비율이 높아지므로 공교육 정상화에 기여할 수 있고, 수능의 영향력을 약화시킴으로써 대학 서열을 흩트릴 수 있는 가능성이 있다는 것이었어요. 저는 아무리 이런저런 대의명분이 훌륭하다 할지라도, 학생들을 학교라는 '도가니' 속에 가둬놓고 친구들과 무한경쟁하도록 만들어놓은 이 제도를 전면적으로 실시하려고 시도한 것은 뚜렷한 과오였다고 봐요.

그나마 이 제도가 가진 최소한의 긍정적 효과마저도, 정부의 게으르고 뜨뜻미지근한 태도로 인해 제대로 실현되지 못했어요. 수능 등급을 지원 자격으로 활용하도록 '강제'하는 것이 아니라 '권고'하는 수준이었기 때문에, 대학이 수능 등급을 이용해 학생들을 줄 세우는 게 가능했습니다. 수능 '점수'를 활용할 때만큼 정교하게 줄 세우지는 못했지만, 대략적으로 여러 수능 과목에 대한 '등급'들을 점수화하여 합산하여 학생들을 줄 세우는 것이 가능했던 거죠. 논술에 대해 아무런 규제가 없었기 때문에 논술고사를 통해 변별력을 높이려는 대학 측의 움직임에도 속수무책이었습니다. 결과적으로 2007년에 치러진 2008학년도 대학입시 정시전형에서, 학생들은 '수능 1/3, 논술 1/3, 내신 1/3'씩 합산 반영하는 이른바 '죽음의 트라이앵글'을 경험해야 했지요.

참으로 역설적인 일은, 이명박 정부 들어서면서부터 정시전형에서 논술고사를 폐지하여 '죽음의 트라이앵글'을 완화했고, 교육부의 대학 평가를 중단했으며, 기업들이 고졸 사원을 채용하도록 하는 등 학력에 따른 차별을 줄이기 위한 조처를 취했고, 특목고를 없애지는 않았더라도 적어도 특목고 입시 제도를 개혁하여 특목고 사교육을 줄였습니다. 물론 이명박 정부가 교육정책에서 많은 과오를 저질렀지만, 적어도 이러한 정책들은 적어도 노무현 정부보다는 나았다고 보입니다.

그래서 진보진영 일부에서 '김대중·노무현 정부는 좌파가 아니었다'는 이야기를 하는 것이겠지요. 좌파라면 결코 할법하지 않은 일들을 했고, 좌파라면 채택할법하지 않은 정책들을 구사했기 때문입니다. 저는 김대중·노무현 정부 교육정책에 대한 철저한 비판과 반성이 공유되지 않으면, 설령 향후 정권이 교체된다 할지라도 우리나라 교육에 별다른 의미 있는 변화가 일어나기 어렵다고 봅니다. 특히 대학서열화를 완화할 수 있는 실질적인 대학개혁 프로그램, 상대평가제의 완전한 폐기, 일반 중고등학교의 혁신과 결합된 특목고(특히 외고) 폐지 계획이 필수적으로 필요합니다.

세 줄 요약

1. 김대중-노무현 정부에서 교육 경쟁을 완화하기 위한 정책은 거의 없었으며, 오히려 대학서열화를 부채질하고 특목고를 대폭 늘리는 과오를 저질렀다.
2. 노무현 정부에서 추진한 2008 대입제도 개혁안은 상대평가 내신 성적 위주로 대학에 가도록 함으로써 학생들 간의 내신 경쟁을 격화시켰다.
3. 아이러니하게도 좌파로 불린 정부에서 좌파적 과제(경쟁 줄이기)에 철저히 역행했음을 반성하고 교훈을 얻어야 한다.

이명박 정부의
교육정책은 왜 실패했나요?

───→　이명박 정부는 누가 뭐래도 우파 정부라고 할 수 있습니다. 하지
만 우리 교육의 우파적 과제, 즉 '획일적 교육을 다양화시켜라'는 목표
에는 오히려 역행했습니다. 말로는 좋은 말들을 쏟아놓았죠. '창의 · 인
성 교육', 이건 이명박 정부 교육부에서 내놓은 슬로건이자 정책지향이
에요. 『평준화를 넘어 다양화로』, 이건 이명박 정부 교육정책의 최고 실
세인 이주호 교육부 장관이 이명박 정부 들어서기 이전인 17대 국회의
원 시절에 펴낸 책이죠. 우리교육을 다양화하기 위해서는 어떠한 일을
해야 하는지, 나름대로 열심히 정리한 책입니다.

　하지만 이명박 정부 들어서서 우리 교육이 다양화되었다는 이야기 들
어보신 적 있습니까?… 예를 들어 서울에 자율형사립고를 27개교 지정
하면서 뭘 내세웠는지 아십니까? '다양한 교육을 통해 학교만족도를 높

이기 위해 자율형사립고가 필요하다'는 것이었습니다. 그런데 자율형사립고에서 더 다양한 교육이 이뤄지고 있다는 얘기를 들어보신 적 있습니까? 들어본 적 없지요? 오히려 더 붕어빵을 세게 찍어내고 있다는 말만 들립니다.

왜 그럴까요? 앞에서 제가 우리 교육이 획일적인 이유를 '수업 · 평가 방식의 획일성'과 '교육과정의 획일성'으로 분류하여 분석해놓은 걸 기억하실 겁니다. 그리고 각각의 획일성을 만들어내는 여러 요인들을 지적했단 말입니다. 그런데 획일화의 원인으로 지목된 요인들 중에서 이명박 정부가 뭘 개선했나요? 개선한 게 아무것도 없어요. 오히려 개악시킨 것만 몇 가지 있어요. 수능에서 국영수의 비중을 더 높이고(2014학년도 수능 개편안), 국가수준 학업성취도 평가(일제고사)의 영향력을 엄청나게 키워놓았습니다.

이명박 정부는 구호로는 '다양화'를 외쳤지만 취한 방법은 '획일화'를 초래하는 것들이었습니다. 그 이유는 무엇일까요? 그것은 역시 신자유주의와 연관이 있었다고 보입니다. 신자유주의는 전통적 자유주의(편의상 '구'자유주의라고 부를 수도 있겠지요)에 비해 '경쟁'의 중요성을 더 강조합니다. 그런데 '경쟁을 통해 효율을 높인다'는 목표에 사로잡히는 순간, 경쟁의 결과를 판정해내기 위해서 '규격화된 평가기준'이 필수적으로 필요합니다. 잣대가 확립되어 있어야 효율을 측정하는 것이 가능해지니까요. 그래서 신자유주의 교육정책의 핵심은 바로 규격화된 평가기준을 확립하는 일, 즉 '일제고사'에 있습니다. 미국의 경우 신자유주의 교육정책을 도입한 주(州)인지를 알아볼 수 있는 척도는 바로 그 주에서 일제고사를 보느냐에 있어요.

그런데 우리나라는 애초에 일제고사가 도입되기 좋은 토양을 가지고 있었어요. 바로 '국영수 중심주의'와 '객관식 시험'에 대한 친숙함이 바로 일제고사가 이식되기 좋은 토양이었던 것이지요. 모든 학생들에게 획일적으로 '국영수' 위주로 공부할 것을 강요해온 오랜 관행, 그리고 수업시간에 객관식 문제집을 풀어주는 걸 당연하게 여기는 전통, '교내 일제고사'라고 말할 수 있는 중간·기말고사, 사실상 일제고사와 다를 바 없는 유형의 수능… 이런 토양이 존재했기 때문에, '국영수 중심의 일제고사'를 도입하는 것에 대하여 국민들은 그다지 심각한 반감을 보이지 않은 거죠. 전교조에서는 반대했지만, 일반 국민들은 '이게 뭐 대수냐?'는 반응이었죠. 왜냐? 나름 친숙한 것들이었으니까요. 결국 우리나라 교육은 신자유주의 교육정책을 받아들이기 좋은 토양을 가지고 있었고, 이 토양에 일제고사가 손쉽게 이식될 수 있었던 겁니다.

이명박 정부 교육정책의 기조가 '신자유주의'였다는 것을 보여주는 또 하나의 증거가 있습니다. '개인 자율'은 도외시하고, '학교 자율'만을 강조했다는 거죠. 학교 현장에서 대면하는 구체적인 개인은 '교사'와 '학생'입니다. 그런데 이명박 정부가 그토록 '자율'을 강조했지만, 자율의 단위는 결코 교사나 학생이 아니었어요. 왜 그럴까요? 교사와 학생에게 진정한 자유와 자율을 부여하게 되면, 이들을 정부가 원하는 방향으로 끌고 가기 어려워지거든요. 교사와 학생이 연대하여 신자유주의 정책과 반대 방향으로 탈주할 수도 있으니까요. 따라서 신자유주의 교육정책을 강요하기 위해서는 적절히 관리 가능한 관료적 단위가 필요했고, 그 단위가 바로 '학교'였던 겁니다. 이명박 정부 들어서서 '학교자율화' 조치를 네 차례나 발표했지만, 발표된 정책을 아무리 샅샅이 찾아봐도 교사나 학생의 자율권을 넓혀준 내용을 찾아볼 수가 없어요. '교사'나 '학생'은 자율화하지 않고 '학교'를 자율화한다? 한마디로 기만이고, 위선이죠.

이와 유사한 사례가 대학에도 나타나요. 서울대 법인화를 추진하면서 정작 학생들의 참여권은 거의 없는 제도를 설계하고, 총장 직선제도 없애고 이사회에는 기업 출신 인사들이 들어오도록 해놓는단 말이에요. 이래놓고 서울대 법인화는 '대학자율권'을 높이는 조치래요. 교수와 학생의 자율권을 높이지 않고서 '대학'을 자율화한다는 것, 이게 도대체 무슨 소리일까요?… 교육현장에서 구체적으로 대면하는 사람은 교사와 학생(또는 교수와 학생)입니다. '학교'를 단위로 이야기하는 모든 담론을 의심해볼 필요가 있어요.

이명박 정부의 교육정책은 한마디로 '자유주의 없는 신자유주의'라고 할 수 있어요. 학생의 자유? 교사의 자유? 그런 거 전혀 신경 안 썼죠. 학생의 교과목 선택권, 교사의 평가권, 교과서 집필권, 교과목 개설권 등등은 안중에도 없었죠. 이것이 신자유주의 교육정책을 우리보다 일찍 도입한 영국이나 미국과의 차이점이에요. 이 나라들에는 공고한 구자유주의(좀 이상한 표현입니다만, 신자유주의 이전의 '전통적·고전적 자유주의'라는 뜻으로 생각하면 됩니다)의 전통이 있거든요. 그래서 교사와 학생의 자율권이 폭넓게 보장된단 말이죠. 교사는 개인의 재량에 의해 수업방식과 평가방식을 결정할 수 있고, 학생은 폭넓은 과목 선택권을 가지고 있단 말이에요. 미국의 경우 여러 주에서 일제고사를 시행하면서도, 학부모의 뜻에 의해 시험 응시를 거부할 수 있도록 하는 이유가 바로 여기에 있는 거죠. 그리고 일제고사를 거부하는 학부모들이 그 이유로 제시하는 건 한마디로 '정부가 뭔데 우리 아이 프라이버시를 알려고 하는 거야?'라는 겁니다.

미국이나 영국에서는 이렇듯 공고한 구자유주의의 전통이 있어요. 그런데 그럼에도 그 위에 신자유주의 정책이 얹어짐으로 인해 교육이 획일화되는 경향을 우려하거든요. 반면 우리나라는 구자유주의 전통이 결핍된 와중에 신자유주의 정책을 얹어놓은 거예요. 즉 원래 획일적인 토양 위에, 더 강한 획일화 효과를 가진 정책을 휘두른 겁니다. 그러니 미국이나 영국보다 한층 더 심각한 문제가 발생하는 거죠. 이런 정책을 시행해놓고서는 교육의 다양화를 위해 이것저것 추가의 정책을 펼쳐봤자, 별 소용이 없는 게 당연하지요.

이런 맥락에서 이주호 장관의 『평준화를 넘어 다양화로』를 주의 깊게 들여다봐야 합니다. 상당히 공들여 만든 책이긴 한데, 정작 그 안에는 교육현장에서 대면하는 구체적 개인들, 즉 '교사'와 '학생'의 구체적 권한이 안 보여요. 온통 '학교' 얘기만 합니다. 그러면서 다양한 교육을 하겠다는 거예요. 한마디로 착각이죠. 교육부에서는 '창의·인성 교육'을 하겠다면서 '창의적 체험활동'을 정규시간표에 편성하는 등 애를 쓰지만, 정작 일반적인 수업과 평가의 영역에서는 강한 획일화를 지향하거든요. 그러면서 이른바 '비교과' 활동을 활성화하고 이를 입학사정관제와 연결시키려고 시도한단 말이죠. 일반적인 수업활동을 통해 다양한 교육을 만들어내는 방안은 외면하면서, 별도의 특별활동이나 비교과활동을 통해서 교육의 다양성을 만들어내겠다는 생각. 확실히 기형적이죠.

기자들이 전하는 말에 의하면, 이주호 장관에게 '당신은 신자유주의자가 아니냐'라고 물으면 정색을 하며 자신이 신자유주의자가 아니라고 주장한다고 합니다. 본인은 실제로 그렇게 믿고 있을 거예요. 예를 들어 이주호 장관과 이념적 기조를 공유하는 박세일 씨가 전형적인 '공동체 자유주의'를 표방하거든요. 신자유주의와는 상당한 거리가 있지요. 하지만 제가 보기에 이주호 장관은 어쩌면 자기도 모르는 사이에 '자유주의를 결여한 신자유주의자'로서 행동해왔단 말이에요. 그래서 관료주의와 쉽게(아니 어쩌면 필연적으로) 결탁할 수 있었던 것이지요. 구자유주의가 '국가의 개입'을 금기시하는 것과 달리, 신자유주의는 '경쟁'을 촉발하기 위해서는 국가의 폭력적 개입마저 기꺼이 승인하거든요. 이를 위해서는 관료조직의 강력한 힘이 필요한 거죠. 이것이 이명박 정부 교육 정책의 주요한 속성이었던 것입니다.

※ 미국과 영국의 신자유주의적 교육 개혁을 반성적으로 서술한 책이 두 권 번역되어 있습니다. 『미국의 공교육 개혁』(다이앤 래비치 지음)과 『위기의 학교』(닉 데이비스 지음)입니다. 이걸 읽어보면 전교조가 왜 그렇게 신자유주의적 교육 개혁을 두려워했는지를 이해할 수 있습니다. 『영국 교육의 실패와 핀란드의 성공』(후쿠타 세이지 지음)은 신자유주의적 교육개혁과 핀란드식 교육개혁을 대조하여 각각의 장단점과 성공·실패 요인을 정리한 책입니다.

세 줄 요약

1. 이명박 정부는 겉으로는 '다양화'를 내세웠지만 오히려 '획일화' 효과가 강한 정책을 폈다.

2. 이명박 정부의 자율화는 관료적으로 통제 가능한 '학교'의 수준에 머물렀을 뿐, '교사'나 '학생' 단위의 자율화 정책은 전무했다.

3. 이주호 교육부 장관은 어쩌면 본인도 인지하지 못한 채로 '자유주의 없는 신자유주의'라는 함정에 빠진 것이다.

사교육을 줄이려면
어떻게 해야 하나요?

⟶ 이제 사교육 유발 요인을 정리하고, 사교육을 줄이려면 어떻게
해야 하는지를 살펴보죠. 사교육 유발 요인은 이미 앞에서 상세하게 다
뤄졌습니다. 다음 페이지의 표는 이를 일목요연하게 정리한 것입니다.
크게 '사회적 요인'과 '대입전형 요인', '학교(공교육) 요인'으로 구분하
였습니다. 그리고 각각의 요인이 이 책의 어느 부분과 관련되어 있는지
를 표시해놓았습니다. 꼼꼼하게 표를 살펴보시면 우리나라에 사교육이
이토록 비대해진 원인을 속속들이 이해하실 수 있을 겁니다. 다만 이 표
에는 아무리 중요한 주제라 할지라도 사교육과의 직접 연관성이 낮은
것들(예를 들어 대학입시를 객관식에서 논술형으로 전환하는 방안, 고교체계 개
편 방안, 중·고 학점제 도입 방안 등)은 포함되지 않거나 부분적인 측면만
반영되어 있습니다.

사교육 유발 요인		유발원인 및 유의사항	처방
사회적 요인	학력 · 학벌에 따른 차별 [Q062, Q055]	학력 · 학벌 경쟁 및 이와 결부된 취업 경쟁	학력 · 학벌 차별 금지법, 실업계 교육 내실화
	대학서열화 [Q063]		혁신대학(독일식 평준화) 또는 국립대 통합(프랑스식 평준화)
	좋은 일자리 감소		재벌개혁(동반성장), 내수&첨단산업 육성 등 포괄적 경제개혁
대입 전형 요인	수시의 전반적 문제 [Q024] — 전형의 복잡함 (다양함)	컨설팅 사교육 수요 유발	전형 대폭 단순화 (전형의 종류 한두 가지로 축소)
	수시의 전반적 문제 [Q024] — 전형요소의 복합성	여러 가지 요구될수록 부모 · 사교육의 조력 긴요해짐	전형요소 간소화 (한두가지 전형요소로 선발)
	수시의 전반적 문제 [Q024] — 고교수준 이상 전형요소	일부 대학별고사(논술 · 구술) 문항, 토플 등	대학별고사 폐지 또는 출제에 고교 교사 참여
	비교과영역 반영 [Q061]	부모의 영향력은 교과영역보다 비교과영역이 큼	비교과영역 반영 규제 및 입학사정관제 폐지 (또는 사회적 배려대상자 등으로 한정)
	획일적인 대학입시 과목 [Q055]	전공특성 상관없이 무조건 국영수 요구	전공에 따른 지정과목/ 배제과목 정비
	대학입시 난이도 [Q064, Q100]	쉬워져도 사교육 수요는 많이 감소하지는 않으나, 어려울수록 확실히 증가	절대평가로 전환, 적정 난이도 관리, 국가영어능력시험에서 쓰기 · 말하기 배제
공교육 요인	학년별 평가 [Q051, Q070]	수업 · 평가간 밀착도 낮아짐으로 인해 내신 사교육 유발	학년별 평가에서 교사별 평가로 전환, 교사별 현장맞춤형 교과서로 전환
	상대평가 [Q064, Q023] — 체감 경쟁강도 높음	도입 예정인 절대평가안은 불완전 (∵이수자 평균점수 · 표준편차 기재)	완전한 절대평가 및 질적 평가 도입
	상대평가 [Q064, Q023] — 고난도 시험	상대평가제 하에서 만점자 줄이려는 평가관행	
	교육과정의 분량 · 수준 불합리함 [Q023, Q070]	교육과정 분량 과다, 초등 교과 어려워짐, 학생별 수준 · 지향 차이 무시	교육과정 재정비, 중 · 고교 무학년 학점제 도입, 교사별 현장맞춤형 교과서로 전환
	보완교육 부실 [Q052]	교육보다 행정이 우선시되는 학교시스템 및 교사문화	교사가 교육에 전념할 수 있도록 승진 · 행정 · 사업체계 개혁, 일제고사를 기초학력 판별목적의 간소화된 형태로 개편

표에 정리된 내용 가운데 추가의 설명이 필요한 것이 한 가지 있습니다. '사회적 요인' 가운데 '좋은 일자리 감소'와 관련된 것입니다. 여기에 왜 '재벌개혁'이라는 처방이 나왔을까요?

우리나라 정부에서 대기업들을 열심히 지원해 줬음에도, 2000년 이후 10년간의 통계를 보면 대기업의 매출 비중은 크게 높아진 반면 전체 고용에서 대기업 고용이 차지하는 비중은 10년간 25%나 감소했습니다. 그리고 대기업의 전횡이 제대로 제어되지 못함으로 인해, 미국·독일 등과 달리 중소기업이 대기업으로 성장할 수 있는 기업 생태계가 형성되지 못하고 있습니다. Q044에서는 안철수 씨의 '삼성 동물원, LG 동물원, SK 동물원' 발언과 연관시켜 이 문제를 산업계의 '창의력'이 꽃피기 어렵다는 차원에서 언급했습니다만, 또 다른 차원에서 이 문제는 우리나라에서 좋은 일자리를 늘리기가 왜 어려운지를 보여줍니다.

재벌개혁이란 단순히 재벌이 부도덕하니 때려잡자는 차원의 문제가 아닙니다. 대기업 일변도의 경제정책으로는 구직난과 청년실업이 더 심각해질 뿐이라는 점을 다양한 실증적 증거들이 입증해주고 있거든요. 전통적으로 재벌개혁을 주장해온 진보 세력만 그런 얘기를 하는 게 아닙니다. 요새는 새누리당 의원들도 재벌의 전횡을 막아야 한다는 얘기를 종종 하지요. 박근혜 의원도 "대기업과 중소기업 관계에서 납품단가 후려치기와 기술을 빼앗아 가는 경우 등이 없지 않았는데 이런 문제가 개선되지 않는다면 우리 경제가 지속가능하기 어렵다"고 말합니다(2011년 11월 기획재정부 국정감사장에서 발언, 「서울신문」 2012년 6월 6일자). 최근에 여당 야당 할 것 없이 '경제민주화', '재벌개혁', '상생'이나 '동반성장' 등을 소리 높여 주장하는 이유는 심각해진 고용불안정 문제

를 해결하려면 결국 재벌 대기업에 대한 통제가 필수적이라는 인식과
무관하지 않습니다.

세 줄 요약

1. 사교육을 유발하는 '사회적 요인'으로서 학력·학벌에 따른 차별, 대학서열화, 좋은 일
   자리 감소 등을 꼽을 수 있다.

2. 사교육을 유발하는 '대입전형 요인'으로서 전형의 복잡함, 전형요소의 복합성, 고교수준
   이상의 전형요소, 비교과영역 반영, 획일적 대입과목, 입시 난이도 등을 꼽을 수 있다.

3. 사교육을 유발하는 '학교 요인'으로서 학년별 평가제도, 내신 상대평가의 높은 체감경
   쟁강도 및 고난도 시험, 교육과정의 분량·수준의 불합리함, 보완교육 부실 등을 꼽을
   수 있다.

Q.069

학교는
왜 이렇게 무능한 거죠?

⟶ 최근 학교폭력 문제가 이슈가 되면서 학교의 무능력에 대한 질타가 대단합니다. 언론은 폭력 사건이 학교에서 엄정하게 처리되고 피해자가 보호받지 못하는 현실을 개탄합니다. 일각에서는 학교가 엉망이 된 것은 입시교육 탓이라고 말해요. 하지만 제가 보기엔 학교에서 입시교육이 효율적으로 이뤄지지도 않습니다. 대부분의 학생과 학부모는 학교에 "공부에 어려움을 겪고 있는데(혹은 더 잘 하고 싶은데) 어떻게 해야 할까요?"라고 묻지 않아요. 특히 사교육이 발달된 대도시 지역일수록 이러한 경향이 더 심합니다.

우리가 학교에 효율적인 입시교육을 기대하나요? 친절한 진로적성지도를 기대하나요? 제대로 된 인성교육을 기대하나요?… 어차피 아무것도 기대하지 않게 되었어요. 즉 학교의 무능과 지리멸렬함은 '보편적'

현상이란 말입니다. 다만 학업과 관련된 구체적 조언은 학원이라는 대안에서 구할 수 있지만, 폭력과 왕따 문제는 학교가 '사건 현장'인지라 학교에서 불거질 수밖에 없다는 차이가 있는 것이죠.

왜 이렇게 되었을까요? 학교의 주역은 뭐니 뭐니 해도 교사이고, 교사는 대표적인 지식인 집단입니다. 대부분의 사회집단이 그렇지만, 특히나 지식인 집단의 역량은 내부적인 리더십에 의해 크게 좌우되지요. 그런데 학교에서 최고의 리더십을 발휘해야 할 교장이, 좀 의아한 과정을 통해 그 자리에 올라요. 수업과 생활지도에 열심이었음을 주변으로부터 인정 받아 교장이 되는 게 아니라, 행정업무를 잘 하고, 각종 승진 가산점이 주어지는 사업과 대회와 연수를 챙기며, 연줄을 잘 잡아서 각종 연구·시범학교에 초빙되고 '윗분'들로부터 높은 점수를 받은 사람들이 교장이 됩니다.

말하자면 육상 코치를 뽑는데, 수영을 잘 하는 사람을 선정하는 셈이죠. 물론 수영을 잘 하는 사람들 중에는 육상도 잘 하는 사람들이 섞여 있을 겁니다. 또 정말 육상만 하고 싶은데, 육상코치의 선발 기준이 수영을 잘 하는 것이다보니 육상코치가 될 욕심에 억지로라도 수영을 열심히 한 분들도 있어요. 따라서 모든 교장들이 육상을 못하거나 육상에 관심이 없다고 매도해서는 안 돼요. 하지만 육상 코치가 되기 위하여 수영을 열심히 하게 만드는 이 시스템에는 분명히 치명적인 문제가 있는 겁니다.

수영을 열심히 한 분들이 교장이 되어서는 한 학교의 행정적 책임자가 될 수는 있을지언정 진정으로 교육적 리더십을 확보하기 어렵습니다. 특히 무능 교사, 부적격 교사를 다독이고 설득하고 재교육하는 데 교장이 앞장서야 하는데, 지금과 같은 리더십 형성과정으로는 이런 일을 기대하기 요원합니다.

우리나라 교원들이 어떻게 승진하냐고요? 인터넷 검색을 통해 '교육공무원 승진 규정' 및 '평정업무 처리요령'이라는 것을 찾아보세요. 거의 난수표입니다. 더구나 여기 적히지 않는 기기묘묘한 세부 정보들은 연줄을 통해야 효율적으로 얻을 수 있어요. 담당과목도 중요합니다. 교장까지의 승진비율이 가장 높은 과목은 체육인데, 체육교사가 대회 입상 등을 통해 승진 가산점을 딸 수 있는 기회가 많은데다가 과목 특성상 수업준비 부담이 적어 행정업무를 수행하거나 연수실적·연구성과를 축적할 시간이 상대적으로 많기 때문이라고 지적됩니다(「국민일보」 2009년 7월 1일자). 체육 이외에도 승진에 유리하다고 알려진 과목이 한두 개 더 있어요. 우리나라 학교의 리더십은 이런 식으로 결정됩니다. 절망적이죠. 민간에서라면 절대 용인되지 않을법한 일이 일상적으로 벌어지고 있는 겁니다.

흔히 '학교가 학원만큼만 했으면 좋겠다'고 말합니다. 하지만 학교 교사들은 학원 강사들이 누리는 만큼의 자유가 없어요. 앞에서 교사를 옥죄는 '3중 족쇄'를 말씀드렸던 거 기억나시죠? 우리나라 교사는 자신이 뭘 어떤 방식으로 가르치고 어떻게 학생들을 평가할지를 결정할 권한이 없어요. 더구나 학원 강사가 수업 이외의 시간을 주로 수업준비나 학생 상담에 사용하는 반면, 교사는 행정업무(교무행정업무와 교육당국의 각종 시책사업 관련 업무)에 파묻힙니다. 학교에 1년에 수신되는 공문의 양이 6천 건이 넘고, 주당 무려 10건 이상의 공문을 처리한다는 교사가 36.6%나 됐으며, 공문 처리를 위해 월 1회 이상 수업시간을 자율학습 등으로 대체한 교사가 53.1%에 달했습니다(한국교총 2010년 10월 조사결과). 무엇보다 결정적인 점은, 행정업무를 게을리 할 때 돌아오는 견책은 구체적이지만, 수업과 생활지도를 열심히 할 때 돌아오는 보상은 모호하다는 것입니다. 우선순위가 뒤바뀐 거죠. 학부모와 학생과 교사들은 수업과 생활지도에 초점을 맞추길 바라지만, 이 시스템의 수호자인 교육 관료들은 이런 문제에 별 관심이 없습니다.

결국, 대한민국 학교의 전체적인 모습은 교육기관이라기보다 행정기관에 가깝다는 걸 부정할 수 없어요. 한 교사의 푸념을 들어보지요. "선생님들이 애들 내버려두고 행정 일에만 몰두하는 현상은, 결국 학교 일이 애들보다 더 급한 것이라는 인식 때문이다. 승진체계나 성과급기준이 애들 생활지도, 교육활동이 기준이 아니라 학교 일 누가 잘했느냐, 교장 교감 비위 누가 잘 맞추느냐, 학급 팽개치고 누가 어디 가서 표창 받고 수업대회 입상했냐 이런 것만 따지니 수업만 열심히 하는 교사는 바보 취급 받아서 이러는 면도 있다. 승진체계, 급여기준 바꿔야 하는데 바꿔려나…"(「한국일보」 2012년 3월 29일자)

문화와 기풍을 바꾸려면, 제도부터 바꿔야 합니다. 행정업무를 유발하는 교육당국의 각종 시책사업 및 교무행정 규제를 정말 혁명적으로(!) 감축하여, 교육활동의 영역에서 학교와 교사 개개인의 자율성을 대폭 높여야 합니다. 대부분의 연구 · 시범학교 사업을 폐지해야 합니다. 부장-교감-교장 순서로 진행하는 승진트랙을 해체하고, 교장 임용 제도를 완전한 공모제 또는 선출제로 전환해야 합니다.

그렇다면 누가 제도를 바꿔줄까요? 저는 일종의 '교사 해방운동'이 필요하다고 봅니다. 교사들이 진정한 교권을 찾기 위한 운동이 필요합니다. 자신이 원하는 방식으로 가르치고 자신이 원하는 방식의 평가를 할 수 있는 권리를 가져야 합니다. 행정업무에 치이지 않고 수업과 생활지도에 전념할 수 있어야 합니다. 승진과 예산을 매개로 학교와 교사의 자율성이 뒤틀리는 현행 관료적 교육시스템 전반을 철저히 해체해야 합니다. 그리고 교사들이 서로 돕고 소통함으로써 원하는 정보를 얻고 스스로를 단련할 수 있도록 학교에 새로운 리더십과 기풍이 자리 잡아야 합니다. 이러한 변화를 위해서는 교사들에 의한 강력한 자발적 운동이 필요합니다. 이 일을 교육 관료들이 앞장서서 해줄 리는 없잖아요. 그렇다면 정치권에서 해줄까요? 아니면 교총이나 전교조가 해줄까요?…

세 줄 요약

1. 학생을 가르치고 돌보는 일보다 행정업무가 우선시되고 그래야만 승진할 수 있는 구조로 인해 대한민국 학교는 교육기관이라기보다 행정기관으로 전락했다.

2. 교육당국에서 설계하고 연구 · 시범학교 공모를 통해 시행하는 대부분의 시책사업을 폐지해야 한다.

3. 수업 · 평가와 관련된 교사의 권리를 확보하고 불합리한 승진제도와 관료적 위계에 근거한 학교문화를 혁신하기 위해 '교사 해방' 운동이 필요하다.

교육을 '토목공사'가 아니라
'생태계 관리' 하듯이 하라고요?

——→ 우리나라 교육 당국자들의 사고방식을 관찰해보면, 교육을 '토목공사' 하듯이 생각하고 있음을 알 수 있습니다. 토목공사를 하려면 누군가 설계도를 만들겠지요. 아주 세부적인 부분까지 꼼꼼하게 설계하고 나서, 공사현장에 설계도를 내려 보내겠죠. 그러고 나서는 공사장에서 일하는 인부들이 정확하게 시공하고 있는지를 관리감독 하겠지요.

그런데, 교육 현장에서 이 공사장 인부의 역할을 하는 사람들이 누구일까요? 바로 교사란 말입니다. 우리나라 교육에서 교사의 역할은 바로 공사장 인부에 해당하는 겁니다. 오바마 미국 대통령이 2011년 한국에서는 교사가 국가 건설자(nation builder)로 추앙받고 있다고 말한 적 있는데, 그 말이 맞긴 맞아요. 건설자는 건설자죠. 그런데 '윗분'들께서 정해주시는 설계도에 적힌 자재와 기법을 사용하여 시공을 해야만 하는 건설인부란 말이죠.

얼마 전 '융합과학'이라는 교과목이 만들어졌어요. 취지는 좋지요. '통섭'과 '융합'의 시대이니, 고등학교 교과목으로 융합과학을 만드는 것도 나름 좋은 방법일 수 있겠지요. 하지만 이걸 누가 만들었을까요? 철저하게 '윗분'들께서 교육과정과 교과서를 만드셔서, '아랫것'들에게 내려보낸 거예요. 그런데 막상 '아래'에서 융합과학 교과목을 운영해보니, 여러 문제들이 터져 나왔어요. '위'에서는 '아래'의 사정에 어두우니, 그럴 수밖에 없지요. 차라리 교사들에게 '융합과학'을 콘셉트로 자유롭게 수업안과 참고자료를 만들어보라고 인터넷상에 열린 공간을 열어주고 약간의 인센티브를 주면, 교사들의 자율적인 노력을 통해 풍성한 융합과학 콘셉트의 콘텐츠가 만들어질 겁니다. 사실 여태까지 잘 안 드러나서 그렇지, 척박한 현재의 풍토에서도 자율적으로 수업 콘텐츠를 만들고 현장에 적용해온 교사들이 있거든요.

그러면 그 수업 콘텐츠를 웹 2.0 시대에 걸맞게 온라인상에서 공유할 수 있도록 하고, 각 학교와 교사의 상황에 따라 자유롭게 단원들을 조합해 교재를 만들어 교육과정을 운영하도록 하면 돼요. '융합과학'뿐만 아니라 여타의 전통적 과목들도 다 이렇게 운영할 수 있어요. 기존의 교육과정 전문가들이 완전히 손을 떼라는 게 아니에요. 공유된 콘텐츠 가운데 오류가 있다고 신고 되거나 교육과정상 목표에 부적합하다고 지적된 것들은 심사하는, 일종의 사후 심의기구를 운영해야 하거든요.

2012년 초에 발표된 '수학교육 선진화' 방안도 똑같은 함정에 빠져 있습니다. 실생활과의 연관성을 강조하는 등 새로운 접근방법들을 활용하여 수학교육을 더 재미있고 창의력을 높이는 방향으로 변화시키겠다는 건데, 이를 추진하는 방식은 전혀 창의적이지 않고 하나도 재미없습니다. 자신들이 이끌고 시범도 보일 테니, 교사들은 이걸 배워 현장에서 써먹으라는 투입니다. 하지만 '창의력'이나 '다양성'은 외부에서 공급될 수 없는 것입니다. 창의성은 특정한 조건과 환경에서 피어나는 꽃과 같은 것이지, 외부에서 공급할 수 있는 콘텐츠 같은 것이 아닙니다. 정부가 할 일은 교사들이 다양하고 창의적인 콘텐츠를 만들어낼 수 있는 여건을 확보해주고, 이를 가로막는 각종 규제를 철폐하고, 교사들이 직접 콘텐츠를 생산 · 유통 · 활용하는 것을 지원하는 것입니다.

요새 교육과학기술부에서 스마트교육이라는 걸 추진하고 있습니다. 좀 있으면 전국의 학생들이 태블릿 기기를 가지고 수업을 듣게 될 거예요. 하지만 과연 '스마트'라는 이름에 걸맞은 시스템이 만들어질 것인가에 대해 저는 회의적이에요. 스마트폰이 이전의 휴대전화와 다른 점이 무엇일까요? 그것은 사용자가 무궁무진한 앱(application)을 선택적으로 사용할 수 있도록 해줬다는 데 있지요. 즉 사용자에게 선택권을 폭넓게 부여했다는 게 '스마트'하다는 것의 핵심이거든요. 그런데 과연 우리나라 교육당국자들이 스마트교육이라는 걸 설계하면서 교사들이 다양한 수업방법을 선택할 수 있도록 해놓았을까요?…

현존하는 스마트교육 시스템 가운데 가장 발달된 것은 이스라엘의 'Time to Know'라는 시스템이에요. 그런데 이 시스템은 콘텐츠 제작 과정에서부터 철저하게 교사들의 광범위한 참여를 통해 제작되었고, 교사 개개인의 의도에 따라 수없이 변형 · 활용할 수 있도록 설계했어요. 즉 설계 단계에서부터 교사들이 중심이 되었고, 교사들이 콘텐츠와 도구의 활용 방법을 폭넓게 선택할 수 있도록 만들어놓은 겁니다. 이 정도는 되어야 진짜 '스마트' 교육이라고 할 수 있는 것이지, 위에서 뭔가를 만들어 이걸 일제히 활용하라고 아래에 내려 보내는 건 하나도 스마트하지 않은 거죠.

교육 당국자들이 교육에 대한 근본적인 발상을 바꿔야 해요. '토목공사' 모델을 내버려야 합니다. 그리고 '생태계 관리' 모델로 전환해야 해요. 중앙에서 뭔가를 만들어서 현장에서 구현하도록 고민하지 말고, 현장에서 아이들과 호흡하고 있는 교사들이 직접 교육과정과 교과서를 만들 수 있게 해줘야 해요.

예를 들어, 교육당국은 수학 교육과정의 특정 단계에 '분수의 원리를 이해하고 분수끼리의 덧셈을 할 수 있도록 한다'라든가 국어 교육의 특정 단계에 '조선 후기의 소설을 읽고 이를 감상한다'는 식으로, 교육 목표를 제시하기만 하는 겁니다. 교사들은 그러한 교육 목표에 도달할 수 있는 다양한 수업안과 평가안을 만들어, 웹2.0 개념에 의해 설계된 사이버공간에 올리고 서로 참조하고 공유하는 거죠. 물론 인용이나 변형 등이 이뤄질 때에는 자동으로 원래 출처가 누적 기록되도록 하고요. 다양한 평가와 코멘트와 오류신고가 오가는 거대한 콘텐츠(수업안·평가안)의 생태계를 만드는 거죠. 교육과정 전문가들은 콘텐츠를 직접 만드는 일에서는 손을 떼고, 오류신고 및 표절신고 된 내용에 대해 판정하는 '상시 심의'를 담당하고요.

그럼 교과서는 어떻게 만드냐고요? 교사는 이 사이버공간에 담긴(자신을 포함한) 수많은 교사들이 만든 수업안들을 조합·변형해서 교과서를 만드는 거죠. 그리고 이를 학기별로 수업을 들을 학생들 숫자만큼 인쇄·제본하여 교과서로 쓰는 겁니다.

앞에서 예로 들었듯이, 임진왜란을 가르치면서 어떤 교사는 난중일기를 읽고 토론하는 수업안을 만들고 또 다른 교사는 조선왕조실록의 관련 기록을 조사하여 발표하는 수업안을 만드는 겁니다. 이런 식으로 교사들이 올려놓은 수많은 수업안들을 참조하여, 그중에서 적합하다고 판단되는 것들을 선정·변형하여 교사 개개인마다 자신만의 교과서를 구성하는 것이죠. 특정한 목적으로 교사들이 합의하는 경우를 제외하고는, 교사 개개인마다 서로 다른 교과서를 가지게 되는 겁니다. 교과서를 분실하는 학생을 위해 교과서 파일을 다운받을 수도 있도록 하고요. 그렇게 되면 교사 개개인의 노하우와 개성을 살린 수없이 다양한 교과서가 존재하게 되는 겁니다. 물론 '학년별 평가'가 아닌 '교사별 평가'가 대전제가 되어야 하겠지요.

이러한 변화는 모든 교사에게 일률적으로 변화하라고 요구하는 것이 아닙니다. 자신만의 수업안을 구성하는 데 어려움을 겪는 교사는 기존의 친숙한 수업콘텐츠를 활용하면 됩니다. 다만 이런 제도적 변화가 이뤄져야 비로소 혁신적인 교사, 창의적인 수업이 살아남고 확산되는 게 가능합니다. 지금은 중앙정부로부터의 통제와 학교단위의 통제가 심각한 수준이어서 혁신적인 교사, 창의적인 수업이 살아남는 것 자체가 불가능해요. 그나마 학교 단위로 통째로 혁신하는 것은 어느 정도 가능하지만, 교사나 학급 단위로 혁신하는 것은 불가능합니다. 이른바 혁신 '학교'는 가능하지만, 일반 학교에서 혁신 '학급'이나 혁신 '교사'는 불가능한 것이죠. 아예 생존 자체가 불가능합니다. 이제 일반 학교에서도 혁신교사, 혁신학급이 출현하고 이들의 영역이 넓어질 수 있도록 해야 합니다. 그리고 교사가 건설인부의 입장에서 탈피하여 진정한 공교육을 주도하는 위치를 획득할 수 있어야 합니다.

'생태계 관리'라는 관점으로 접근하면, 현재 답보상태에 놓여 있는 외국어 교육의 효율을 높이는 돌파구도 마련할 수 있습니다. 외국어교육 생태계는 단순히 수업안이나 평가안을 공유하는 수준에 그쳐서는 안 됩니다. 외국어를 익히는 데 가장 중요한 요소는 외국어에 대한 노출시간이거든요. 정규 수업시간을 한두 시간 늘리는 식으로는 외국어를 익히는 데 필요한 노출시간을 도저히 확보할 수 없어요. 그러니 학생들이 학교 이외의 공간과 수업시간 이외의 시간에 다양한 방식으로 외국어를 접하고 배울 수 있는 생태계를 구축해야 합니다. 하나는 오프라인에 만들고, 또 하나는 온라인에 만드는 거죠. 초·중·고등학생으로 한정할 필요 없이, 성인들도 자유롭게 자신의 목적에 따라 외국어를 배울 수 있는 일종의 평생교육 생태계를 만들 수 있습니다.

외국어교육을 위한 오프라인 생태계는 한마디로 공공 목적의 개방형 평생교육기관 혹은 공립학원 체계를 구축하는 것입니다. 건물부터 지으려고 할 필요 없어요. 경기도 군포시가 국제교육원을 만들어 일반 학원비의 60% 정도의 가격으로 영어교육 프로그램을 제공하고 있는데, 건물을 미리 지어놓고 그곳에서만 하다보니 확장성에 한계가 있어요. 일단 각종 행정기관, 각급 학교, 공공시설 등에서 이용 가능한 공간들을 모두 모아 리스트를 만들고, 거기서 수준별·성격별로 나뉜 다양한 외국어교육 프로그램을 제공하는 겁니다. 지금도 방과후 학교나 도서관강좌 등의 형태로 이런 강좌들이 있기는 한데, 이걸 확장하면서 수준과 목적 등을 통합 관리하여 누구나 자신이 사는 지역에서 쉽게 강좌를 검색하고 교육을 받을 수 있게 하는 겁니다.

우리나라는 외국어 교육에 종사할 강사를 구하기 쉬운 여건입니다. 무엇보다 엄청난 숫자의 재중·재일·재미 교포들이 있거든요. 이들 중에 일정 수준의 능력이나 자격을 가진 사람들에게 강의할 수 있는 권한을 부여하는 겁니다. 그리고 강사에 대한 수강자의 평가를 통해 재계약 여부를 결정하고요. 군포시 국제교육원의 사례를 참조해보면, 수강료는 사교육기관 평균 수강료의 절반 이하로 책정할 수 있습니다.

　외국어교육을 위한 온라인 생태계는 '재미를 통한 노출'을 극대화하기 위한 방법입니다. 일종의 무료 앱스토어에 학습관리시스템(LMS)을 덧붙여놓는 것이죠. 교육콘텐츠 제공자(회사 또는 개인, 물론 교사 포함)들이 외국어 노출시간을 늘릴 수 있는 영상, 애니메이션, 읽기자료, 게임, 강의 등의 콘텐츠를 등록하게 합니다. 물론 수준과 목적별로 분류하여 등록하게 하는 거죠.

　그리고 이를 사용자들이 자유롭게 이용하게 한 뒤, 콘텐츠별 이용도에 비례하여 정부가 콘텐츠 제공자에게 대가를 지불하는 겁니다. 누구나 필요에 따라 사용하며 정부가 사후 이용료를 지불하는 일종의 후불제 시장을 만드는 것이지요. 학교에서 정규수업과 연계하여 이용하기도 딱 좋습니다. 학습관리시스템이 딸려 있으니까, 교사가 간편하게 일종의 과제 형태로 학생들에게 인터넷에 접속하여 외국어 노출시간을 늘리도록 하고 그 결과를 자동 보고받을 수 있거든요.

　위에서도 언급했지만, 이 오프라인·온라인 외국어교육 생태계를 활용하는 사람을 꼭 초중고생으로 한정할 필요가 없습니다. 대학생도, 취업준비생도, 재교육을 필요로 하는 성인도 모두 수준과 특성에 맞는 반에 들어가 섞여서 교육을 받는 겁니다. 명실상부한 '평생교육' 생태계를 만드는 것이지요. 그리고 이러한 원리로 외국어뿐만 아니라 다른 과목들도 풍부한 생태계를 구성하는 게 가능합니다.

특히 교육 효과를 위해서 자신이 관심을 가진 분야의 외국어를 좀 더 많이 접할 수 있는 기회를 제공하는 것이 중요합니다. 예를 들어 음악을 좋아하는 학생들에게는 노래를 들으며 외국어 가사를 해석하는 프로그램을, 과학을 좋아하는 학생들에게는 외국어로 재미있는 자연현상을 알아보는 프로그램을, 축구를 좋아하는 학생들에게는 축구 중계를 외국어로 듣는 수업을 제공할 필요가 있는 거죠.

학교에서 이처럼 다양한 선택권을 주기에는 한계가 있지요. 하지만 생태계를 확장해서 생각해보면 우리에게는 인터넷이라는 엄청난 무기가 있잖아요? 당장 이용해볼 수 있는 것들로만 꼽아봐도 내셔널지오그래픽 키즈(Kids)라는 웹사이트도 있고, EBS에서 이근철 선생이 진행하는 굿모닝 팝스도 있고, 피파(FIFA)닷컴도 있습니다.

선대인, 우석훈 등 진보적 경제 전문가들은 우리나라가 '토건 중심 경제'에서 벗어나야 한다고 주장하면서, 우리경제를 쥐락펴락해온 '토건족'의 전횡을 고발해왔습니다. 그런데 비유하자면 우리교육에도 '토건족'이 있었던 셈입니다. 제도와 문화에 뿌리박힌 '토목공사' 모델에서 탈피하고, '생태계 관리' 모델로 이행해야 합니다.

이것은 교육에 자율의 힘을 불어넣는 작업이고, 교사의 권리를 높이는 과정이며, 배우고자 하는 의지를 최대한 충족시킬 수 있는 방법입니다. Q058에서 제시한 '중·고교 연계 무학년 학점제'도 일종의 생태계 관리 모델에 입각한 것입니다. 그밖에도 우리교육에 '생태계 관리' 모델을 도입함으로써 효율과 만족도를 높일 수 있는 영역이 많이 있습니다.

우리 모두 발상을 전환하고 창의성을 발휘해봅시다.

세 줄 요약

1. 우리 교육은 마치 '토목 공사'를 하듯이, 위에서 설계도와 작업지시서를 작성하는 사람과 아래에서 건설 인부 역할을 하는 사람(교사)이 구분되어 있다.

2. '생태계 관리' 모델로 전환하면, 교사들을 중심으로 제작된 무수한 현장기반형 콘텐츠들이 공유 · 변형 · 이용되고, 관리자는 부적격 콘텐츠를 걸러내는 작업만 맡게 된다.

3. 사교육 또한 일종의 앱스토어와 학습관리시스템을 결합한 온라인 생태계 및 각종 공공 공간을 활용한 오프라인 생태계를 구축함으로써 제어 가능하다.

인터뷰

교육평론가 이범의 이야기

이 책은 원래 교육에 대한 문답만으로 100문 100답이 완성되었습니다. 하지만 문답을 너무 잘게 나눠놓은 부분이 있어 이를 통폐합하다 보니 70문 70답이 되었어요. 원래 책 말미에 별도로 수록하려던 인터뷰를 이용해 문답의 수를 100개로 맞추었습니다.

성장기와 학업 과정에 대해
소개하자면 어땠나요?

_{Q.}071

——→   저는 서울에서 태어났습니다. 친가와 외가 친척들 모두 서울 · 인천 · 경기도에 살아요. 십 몇 대조까지 모신 선산이 경기도 화성시 서신면에 있습니다.

가장 어린 시절의 기억은 서울 강북구(당시 도봉구) 번동에 살던 때인데, 집 앞에 논밭과 젖소 목장이 있었으니 시골이나 다름없었지요. 아버지가 전북대 교수로 부임하면서 초등학교 들어가기 직전에 전주로 이사했습니다. 거기서도 시골과 다름없는 풍광을 보며 살았어요. 10년 가까이 전주에서 살다가 중3 2학기에 다시 올라와서 경기과학고등학교에 진학했습니다.

어린 시절에는 과묵해서 누나들이 절 보고 바보가 아닐까 의심했다는데, 초등학교에 입학하자 100점만 맞아 와서 깜짝 놀랐다고 합니다. 부모님과 두 누나 덕에 책들이 '굴러다니는' 집안에서 계림문고, 전파과학사 문고, 사회과부도, 각종 도감들, 월간 『리더스 다이제스트』와 『학생과학』 등을 탐독하며 보냈어요. 우표 수집, 곤충 채집, 밀리터리 연구, 플라모델 만들기도 열심히 했지요. 워낙 새를 좋아해서 조류도감은 줄줄 외웠고, 초등학교 시절 꿈은 '조류학자'였습니다.

어린 시절에 '공부해라'라는 소리를 들어본 적은 없습니다. 그러다가 성적이 조금씩 떨어져서 6학년 때에는 반에서 60명 중에 10등 안에 드는 수준이었어요. 그런데 중학교에 들어가자마자 갑자기 전교 1등을 하기 시작해서 계속 전교 1등을 했습니다. 물론 고등학교 시절엔 과학고등학교의 쟁쟁한 친구들 사이에서 기가 죽기도 했고요.

서울대 자연과학대학 분자생물학과 88학번입니다. 세부전공으로 생각하던 것은 동물행동학, 진화생물학, 생태학 쪽이었습니다. 그런데 생물학 못지않게 과학사에 관심이 커져서 3학년 때 양쪽 공부를 1년간 병행하다가 결국 진로를 바꿨습니다.

서울대에 '과학사 및 과학철학 협동과정'이라는 게 있습니다. 학부는 없고 대학원에만 있는 전공과정인데, 여기 석사과정을 졸업하고 박사과정을 수료했습니다. 일종의 융합 학문을 전공한 셈이지요. 세부 전공은 서양과학사입니다.

학원가에 어떻게 데뷔하게 되었나요?

Q. 072

———→ 석사과정에 있을 때 우연히 서초구에 있는 한 소규모 학원에서 고3 학생을 십여 명 가르치게 되었습니다. 그때 학원 운영자가 나중에 학원가의 살아있는 전설이 된 손주은 선생이었어요. 그분과의 첫 인연은 당시 가르치던 학생들이 대입학력고사를 치르면서 2개월 만에 끝났지만, 나중에 다시 만나게 됩니다.

박사과정에 있을 때 아르바이트로 분당에 있던 미래학원이라는 대형 학원에서 일주일에 이틀씩 중3 연합반 학생들을 가르쳤는데, 박사과정을 수료할 즈음에 단과강의를 해보라는 제안을 받았고, 이게 소위 '대박'을 내면서 뒤이어 대치동 등 여러 곳에서 강의를 하게 되었습니다. 국·영·수와 달리 과학탐구나 사회탐구 강사들은 지역별 수요가 많지 않기 때문에 여러 지역의 학원을 돌아다니며 강의를 해요.

스타강사가 되는 과정에서
메가스터디 대표이사 손주은 선생의 도움이
컸다고 하던데요?

_{Q.}073

⟶　대치동에서 한참 인기를 높여가던 무렵 '통합사회탐구'로 최고의 스타에 등극해있던 손주은 선생을 다시 만났고, 그가 강의하던 강남대일학원(지금의 강남메가스터디학원)으로 이적하라는 제안을 받았습니다. 이적하면서 상승작용이 일어나 바로 강남지역 과학탐구영역 1등에 등극하게 되었지요. 1999년 여름방학 때 강의하던 몇 곳의 학원 가운데 강남대일학원 한 곳에서만 고3 수강생이 1천명 모였으니까요. 손주은 선생의 우산이 없었다면 적어도 그렇게 단기간에 성장하기는 불가능했을 겁니다.

손주은 선생과는 이후 메가스터디 창업 전후에 고락을 같이 했지요. 그분은 사석에서 사교육이 교육의 기회균등을 해치는 근원적 부작용을

가진다고 토로하기도 했고, 강남 학생들이 사교육을 과잉으로 받아 역
효과가 생기는 것을 지적하곤 했습니다. 자기객관화가 가능하고 리더십
도 있는 분입니다.

Q. 074

1년 반 만에 최다수강생을 기록한 것은
지금도 깨지지 않는 기록이라는데
어떻게 가능했나요?

———→   그때(6차 교육과정)는 지금과 달리 문과생도 수능에서 과학탐구
를 치러야 했고, 이과생도 사회탐구를 치러야 했습니다. 저는 수능 과학
탐구 네 과목(물리, 화학, 생물, 지구과학)을 혼자서 가르쳤어요.

당시엔 4명이 팀을 이뤄 가르치는 경우가 대세였는데, 그러면 아무래
도 수준이 균등하게 관리되기 어렵고, 학생들이 어려워하는 과목에 시
간을 더 배분하는 등의 유연한 조절도 불가능하지요. 저는 과학고등학
교 출신에 과학사를 전공한 이력 덕에 '통합과학'이라는 이름으로 4과
목을 한꺼번에 가르칠 수 있어서 유리했습니다.

마침 손주은 선생도 '통합사회'라는 이름으로 사회탐구 과목들을 한
꺼번에 가르쳤기 때문에 통합과학이라는 개념도 비교적 쉽게 받아들여
질 수 있었지요.

원래 가르치는 데
재능이 있었나요?

Q. 075

⟶ 대학 시절에 별의별 세미나팀을 다 만들어서 다양한 공부를 했던 것이 도움이 많이 되었습니다. 당시 대학에는 '학회'라는 이름으로 역사나 철학 등을 공부하는 세미나 조직들이 많았어요. 운동권과 연관된 것이 주류였지만 자생적인 것들도 있었는데, 저는 다양한 세미나팀을 만들어 당시에 많이들 공부하던 역사나 철학은 물론이고 환경문제에서 미술사까지 공부해봤습니다.

커리큘럼을 새로 만들면서 제가 납득할 수 있는 논리적 순서대로 재배치하느라 연구를 많이 했어요. 나중에 학원 강의를 하게 되었을 때, 이때 체득한 방법대로 교과서를 해체·재구성했습니다. 단원들을 통폐합하기도 하고, 없던 단원을 새로 만들기도 하며, 과목이나 단원간의 순서도 제가 납득할 수 있는 방식으로 재구성했어요.

그리고 제 광고를 통해 표방한 슬로건이 '듣고만 있으면 이해됩니다'는 것이었습니다. 매끄러운 논리적 전개를 통해 핵심적인 개념과 이론을 가장 쉽게 이해할 수 있게 만드는 강의였다고 자부합니다.

결국 박사학위는 못 받았는데
왜 포기하게 되었나요?

Q. 076

→ 몇 년 동안 낮에는 박사학위 논문 준비를 하고 밤과 주말에는 강의를 하는 이중생활을 했습니다. 박사학위 논문 중간발표도 했고, 논문 제출자격시험도 일부 치렀어요.

논문 주제는 환경과학(생태학)에서 수용능력(carrying capacity) 개념의 형성과 변형에 관한 것이었습니다. 유기체적 환경관과 기계적 환경관이 시스템이론에 의해 중재되는 과정에서 핵심적인 역할을 하는 개념이라고 봤어요.

하지만 결정적으로 2000년에 메가스터디 창업에 참여하게 되면서 무게중심이 기울었습니다. 제 최종 학력은 박사과정 '졸업'이 아니라 '수료'입니다. 가끔 박사라고 잘못 소개하는 사람들이 있는데, 박사학위 논문을 써내지 못했어요. 지도교수님에게 지금도 미안합니다.

메가스터디 창업 멤버인데
어떻게 창업하게 되었나요?

—→　메가스터디 창업에 참여한 게 2000년도였어요. 당시 손주은 선생과 저는 PC통신 유니텔에서, 조진만 선생(언어영역·논술)은 아이빌소프트의 '온스터디'라는 사이트에서 인터넷 강의를 이미 경험하고 있었습니다. 초창기 인터넷 강의는 거의 다 동영상이 아니라 전자칠판(주로 GVA라는 시스템을 썼습니다)을 활용한 강의였어요. 동영상에 비해 파일 크기가 작았기 때문에, 당시의 열악한 회선 및 컴퓨터 사양에 적합했습니다.

2000년 상반기에 저와 조진만 선생이 손주은 선생에게 몇 차례 찾아가 인터넷으로 강의를 제공하는 사업의 전망에 대해 이야기하곤 했는데, 당시에는 속내를 밝히지 않던 손주은 선생이 5월인가 6월 어느 날 저와 조진만 선생을 부르더니 느닷없이 아이빌소프트와 다음날 계약서를 쓰기로 했다고 말하는 거예요. 그런데 계약서를 들여다보니 재주는 강사가 넘고 돈은 아이빌소프트에서 챙기는 구조였죠. 우리는 차라리 회사를 새로 만들자고 제안했고, 일사천리로 메가스터디가 창업됐어요.

메가스터디라는 이름은 당시 갓 결혼한 제 아내가 심야 회의에 동참했다가 작명한 겁니다. 2000년 9월 1일에 서비스를 시작했고, 이후 1년 가까이 손익분기점 근처에서 맴돌다가 2001년 여름부터 기록적인 급성

장을 시작했습니다. 제가 2003년 연말에 학원가에서 은퇴하고서 1년이
지난 2004년 연말에 메가스터디가 코스닥에 등록되었지요.

최고로 잘 나가던 시절에
학원가에서 은퇴한 이유는 뭔가요?

Q.078

──→ 이 질문을 수백 번 받았는데, 간단히 말하자면 특정한 계기로 강
한 환멸감을 느끼게 되었기 때문입니다. 2002년에 인터넷 게시판에 특
정 강사를 띄우고 경쟁 관계에 있는 다른 강사를 폄하하는 글을 올리게
한 경우가 적발되었어요. 인터넷 알바의 시초였던 셈이죠.

당시 언어영역에서 1등을 하는 강사가 있었는데(조진만 선생은 2001년
에 원인모를 폐렴으로 작고했고 다른 강사가 언어영역 1등을 하고 있었습니다),
그와 가까운 학생 한명이 굉장히 많은 글을 올린 것이 드러났습니다. 제
가 노발대발해서 앞장서 그 강사를 거의 내쫓다시피 했지요. 그는 결국
그해 연말에 메가스터디를 떠났고 몇 년 뒤 학원가에서 완전히 은퇴했
습니다.

그런데 몇 달 뒤에 알고 보니 적발된 강사가 그 말고도 여럿 더 있었
고, 단지 회사(메가스터디)에서 마침 그 강사를 견제할 필요가 있었기 때
문에 다른 사람들의 소행은 감추고 그만 공개했다는 정황이 드러났습니
다. 그렇다면 저는 멋도 모르고 '의리의 돌쇠'로 돌격대 역할을 한 셈이

아닙니까?

메가스터디에 상당한 자부심을 가지고 있던 저로서는 공황상태에 빠질만한 일이었습니다. 이런 문제를 바로잡기 위해 회사 법인에 등재된 이사가 되려고 시도했지만, 손주은 선생 일가가 요직을 점하고 있었고 다른 강사들이 저를 견제했기 때문에 여의치 않았습니다.

번민하며 몇 달을 보내다가, 2003년 7월 어느 날 갑자기 '그만두면 되잖아'라는 생각이 들더니 마음에 평화가 찾아왔어요. 머리에 번개를 맞은 듯한 느낌이었습니다. 2주 정도 더 생각해보다가 결국 그만두기로 마음을 굳혔지요. 그해 고3 수능대비 강의까지만 하고 은퇴하겠다고 선언했습니다.

위키피디아 한국어판에 '2003년 10월 한국사회의 사교육과 교육 황폐화에 책임과 환멸을 느끼고 메가스터디를 퇴사했다'라고 쓰여 있는데, 사실 그건 좀 과장된 거예요. '환멸'을 느낀 건 맞는데 '책임'을 느낀 건 아니거든요. 그렇게 숭고한(?) 이유는 아니었고, 그저 견디기 힘들어서 그만둔 겁니다.

오히려 그만두고 나서 한국교육의 구조적 문제에 대하여 더 본격적으로 생각하게 된 것 같아요. 은퇴 이전에는 사교육업계에 엄청난 돈이 몰리는 현실에 대한 막연한 개탄 수준이었지요. 제가 그 돈을 벌면서 개탄했다는 게 웃기지만. 그땐 돈 버는 게 마냥 좋았던 거겠죠.

───→ 이 질문도 백 번 넘게 들은 것 같습니다. 2000년에 결혼했고 2002년에 첫째를 낳았는데, 2003년에 그만둘 즈음 그때까지 모아놓은 돈으로 처자식을 부양할 수 있겠다는 나름의 계산이 있었습니다. 하지만 와이프는 1년만 더 하면서 상황을 지켜보라고 권했어요. 전 도저히 견딜 수가 없어서 그만두려는 건데 아내가 말리니 다툼도 있었습니다. 아내의 입장에서는 어찌 보면 당연한 태도였겠지요.

나중에 첫 책 『이범, 공부에 반(反)하다』를 낼 때 '연봉 18억 원을 포기한 괴짜 강사 이야기'라는 부제가 달리는 바람에 알려졌지만, 은퇴한 해 연 수입이 학원 및 인터넷 강사료와 교재 판매 수입 등 다해서 18억이었거든요. 은퇴하기 직전 5년 동안 우리나라 모든 학원 강사 중 소득 랭킹이 손주은 선생에 이어 2위로 꼽혔어요. 그런데 하루아침에 은퇴해버렸으니, 90년대에 최고의 인기를 누릴 때 갑자기 은퇴해버린 서태지에 빗대서 '학원가의 서태지'라고 불리기도 했어요. 그런데 서태지도 만약 은퇴 당시에 처자식이 있었다면 부인이 은퇴를 말리지 않았을까요?

이후 무료강의에는
어떻게 투신하게 되었나요?

Q.080

⟶   학원가에서 은퇴하기로 하니 그때까지 쌓아놓은 명성과 콘텐츠가 아까웠어요. 그래서 인터넷 강의를 무료로 제공하는 대신 교재비를 받는 사업모델을 모색했습니다. 손해 보지 않는 수준을 목표로 삼았고요. 지금으로 치면 '사회적 기업' 정도를 생각했달까요.

그런데 2004년 1월 EBS와 강남구청에서 연달아 찾아오더니, 극비리에 무료 인터넷 강의를 준비하고 있으니 합류해달라는 요청을 해왔어요. 정말 깜짝 놀랐습니다. 나중에 생각해보니 다행스럽기도 했는데, 단독으로 무료 인터넷 강의를 시작했으면 해코지 당했을지도 모르지요.

무료 인터넷 강의 선언 때문에
비판도 많았다던데 어땠나요?

Q.081

⟶   무료 인터넷 강의를 선언하자 비난이 폭주했지요. 사교육업계의 동료들을 배신했다는 겁니다. 그런데 제가 사교육업계에서 경험한 인간관계는 사실 '의리'를 운운할만한 수준이 아니었거든요. 또 무료 강의가

시장 교란행위로서 도덕적으로 정당하지 않다는 주장도 많았는데요, 그건 시장을 자연적 질서로 전제하고 시장규범을 자연법적 지위로 격상하는 매우 편협하고 위험한 이데올로기이죠.

무료 인터넷 강의를 몇 년 하다가
그만두게 된 건 왜였나요?

Q. *082*

——→ 무료강의 하던 시절에 주력은 강남구청 강의였습니다. 메가스터디 시절엔 수강생들을 모아놓고 학원에서 강의하는 걸 그대로 찍었어요. 그런데 강남구청이나 EBS 강의는 학생 앞에서 강의하기가 거의 불가능해요. 학생 없이 강의하니, 강의할 맛이 나지 않았고 무엇보다 쉽게 지쳤습니다.

2007년의 EBS 자연계열 논술 강의와 곰TV 수능 강의를 끝으로 더 이상 교과 강의는 하지 않았습니다. 막판에 곰플레이어와 곰TV로 유명한 그래텍에서 교육사업총괄이사를 맡아 민간 차원에서 무료 인터넷 강의를 유통시키는 사업을 시도했는데, 사전 준비와 기획이 미비하여 기대한 성과를 내지 못했지요.

어느 칼럼에선가
정재승 교수가 영향을 줬다던데요?

Q. 083

——→   무료 강의의 의미에 대해 또 다른 차원에서 회의하게 만든 계기
가 바로 정재승 교수였습니다. 2003~2004년 사이 무료 인터넷 강의를
준비하면서 고등학교 후배인 정재승 카이스트(당시 고려대) 교수를 만난
적이 있는데, 그가 '어차피 주입식 강의인데 무료로 제공한들 그게 얼마
나 의미가 있느냐'는 이야기를 했어요. 그게 두고두고 중요한 화두가 되
었습니다. 물고기를 먹여주는 교육에서, 물고기 잡는 방법을 익히는 교
육으로의 전환. 그런 고민의 흔적이 이 책에도 곳곳에 배어있을 겁니다.

2007년 대선에서
정동영 후보의 TV 지지유세는
어떻게 하게 되었나요?

Q. 084

——→   2007년에 학원 강사 경력을 가진 민주당 정청래 의원과 인사를
나눈 적이 있는데, 그 분이 저를 기억하고 연말에 정동영 대선후보의 TV
지지유세를 부탁해왔습니다. 저는 노무현 정부의 교육정책도 엉망이었
지만, 이명박 후보가 당선되면 더 큰 재앙이 닥칠 것이라고 보고 수락했

어요. 그리고 이명박 후보가 당선되면 교육을 말아먹을(?) 거라는 요지의 신랄한 유세를 했습니다. 그때 제가 했던 TV유세가 당시 모든 대선 후보의 TV 지지유세 중에서 최고의 시청률을 기록했다고 하더라고요.

Q. 085

이후 2008년 총선에서도
심상정 의원 선거운동을 했는데
어떻게 정치적 행보를 이어가게 되었나요?

——→ 2008년 4월 치러진 18대 총선에서 당시 민주노동당에서 분리된 진보신당의 심상정 후보 지지활동을 했습니다. 당시 심상정 후보는 출마한 지역(고양시 덕양갑)을 핀란드식 공립형 자율학교 특구로 지정하겠다는 공약으로 특목고·자사고 유치 공약에 정면으로 맞불을 놓은 상황이었습니다. 우리나라에서 공교육을 근본적으로 리모델링 해보자는 공약으로는 사상 최초였고, 사실 이 공약이 후일 혁신학교 정책의 모태가 되지요.

저는 심상정 의원과 일면식도 없었지만 자진해서 달려가 열흘간 유세트럭을 타고 다니며 유세를 했습니다. 그때 유세를 준비하면서 '책임교육, 맞춤교육, 창의적 교육'이라는 지표를 만들기도 했습니다. 하지만 야권 단일화가 되지 않아 야권 지지표를 민주당 후보와 나눠가지게 되면서, 결국 5%대의 차이로 낙선하고 말았지요. 이후 심상정씨가 지역에 세운 '마을학교'라는 사단법인의 이사직을 맡으며 계속 그를 도왔고, 그는 결국 2012년 4월 19대 총선에서 통합진보당 후보로 당선되었습니다. 그때는 제가 공무원 신분이어서 선거운동을 할 수 없었고요.

그해 7월 서울시 교육감 선거에서는
이인규 후보 정책위원장으로 활동하다가
중도에 그만두었는데, 이유가 있었나요?

Q.*086*

$\longrightarrow$ 2008년 초에 이인규 선생이 교육감 후보로 출마할 테니 도와달라고 청했습니다. 이인규 선생은 전교조 참교육실천위원장을 역임한 바 있고 '아름다운 학교 운동본부'라는 사단법인을 만들어 중도적인 교육운동을 하고 있었지요. 나름대로 정보를 수집해보니 전교조에서는 후보를 내세우기 어려운 상황이라고 판단되었습니다. 4월 총선이 끝나고 나서 이인규 선본에 합류해 정책위원장을 맡았지요.

그런데 뜻밖에 미국산 쇠고기 파동으로 '촛불 정국'이 도래하면서 상황이 바뀌었어요. 전교조의 지지를 받는 주경복 후보가 출마하게 된 겁니다. 저는 주경복 선본과 핫라인을 만들어 비밀리에 후보 단일화를 협의하는 한편, 대외적으로는 주경복 선본의 공약을 비판하며 공개리에 논전을 벌이기도 했어요.

그 와중에 경실련 등 시민단체 연합으로 실시한 정책평가에서 제가 정리한 이인규 후보의 정책이 1등을 했습니다. 당시 제가 정리해낸 정책은 좌파에서 중도에 이르기까지 광범위한 인사들의 의견을 제가 일일이 찾아다니며 코멘트 받아가며 만든 것이었습니다.

그러다가 이인규 후보가 박근혜 의원 팬카페에 부적절한 인사말을 올려놓아 파란이 일어났지요. 이로 인해 주경복 선본에서 후보단일화 거부를 통보했고요. 저는 선거 26일 전인 7월 4일에 정책위원장직을 사임하고 선거에서 손을 뗐습니다.

사실 사임 당시엔 이인규 후보가 완주하지 못하리라고 예상했는데, 제 예상을 깨고 완주해서 6.0%를 득표했고 그 와중에 주경복 후보는 공정택 후보에게 1.7% 차이로 석패하게 되었지요. 후보 단일화를 이뤄내지 못한 게 결국 뼈아픈 패배로 이어진 셈이죠. 그때 더 적극적으로 이인규 후보의 사퇴를 종용하지 못한 게 두고두고 아쉬움으로 남았습니다.

당시 주경복 후보 선본에게
'촛불을 하이재킹한다'고 비판해서
논란을 빚기도 했는데, 어떤 내용이었나요?

Q. 087

⟶ 당시 주경복 선본의 정책은 '촛불'의 의미를 과잉 해석한 좌편향 모험주의로 보였습니다. 시민들은 소박하게 '이명박 반대'를 원했는데, 주경복 선본의 정책에는 전교조 내 강경파의 지향이 너무 강하게 드러나 있었어요. 공개리에 저와 주경복 선본 사이에 논쟁이 벌어졌고, 나중에 이계삼 선생이 이 일과 저의 대중강연을 문제 삼아 '이범의 혹세무민'이라는 글로 저를 비판하기도 했습니다.

하지만 저는 '혹세무민'이라는 표현이 그리 기분 나쁘지 않아요. 고전적 좌파가 제 강연을 들으면 '뭐 저런 회색분자가 다 있어!'라고 역정을 낼 겁니다. 하지만 보통 학부모가 제 강연을 들으면 '내가 너무 생각 없이 아이를 교육시켰나?'라는 느낌과 함께 적어도 사교육에만 아이를 내맡기면 안 되겠다는 생각을 하게 되지요.

저는 학원가 생활을 통해, 대중에게 거창한 가치나 전망만 얘기할 것이 아니라 오늘 당장 실천할 수 있는 걸 한두 가지라도 쥐어줘야 한다는 교훈을 배웠습니다. 아이들은 그 가치나 전망이 실현되기 전에 어른이 되어버릴 가능성이 높거든요. 이런 게 혹세무민이라면 저는 앞으로도 계속 혹세무민할 거예요.

이후 김상곤 경기도 교육감,
곽노현 서울시 교육감 지지활동에 이어
서울시 교육청 정책보좌관으로 들어가기까지 과정은?

Q.088

⟶　　2009년 경기도 교육감 선거를 할 때, 김상곤 후보 선본에 불려가 공약이 될 만한 소재를 몇 가지 내놓기도 했고, 진중권 선생과 함께 김상곤 후보 지지선언을 하기도 했어요. 2010년 6월 지방선거 땐 작심을 하고 짝수 날은 경기도, 홀수 날은 서울에서 김상곤-곽노현 후보 선거운동을 했습니다. 유세트럭을 타고 돌아다녔어요. 경기도에서는 일산, 분당, 부천 등지를 돌았고, 서울에서는 강남 일대에 집중했습니다. 대치동 한복

판에서 마이크 잡고 떠들고 있으면 사람들이 '네가 누군지는 알겠는데, 왜 거기 올라가 있는 거냐?'는 표정으로 쳐다보았습니다. 그래도 인사를 건네거나 격려하는 사람들도 있어서 힘을 냈지요.

사실 경기도의 김상곤 후보는 당선을 낙관했지만 서울의 곽노현 후보는 투표일까지 조마조마 했는데, 다행히 이 두 분을 포함하여 전국적으로 6명의 진보 교육감들이 당선되었습니다.

이후 서울시 교육감 취임준비위원회에 요청을 받아 참여했다가, 결국 서울시교육청 교육감 비서실에서 정책보좌관으로 일하게 되었습니다. 저는 아무런 조직적 배경이 없는 단기필마였기 때문에 제가 낙점(?)을 받은 것에 대해 논란도 있었던 모양입니다. 하지만 제가 뭔가 기여할 수 있다는 기대도 있었고, 아울러 교육 행정기관의 작동과정을 경험할 수 있는, 놓칠 수 없는 기회였습니다.

정치에 뜻이 있다는 소문이 파다했는데, 지금은 어떤가요?

Q.089

—→　정치적 활동은 이미 꽤 해왔고 앞으로도 하게 될 것 같습니다. 하지만 직업적 정치인이 될 것인지에 대해선 회의적입니다. 정치인이 되려면 나쁜 의미로든 좋은 의미로든 '권력의지'가 있어야 하거든요. 저는 사실 그게 부족하고요. 진작부터 그걸 알고 있었기 때문에, 기회가 생

길 때마다 정치적 활동을 했을 뿐이지 정치인이 되려고 한 적은 없어요. 제가 정치인으로 나설 거라는 소문도 무성하지만, 정작 저와 가장 가까운 친구들은 제가 쉽사리 정치인의 길로 나서지 않을 걸 알고 있습니다.

대학 시절에는
운동권 학생이었나요?

Q. 090

──→ 학생운동의 언저리에 있기는 했는데, 본격적인 운동권이라고 하긴 좀 그래요. 당시의 학생운동 활동가들은 이런저런 정파 조직에 가입되어 있었는데, 저는 그런 류의 조직에 가입한 적이 없거든요.

1988년에 대학에 들어갔는데 당시 주류 학생운동 이념은 주체사상과 레닌주의였습니다. 그런데 제가 보기에 주체사상은 국가가부장제를 정당화하는 이데올로기였고, 레닌주의는 민주주의론을 결여한 시대착오적 이론이었어요. 그리고 우리나라가 아무리 경제성장을 해도 노동자나 민중을 길들일 수 있는 '떡고물(!)'을 확보할 수 없다는 운동권의 주장을 납득할 수 없었습니다. 실증적 증거와 맞지 않았거든요.

저는 많은 선배들이 '전향'할 것임을 예감하고 있었어요. 실제로 대학 때 알고 지내던 선배들 중에 주사파에서 뉴라이트로, 그리고 결국 새누리당 국회의원으로 변신한 하태경 의원도 있고, 보수언론사에서 상당한 직위에 올라선 선배도 있어요. 저는 그때부터 '40대에 진보적인 사람이 되어야 한다'고 되뇌고 다녔습니다. 진보적 의식이라는 게 젊은 시절 한 때의 높은 호르몬 레벨로 인한 거라면 허무하잖아요.

그럼 학생운동의 '언저리'에서
무엇에 관심을 두었나요?

Q.091

—→ 당시엔 학부 1학년 초에 학생운동에 입문하는 게 관례였는데, 저는 3학년 때에야 반 발짝쯤 들인 정도였습니다. 1학년 2학기와 2학년 1학기를 대학신문사 사진기자를 하며 보냈지만 그때는 선배들이 운동권 이론을 공부하자고 하면 도망 다니곤 했지요.

그런데 집회나 시위 취재를 나갈 때마다 눈물이 줄줄 흐르는 걸 주체하기 어려웠어요. 특히 어려운 처지의 사람들, 탄압받는 사람들, 의문사 유가족들이 이야기하는 걸 듣고 있으면 더더욱 그랬습니다. 결정적으로 2학년 여름에 사당동에서 철거깡패(당시 재개발 지역에는 '용역'이 아니라 그냥 조폭이 경찰의 비호 아래 대놓고 활동하고 있었습니다)와의 싸움에 카메라를 들고 참여한 적이 있었는데, 이때 '가만히 있는 것이 중립일 수 없다'는 무거운 깨달음을 얻었지요.

2학년 2학기부터 운동권 공부를 할 기회를 잡았습니다. 마르크스와 레닌을 오역까지 잡아내며 굉장히 엄밀히 읽었어요. 하지만 그건 교조를 받들기 위해서가 아니라, 운동권 논리를 이해하기 위해서였습니다.

2학년 때인 1989년에 동독이 망하고 4학년 때인 1991년에는 소련이 망했는데, 저는 '잘 망했다'고 생각했어요. 저는 88학번 69년생이니까 386세대의 마지막 학번인 셈인데, 386세대 특유의 '사상의 위기'라는 걸 경험한 적이 없어요. 저는 그 시절에 이미 사민주의자였으니까요. 칼 마르크스 못지않게 미셸 푸코, 칼 폴라니, 일리야 프리고진 등의 영향을 받았던 것 같습니다. 3~4학년 때엔 단과대(자연과학대학) 중심으로 과학기술과 연관된 학회 연합조직의 일을 했고 1년간 대표도 맡았습니다. 서울대 김빛내리 교수가 그때 같이 활동했던 동료예요.

지금 있는 정당들이 그때도 있었다면 녹색당에 가입했을 겁니다. 어린 시절부터 생태적 감수성이 깊었습니다. 그 감수성은 점차 사라지고 말았지만(지금 10년 넘게 디젤엔진 SUV를 몰고 다닙니다), 지금도 자연파괴와 멸종위기를 다루는 TV 다큐멘터리는 마음이 불편해서 잘 못 봐요.

4학년 때에는 환경문제에 관심이 많던 해양학과 친구들과 함께 환경운동 동아리를 만들려고 시도하다가 무산되기도 했습니다. 몇 년 뒤에 저희와 무관하게 '씨알'이라는 환경 동아리가 생기더군요. 그밖에 서울대 내 영화공동체 '씨네꿈'과 '자치도서관'의 창립 제안서를 처음으로 만들고 주변에 물어물어 초동 멤버를 발굴해내기도 했습니다.

대학 시절
일종의 '논객'으로
기억하는 사람들이 있던데요?

⟶ 『학회평론』이라는 서울대 내 자생적 학술계간지가 있었습니다. 우리나라에 신좌파라는 게 있었다면 『학회평론』 편집실이 그 일부가 아니었을까 싶어요. 저는 90년대 초반 석사과정 시절 여기서 편집자문위원으로 있으면서 한편으로는 생태주의 이론과 '적-록 동맹'이라는 신조어를 소개하기도 했고, 다른 한편으로는 교조적 마르크스주의를 비판하는 글을 발표하곤 했습니다. 생산력에 생산관계가 조응하는 게 아니라 그 반대라든가, '프롤레타리아 독재'라는 개념이 성립되려면 논리적으로 '프롤레타리아 민주주의'가 있어야 하는데 그걸 해보라는 식이었지요. 아마 그 글들을 읽고 '논객'이라 기억하는 분들도 있는 거 같습니다.

대학신문사에서
사진기자 활동을 한 계기는 뭔가요?

Q. 093

⟶ 경기과학고 재학 중에 교장이 무조건 카이스트 학부과정(당시엔 '과기대'라고 불렸지요)으로 진학하라고 강요하는 데 맞서 꼬박 만 1년을

버텼습니다. 저는 아버지가 서울대 출신이었고 두 누나가 서울대를 다니고 있었기 때문에 당연히 서울대에 진학하려 했거든요. 교장선생님은 자신의 정책에 따르지 않는다는 이유로 저를 전학 보내려고 했고, 저는 언론사에 보낼 투서를 품에 안고 지냈어요.

당시 아버지와 어머니 사이의 관계가 악화된 와중에 두 분 모두 자기 앞가림에 정신이 없어서, 저는 부모님으로부터 지원을 받지 못하고 고립무원 상태에서 교장·담임과 맞서야 했습니다. 그런데 정작 서울대에 진학하고 보니, 등록금이 거의 없는 카이스트에 진학해서 일찌감치 경제적으로 독립하는 게 나을 뻔했다는 생각이 들더라고요. 그래서 대학 1학년 여름방학 동안에 서울대 도서관에서 카이스트 입시공부를 했어요. 서울대에 가겠다고 고집해서 진학해놓고는, 막상 서울대에 가서는 카이스트 입학을 목표로 공부한 거죠.

사실 저는 10대와 20대에 걸쳐 개인사 수준에서 이런 아이러니를 여러 번 겪었어요. 주류 운동권의 거대담론에 휩쓸리지 않았던 것은 이런 경험들 때문이었는지도 모릅니다. 젊음이 마음고생으로 많이 소비되었지요. 그래서인지 젊은 시절이 별로 그립지 않습니다.

카이스트에 합격이 가능하다는 판단이 설 무렵에, 가입했던 사진동아리를 통해 대학신문사에서 사진기자를 모집한다는 공고를 접했습니다. 일정 수준 이상의 성적을 유지하면 장학금을 주는 조건이었어요.

결국 대학신문사에 입사해서 사진기자를 했지요. 대학 시절 사진에 대한 열정은 대단한 수준이었고, 한동안 사진작가나 사진기자가 될까 하는 생각도 했어요. 하지만 대학신문사는 두 학기 만에 선배와의 갈등으로 그만뒀고, 2학년 2학기 때에는 학과공부에 열중해서 학과 수석을 했고 모 장학재단에서 졸업 때까지 주는 장학금 대상자가 되었습니다. 하여튼 대학 시절에는 여러 가지 일을 한꺼번에 하면서 엄청나게 바쁘게 살았어요. 늘 전공이 하나가 아니라 두세 개쯤 되는 것 같았어요.

'글로벌정치경제연구소'라는
재단법인을 만들었는데 맞나요?

Q.094

⟶ 그건 교육과 연관된 활동보다 역사가 오래된 겁니다. 처음 그걸 구상한 건 2002년경이었는데, IMF 외환위기를 겪은 지 5년이 되었는데도 그 엄청난 사건의 원인과 배경에 대하여 제대로 정리된 내용이 별반 없는 게 이상했어요.

그리고 운동권에서 1980년대에 엄청나게 논쟁하던 '사회구성체론'이 흐지부지된 가운데 더 이상 진보진영에 '총론'이라는 게 없다는 걸 깨닫게 되었습니다. 총론이 없다는 건 총체적 인식을 포기하는 것이고, 더 이상 정치적 중요도의 순위를 매길 수 없다는 얘기지요. 그래서 국가권력과 자본으로부터 독립된 진보적 정치경제학(political economy) 연구소가 필요하다고 생각하게 되었습니다. 그런데 새로운 시대의 총론이 글로벌한 시야에서 만들어져야 하는 건 너무나 당연한 일이었지요. 논리적 귀결이 글로벌 정치경제학이었습니다.

대학원 시절 안면이 있던 홍기빈 선생과 2000년대 초반부터 계속 만나 의견을 나누다가 2007년 연말에 준비 작업을 시작했습니다. 2010년 말에 제가 전적으로 출자한 재단법인 형태로 연구소가 출범했고, 현재 진보진영의 대표적 연구자인 홍기빈 선생(소장)과 오건호 선생(연구실장)이 연구소의 구심으로 일하고 있습니다. 새로운사회를여는연구원(새사연)이나 복지국가소사이어티 등과도 긴밀한 관계를 맺고 있습니다. 저는 활동 내용에는 거의 관여하지 않고, 연구소를 재정적으로 뒷받침하는 역할을 하지요.

나중에 이 연구소를 잘 키우고 다른 진보적 연구 단위들과 연계하여 제대로 된 씽크탱크나 대학원을 만드는 걸 구상하고 있습니다. '활동은 교육문제에, 돈은 진보적 정치경제학에' 투자하는 식으로 정리한 거죠. 환갑이 되기 전에 한국사회가 좋아지는 데 나름 기여했다는 소리를 듣는 게 목표입니다. 그런데 17년 밖에 안 남았어요.

영향을 많이 받은 책들에는
어떤 것들이 있나요?

Q.095

──→ 초등학교 들어가기 전부터 본 과학 만화가 한 권 있는데, 제목은 잊어버렸어요. 아마 일본 만화를 무단 번역·출간한 책일 겁니다. 초등학교 저학년 때까지 거의 100번쯤 봤는데, 과학에 끌리게 한 결정적 계기가 아니었나 싶어요.

중학교 시절에는 환경문제의 고전인 배리 카머너의 『원은 닫혀야 한다』(The Closing Circle), 솔제니친의 『이반 데니소비치의 하루』. 고등학교 시절엔 발자크의 『고리오 영감』. 대학 시절은 에리히 프롬의 『소유냐 존재냐』, 마르크스의 『임금노동과 자본』, 시각이미지 비평서인 존 버거의 『다른 방식으로 보기』(Ways of Seeing). 대학원 시절은 칼 폴라니의 『거대한 변환』. 이런 책들이 저에게 큰 영향을 준 책들이었습니다.

2000년대 이후 가장 인상적으로 본 책은 빌 브라이슨의 『거의 모든 것의 역사』인 것 같습니다.

교육평론가 이범은
'강남 좌파'인가요?

Q.096

───→ 서초구에 사니까 '강남'이라는 수식어가 맞고, 좌파인 게 맞으니까 '강남 좌파'라고 부를 수도 있겠지요. 그런데 지금 사는 동네에 처음 자리 잡고 또 계속 살게 된 이유는 처가집이 가깝기 때문이에요. 그리고 '강남 좌파'를 둘러싼 논란에 별로 관심도 없고, 논란의 구도가 별로 이해되지도 않아요.

제가 보기에 지금 한국사회에서 좌파인지 아닌지를 가를 수 있는 가장 중요한 기준은, 세금을 지금보다 많이 낼 용의가 있느냐는 겁니다. 예를 들자면 워런 버핏은 경제적 기능으로 보면 자본주의에 충실하지만,

세금을 더 많이 내겠다고 나서니 이념적으로는 좌파지요. 욕할 일도, 이상한 일도 아닙니다. 존재조건과 가치관이 서로 상반될 수 있는 것은 대뇌피질이 유난히 발달한 호모 사피엔스만의 특권일 수도 있어요. 그런 의미에서 강남 좌파를 비판하는 일부 보수 인사들의 논조는 도저히 이해할 수 없어요. 소득이나 재산에 따라 이념이 달라져야 마땅하다는 게 말이 되는 소립니까? 전형적인 속류 유물론이죠.

그리고 자녀를 특목고와 명문대에 보내는 강남 좌파의 행태를 비판하는 것도 이상해요. 보수 인사뿐만 아니라 김규항 선생처럼 진보적인 분도 이런 얘기를 하던데, 그러면 특목고와 명문대는 우파의 자녀들이 독식하기라도 해야 마땅하다는 건가요? 물론 대외적으로는 진보적인 언사를 늘어놓으면서 집안에서는 자녀를 몰아세우는 진보적 지식인의 행태를 지적하는 것이라면 일리가 있는 얘기지요. 하지만 제가 아는 한, 자녀를 특목고에 보낸 유시민, 조국, 곽노현, 신영복 등 가운데 그것 때문에 안달하거나 자녀를 닦달한 사람은 없어요.

제도를 고치려고 노력하는 것과 자녀의 선택을 존중하는 것은 별개의 문제입니다. 강남 좌파를 교육제도 개혁에 충분히 노력하지 않는다는 이유로 비판할 수는 있겠지요. 하지만 자녀의 선택을 존중했다는 이유로 비판해서는 안 됩니다. 그런 논리대로라면, 예를 들어 우파 부모는 자녀가 좌파 정당에 가입하거나 좌파 배우자를 얻는 걸 존중해서는 안 되겠지요.

자녀를 한국 교육시스템에
밀어 넣는 것에 대해 고민은 없나요?

Q.097

⟶ 고민이 없긴요! 엄청난 고민이 있지요. 저는 우리나라 교육의 문
제점을 일반인보다 훨씬 많이 알고 있고, 봉사활동 삼아 상담해온 수많
은 학생들을 통해 한국식 교육이 정말 갖가지 방식으로 아이들을 망가
뜨리는 걸 봐왔습니다. 그만큼 두려움도 크지요.

구체적으로는 우리집 아이들을 대한민국의 평균적인 중학교에 보내
는 게 옛날부터 싫었어요. 첫째와 둘째가 동네에 있는 공립 초등학교에
다니고 있는데, 초등학교 시절에는 소위 '기피 교사'만 담임으로 만나지
않으면 그래도 괜찮은 편인 것 같아요.

그렇다고 제가 우리나라 초등학교 교육이 마음에 든다는 소리는 아닙
니다. 예를 들어 첫째 아이는 제가 보기에 저보다 발산적 창의력이 뛰어
난 녀석인데, 어린 시절 너무나 멋진 질문들을 내놓아서 저를 매혹시키
더니 2학년 이후에는 그 빈도가 거의 0으로 떨어졌어요. 주변에서 그러
는 거예요. "한국 아이들은 초등학교 2학년이 한계다." 속상하지요.

탈출한다면? 홈스쿨링, 대안학교, 해외. 이 세 가지 방법이 있을 겁니
다. 이 중에서 외국으로 가는 방안을 많이 생각했어요. 만일 2010년 지
방선거에서 진보적 교육감이 6명이나 당선되는 사건이 없었다면 지금
쯤 가족들과 다른 나라에서 지내고 있을 지도 모릅니다.

자녀 때문에 기러기가 되거나 이주를 감행하는 사람들 가운데 일부는

404

'국내 스펙'보다 화려한 '글로벌 스펙'을 목표로 삼기도 하지만, 또 다른 일부는 그야말로 '대안'을 찾아 가는 거거든요. 그래서 가끔 저보고 '교육운동가'라고 부르는 분들이 있는데, 전 정색을 하며 '교육평론가'라고 정정합니다. 대의를 사생활보다 우선시하지 못하는 사람인데, 어떻게 운동가라고 말할 수 있겠습니까? '평론가'나 '서포터' 정도로 간주하는 게 적당할 겁니다.

자녀가 네 명이라고 들었는데
대단하세요, 계획에 있던 건가요?

Q. 098

⟶ 아내의 목표가 원래 네 명이었어요. 저는 '낳으면 좋지만, 네가 설마 진짜로 그러겠느냐'는 태도였고요. 실제로 아내도 둘째까지 낳더니 더 이상 못 낳겠다고 포기했었습니다. 그런데 둘째를 낳은 지 2년쯤 지나자 아내의 생각이 오락가락 하더니 셋째를 낳자고 하더라고요. 이윽고 아들-딸-아들이 되자, 첫째는 남동생이 생겼다고 좋아라했는데 둘째가 왜 여동생을 안 낳아주느냐고 떼를 썼어요. 저는 아내에게 '딸이 태어난다는 보장이 없지 않느냐'고 했는데, 아내는 넷째는 딸일 거라고 하더니 실제로 딸을 낳았습니다!

퇴근하고 집에 가면 보통 가정집이 아니라 마치 어린이집에 들어가는 느낌이에요. 마중 나오는 올망졸망한 아이들을 볼 때의 기분은 정말 말로 표현이 안 됩니다. 결혼 후 10년 만에 아이를 넷이나 낳고 키운 아내가 참 대단한 사람이지요. 늘 조력해 주시는 장모님도 그렇고요.

자녀 교육에 특별한 원칙이 있다면 어떤 건가요?

$\longrightarrow$ 얼마 전에 초등학교 2학년인 둘째가 "친구들은 시험을 못 보면 혼낸다고 하던데 우리집은 왜 안 혼내?"라고 하더라고요. 시험을 봐서 부족한 부분이 드러나면 그걸 보완하면 되는 거지, 혼을 내기 시작하면 아이가 공부에 대해 부정적 기억을 누적하게 될 우려가 있잖아요?

그리고 어떻게 살아라, 뭐가 되라는 얘기를 거의 안 해요. 절대 남들과 비교하지 않고요. 하고 싶은 게 뭐든 격려하고 도와줄 생각입니다. 예를 들어 첫째는 그림 그리는 걸 워낙 좋아하는데, 잘 지켜보고 있어요. 그리고 독서의 무한한 가능성을 믿는 편입니다. Q007에서 소개한 '독서교육 10계명'을 직접 만들었고, 아이들에게 '살면서 가장 중요한 게 세 가지 있는데 밥 잘 먹는 것, 잠 잘 자는 것, 책 잘 읽는 것'이라고 말해 왔습니다.

우리집 아이들도 이런저런 학원을 다닙니다. 하지만 '학원 거부권'을 가지고 있어요. 학원을 다니기 싫다고 하면 끊습니다. 아이들도 이런 경험을 통해 자신이 그런 권리를 갖고 있다는 걸 알아요.

초등학교 4학년인 첫째의 경우 영어학원도 끊어봤고, 피아노학원도 끊어봤어요. 얘가 굉장히 좋아하던 탐구활동 위주의 수학 학원이 있는데, 최근에 여기를 그만 다니겠다고 하더라고요. 왜 그러냐고 물으니, 얼마 전부터 그 학원 수업 내용이 학교에서 배우는 걸 선행학습 하는 식으로 변질되었대요. 그래서 학교 수업시간에 집중이 안 된다는 겁니다. 그래서 끊었지요. 그러더니 주산을 배우게 해달래요. 자기가 계산 실수를 너무 많이 해서 도저히 안 되겠다는 겁니다. 그래서 지난 주부터 주산을 배우고 있어요.

그리고 아이들에게 먹이는 음식에 주의하는 편입니다. 엄청나게 까다로운 정도는 아니고, 주로 각종 식품첨가물과 당분에 주의하고 튀긴 음식을 적게 먹는 수준이에요. 그래서 아이들이 청량음료는 전혀 안 먹고, 과자나 햄 등은 먹긴 먹는데 많이 안 먹습니다. 저의 어머니는 1980년대 '한살림'이 성당 중심으로 활동하던 시절부터 회원이었고, 일체 화학조미료를 쓰지 않았어요. 우연히도 장모님도 화학조미료를 안 쓰십니다. 저희 부부가 다 그렇게 자라서인지, 학부모들이 학원 고르는 데에는 그렇게 신경 쓰면서 음식은 아무거나 먹이는 게 이해가 안 돼요. 음식은 체질과 두뇌에 지대한 영향을 미치거든요.

다음 대통령에게
부탁하고 싶은 게 있다면 무엇인가요?

Q.100

⟶ 국가 영어능력시험, 입학사정관제, 스마트 교육, 창의 · 인성교육
등 실세 교육 관료들과 일부 교육학자들이 최근의 '업적'이라고 이야기
하는 것들을 모두 강하게 의심해야 합니다.

무엇보다 긴급한 것은, 수능 외국어영역을 국가 영어능력시험으로 대
체하려는 계획을 중단하는 거예요. 국가 영어능력시험에서 '쓰기'와 '말
하기'를 빼고 '읽기'와 '듣기'만 시행한다면 수능보다 낫습니다. 수능은
상대평가라서 경쟁자들을 딛고 올라가기 위해 무한경쟁을 해야 하지만,
국가 영어능력시험은 절대평가니까 각자 알아서 요구받는 수준에 도달
하면 되는 거거든요.

하지만 지금 추진되는 대로 '쓰기'와 '말하기'를 포함한 채 수능 영어
를 대체하게 되는 순간, 사교육업계는 축포를 쏘아 올릴 것이고 영어 사
교육비가 치솟을 겁니다(「CBS 노컷뉴스」 2012년 4월 2일자 기사 참조). 이
를 추진하는 세력은 자기들끼리 대화하고 자기들끼리 정당화하기 때문
에, 이런 정무적 판단 능력이 없어요.

그리고 다음 대통령은 '대학 개혁'과 '교사 해방' 없이는 교육문제를
해결하지 못한다는 걸 명심해야 합니다. 그런데 교육 관료들이 '대학 개
혁'과 '교사 해방'을 위한 계획을 제대로 세우고 집행하기란 거의 불가
능하다는 걸 또 알아야 해요. 일단 교사에게 채워진 '3중 족쇄'를 해체

하고 교육과정과 평가에 있어 교사 개개인의 자율권을 대폭 늘려줘야 하는데, 이러면 교육과정, 교과서, 교원수급 등에 있어 기존의 지배권과 결정권이 대폭 분산될 수밖에 없어요. 각종 시책사업과 연구·시범학교의 폐지, 승진제도의 수술 등도 모두 상당한 기득권의 포기를 수반하구요.

또한 고위 교육 관료들이 대학과 심각하게 유착되어 있음을 알아야 합니다. 2003~2010년 8년간 교육부를 퇴직한 3급 이상의 고위 관료가 대학 및 유관 단체에 재취업한 비율이 무려 76%에 달해요(「동아일보」 2011년 8월 6일자 기사 및 8월 8일자 사설 참조). 교육부 고위 관료 중에 국비로 유학하여 학위를 받고, 재직 중 고용휴직이나 초빙교수 등의 형태로 대학 강의를 나가다가, 퇴직 후 대학에 취업하는 경우가 적지 않습니다. 대학이 자기들 '나와바리'인 셈이죠.

그런데 진보적인 대학 개혁안들은 기존 유력한 대학들의 기득권을 상대적으로 축소시킬 가능성이 높거든요. 이런 정책에 대하여 교육 관료들이 어떤 태도를 취할지 충분히 예측 가능한 일입니다. 결론적으로, '대학 개혁'과 '교사 해방' 모두 기존의 교육 관료들에게 맡겨서는 죽도 밥도 안 될 겁니다.

우리교육 100문100답

초판 1쇄 발행 2012년 8월 15일
초판 9쇄 발행 2023년 2월 27일

지은이 이범
펴낸이 김선식

경영총괄이사 김은영
콘텐츠사업본부장 임보윤
콘텐츠사업1팀장 한다혜 **콘텐츠사업1팀** 윤유정, 성기병, 문주연, 김세라
편집관리팀 조세현, 백설희 **저작권팀** 한승빈, 김재원, 이슬
마케팅본부장 권장규 **마케팅2팀** 이고은, 김지우
미디어홍보본부장 정명찬 **브랜드관리팀** 안지혜, 오수미 **뉴미디어팀** 김민정, 홍수경, 서가을
크리에이티브팀 임유나, 박지수, 김화정 **디자인파트** 김은지, 이소영 **유튜브파트** 송현석
재무관리팀 하미선, 윤이경, 김재경, 안혜선, 이보람
인사총무팀 강미숙, 김혜진, 지석배 **제작관리팀** 최완규, 이지우, 김소영, 김진경, 양지환
물류관리팀 김형기, 김선진, 한유현, 민주홍, 전태환, 전태연, 양문현, 최창우
외부스태프 기획 서정 Agency

펴낸곳 다산북스 **출판등록** 2005년 12월 23일 제313-2005-00277호
주소 경기도 파주시 회동길 490
전화 02-702-1724 **팩스** 02-703-2219 **이메일** dasanbooks@dasanbooks.com
홈페이지 www.dasan.group **블로그** blog.naver.com/dasan.books
인쇄·제본 북토리

ISBN 978-89-6370-776-1 (03370)